U0476342

生物学概念发展与解读

刘锡凯　王伟功　刘　艳　著

汕頭大學出版社

图书在版编目（CIP）数据

生物学概念发展与解读 / 刘锡凯，王伟功，刘艳著 . 汕头 ：汕头大学出版社，2025. 1. -- ISBN 978-7-5658-5547-4

Ⅰ. G634.913

中国国家版本馆 CIP 数据核字第 20253LW262 号

生物学概念发展与解读

SHENGWUXUE GAINIAN FAZHAN YU JIEDU

著　　者：刘锡凯　王伟功　刘　艳
责任编辑：宋倩倩
责任技编：黄东生
封面设计：寒　露
出版发行：汕头大学出版社
　　　　　广东省汕头市大学路 243 号汕头大学校园内　邮政编码：515063
电　　话：0754-82904613
印　　刷：定州启航印刷有限公司
开　　本：710 mm×1000 mm　1/16
印　　张：22.75
字　　数：350 千字
版　　次：2025 年 1 月第 1 版
印　　次：2025 年 1 月第 1 次印刷
定　　价：98.00 元
ISBN 978-7-5658-5547-4

序

大庆刘锡凯老师带领的团队所著新书即将出版，刘老师让我给新书写个序。虽然我近一段时期总是在东奔西跑，真是忙，但是我还是答应了。原因有二。一是对高中生物教师在异常繁重的教学任务之下还挤出时间总结经验、编写书籍的尊敬。中学的生物教师出书非常不容易，而现实中我们又很需要这些来自基层的经验总结、提炼，因此我对一线生物教师总结实践经验、出版著作是抱有很大的敬意的。二是对大庆高中生物教师内心保存着一份感动。2017 年 11 月，中国教育学会生物学教学专业委员会在大庆市成功地举办了学术年会，我当时作为常务副秘书长参与筹办会议，知道承办这样的会议千头万绪、十分不容易。那次会议的成功举办，得到了大庆市中学生物教育界的大力支持。几年来，我经常想起初冬积雪下的大庆市举办年会的情景，始终对大庆市生物教育界的教师存有一份感动和感激。因此，在这个不再外出的冬天的周末，我静下心来，写下以下几点，作为本书的序。

本书围绕高中生物学课程里的细胞、遗传、进化、稳态、生态等核心概念，以及实验探究、生命科学史而选择主题、条目，针对高中生物学重要概念有关的重点、难点、热点、有趣点、连接点而对概念做适度的拓展。本书以高中生物学教材的内容为基础，但是又在此基础上进行了拓展延伸，把有关细胞结构、生命过程、生物学规律的内容做了较为透彻的阐述。例如，本书中的光合作用、表观遗传、细胞核结构、糖蛋白、生态位等的介绍，都在教材已有内容的基础上做了一定的拓展延伸，更加翔实、丰富。这些内容对于深刻理解高中生物学的重要概念很有帮助。我们知道，教材的编写受篇幅限制，更关键的是，教材是普适全国学生的文本，编写教材时要考虑不能加重学生的负担，所以教材在完全落实课标要求的前提下，需要考虑适可而止。正因为如此，有些高水平的教师在教学时，有时会感觉教材在某处没有写透。对于教师来说，从教材迈开半步，适当补充一些材料帮助学生深刻理解并把握好有关概念是可行的。本书是各位高中生物教师针对自己教学中遇到的痛点先行一步，从专业书籍中“采来了材料酿成了蜜”，因此与高中生物学教学的专业拓展需求兼容度较高。

本书的很多内容都是对生命系统结构和生理过程阐述的拓宽、深入，而这样的内容往往比较抽象，很容易写得让读者望而生畏。但是，本书图文并茂，读下来却是比较通俗易懂的。执笔的都是有丰富教学经验的老师，因此，他们能够准确把握内容的深浅层次，把看似枯燥的一些概念也能介绍得浅显易懂，有的内容还写得很生动、有趣。

本书各条目内容不仅有知识的拓展、方法的提炼，还有一些思想观念的抽象、人生的感悟。每个条目开始的一段文字，即提纲挈领的概述里，有的就很有思想高度。例如，书中提示我们从进化的视角来思考 DNA-RNA-蛋白质的关系，就将进化与适应观与概念理解有机融合。在本书每个条目下，还有“系列关联概念”的介绍，提示我们关注概念的网络结构。

以上为个人读书稿时形成的一点感想，作为代序。

谭永平

2024 年 12 月 28 日于北京

（谭永平，人民教育出版社副总编辑，中国教育学会生物学教学专业委员会秘书长，任《中小学科学教育》杂志主编）

前言

以至美生命的名义，对生物学概念的思考

从本质上说，生物学的探究实验以及历史上科学家的不懈探索，都是在进行概念的验证或构建或突破。一代代生命探索者最后建立起恢弘的生命科学大厦，其中的砖瓦柱梁，都归源于概念支撑。概念发展历程散发出生命科学的无限魅力，概念体系架构呈现出学科理论的万千气韵。从这个意义上说，高中生物学教学就是对概念的解读架构与应用。有了对生物学概念的扎实掌握，才有生命观念的点滴累积；有了对生物学概念的追根溯源，才有科学探究过程的范式传承；有了对生物学概念的本质体悟，才有科学思维的形成与提升过程；有了对生物学概念的深刻理解，才有践行社会责任的担当。

悟生命至美

天地有大美而不言，四时有明法而不议，万物有成理而不说。圣人者，原天地之美而达万物之理。

——庄子《知北游》

百花绚烂，万物争荣，生命科学的求索者一直在探究，一代代智者孜孜以求，不断推进，揭开了一个个新奥秘，发现了一个个新定律，提出了一个个新概念，使得文明进程层层递进，也使得生命之美妙熠熠生辉。

生命的美，是不同层次的美，有生命的外现万象之美，有生命的内在机理之美，也有千万年进化所蕴藏的生命深处的意义之美。除此之外，还有一种科学家认识自然、解读自然的多元化思维之美，这是一种智慧之美、崇高之美。有一种说法是“极深层次的美，便是造物者的诗篇”。这位“造物者”便是自然选择，生命就是其亿万年精雕细琢而成的得意艺术佳作。

生命的形态多样又奇异，生命的世界纷繁而复杂。在多变的环境中依然稳健如初，在纷乱的生命奔腾中保持高效而有序，这是亿万年生物圈进化的主题，最后也成了生命进化的结晶。这种生命机制的确耐人寻味，无论是机体部件的时刻协调，还是细胞各层内在结构的互联互通，或是分子层面上的反应与制约，都颇有妙机。

（1）生命规则以三极维度相制约，生命之律追求稳定而有序。

数学中的三角形态最为稳定，生命系统中的三维角度互相制约的反馈调节也能达到平衡的稳态。细胞中有三大系统：遗传系统、细胞骨架系统和生物膜系统，这三大系统鼎足而立，托起以细胞为基本单位的生命体完美运行；遗传学从 DNA 的核心蓝图出发，经由 RNA 轻盈快捷的枢纽，调控合成复杂而美妙的蛋白质，表达出不同的性状。

机体内环境中有 3 种液体构成细胞外液：血浆、淋巴和组织液，它们分守不同岗位，互渗互补，平稳着细胞的寒热起落和酸碱波动；生命系统的物质转化、能量转换和信息传递交错互融，使得生命各级系统全方位高效率运行，由此物质流、能量流和信息流维持着生命统一。

神经—体液—免疫调节网络建构了人体稳态机制，或快而准、或久而全、或深而稳，让人体波澜不惊，静若秋水；激素调节由下丘脑→垂体→腺体分级调控，各司其职，互为制约；免疫系统三道防线的形态各异，但在功能上相互配合，共同抵御病原体入侵。

生态位分别以时间、空间和营养关系为统一体，恰到好处地使物种或个体分布在合适的区域，以此完成生态的和谐共生；生态系统的主要成分包括生产者、消费者、分解者、非生物环境，其中生产者、消费者、分解者之间的信息能进行多元传递，非生物因素又为生物提供必要的生存条件，维持生态系统的平衡，支持生态系统的正常运行。

凡此种种，三极维度相依相守互制互约。万物之本，曰天地人，其实也就是三维度的平衡，人既在脚踏实地地生活，又在仰望星空时求索，寻找人类自身的定位，不是也在寻找三者的关系吗？

（2）生命系统在两极对立中演绎，生命之法实现整体制衡。

生命的走向不是从一而终，不会极端偏向，而是在互作中展开，在矛盾中统一，或相对而立，或相克相生，双向车道各向而行，最后达成一体。

在分子层面：水作为生命之源，水分子因具有极性而与多种分子互相吸引，成为良好溶剂；生命的分子 DNA 是双螺旋结构，极性反向平行，看似同向而去，实则极性互补，演绎着生命的无限多样；磷脂分子分为亲水性的头部和疏水性的尾部，两者各有倾向，亲水则生于水，亲脂则透过脂，细胞内外皆为液体环境，尾部相对头部朝外面对液体环境，水分子通过磷脂疏水性尾部贯穿水通道蛋白的单行大道。

在细胞层面：线粒体和叶绿体内、外膜在结构和功能上有显著差异。线粒体和叶绿体的起源可以追溯到内共生起源学说，即它们分别起源于与原始真核细胞共生的需氧细菌和进行光合自养的蓝藻。这种共生关系不仅为原始真核细胞提供了更多的能量来源，还在漫长的进化过程中逐渐形成了今天的线粒体和叶绿体。这种共生关系对真核细胞的进化具有重要意义，使得真核细胞能够更好地适应环境变化并获得更多的能量来源。

在个体层面：高等生物有性别分化，基因重组通过产生遗传变异，促进了生物多样性的形成。减数分裂与受精作用使得物种体细胞染色体数代代恒定。等位基因各有显隐权重，非等位基因自由组合，互作同效。

在生态层面：生态位因为过近而分化，调试为适度距离，减小了重叠概率；食物链的级别不等，才有各营养级的各就其位，保证了生态系统的功能运转。

这些都是生命的极性体现，有各自不同定位，又能各守其位，才有生命的平衡。极性走向极致是两极相对。光合作用与呼吸作用演绎了同化与异化的双向；ATP 的合成与水解，对应着放能与吸能反应的不同方向；静息电位和动作电位是神经细胞的两种电信号，分别代表着细胞的静止状态和兴奋状态，实现了神经调节的动静交替。从分子到细胞，从个体到生态系统，生命的法则就是实现整体的制衡。

生与死，也可谓生命的两个极点，生是使命，死也是使命，向死而生，程序性凋亡，死亡前繁殖了子代，生命传承从此生生不息，生与死实现了接通与统一。

《道德经》有言："有无相生，难易相成，长短相形，高下相盈，音声相和，前后相随，恒也。"这即是两极对立后的统一，这里涉及平衡观，也有进化观。

（3）生命世界在共性统一下并行，生命之道归于简洁而高效。

生命需要完美运转又高效并行，同时分化为纷繁多样，则需始于统一。

除病毒外的生命个体由细胞为基本单位构成的。万千生物，最初进化源于单细胞；高等生命最初起源于一个受精卵细胞。真核生物都有细胞膜、细胞质和核糖体与核物质（遗传物质）。细胞的生物膜系统，均为磷脂与蛋白质流动镶嵌组成，具有选择透过性。

从分子维度上看，生物体组成大分子都有相同的化学元素组成（如碳、氢、氧等），都是以碳链为基本骨架构，大都以 ATP 作为直接能源物质，细胞内的生化反应都是通过酶催化完成；信息分子作用于靶细胞的受体蛋白都具有特异性；病毒都专性寄生于特定的生物种群，而非随意入侵。

无论生命进化与形成时如何复杂，无论生命的姿态如何多样，最后的本质都归于一致、走向统一。所谓"万物之始，大道至简"，这些简约的一维之道，归向生命的高效并行。静与动，稳与变，结构与功能，遗传与变异，整体与局部，汇聚与离散，普遍与例外，多样性与专一性，所有这些都相随相伴，协同进化，非线性与非单向、正反馈与负反馈、作用与反作用、进化与不完美，都是生命的辩证统一。

生命是数学，无处不是数据和规律；生命是哲学，深邃也简约；生命更是美学，美得通透而极致。没有什么比生命和生命科学的美更富有魅力与哲学性，没有什么比投入对生命的探索更让人痴迷，没有什么比对生命的热爱更能映射人类情感的庄严。萧伯纳说过：“科学始终是不公道的，如果它不提出十个问题，也就永远不能解决一个问题。”最初建立医学，治病救人是对生命的守护，也是对生命机理的探寻，再到博物学到进化论，再到生物学学科的建立，这些对生命的本质的探索，让我们见到生命科学大厦的巍峨壮观。这许多概念背后是万千身影的坚守，也还会有后来者对概念的晋级更新，这就是科学进阶的魅力，正是一个个新概念让我们一步步接近生命的真相。

品科学概念

生物学的进展大多是概念发展的结果。可见，生物学知识的主体是一个概念体系。

——恩斯特·迈尔《生物学思想发展的历史》

人最能体现万物之灵的强大智慧是用概念的方式认识世界和拥抱世界。人类寻找概念和建立概念，于是有了科学；人类参悟概念和传播概念，于是有了教学；人类应用概念和开发概念，于是有了技术；人类凝结概念和提升概念，于是有了思想。

生物学科学发展和教学研究，也一直同在。

（1）聚焦生物学大概念：纵向观察新时代中学生物学纲要性教学文本。

2003 年，《普通高中生物课程标准（实验）》发行，课程的基本理念部分提出“倡导学生在解决实际问题的过程中深入理解生物学的核心概念”，课程目标中强调要求学生“获得生物学基本事实、概念、原理、规律和模型等方面基础知识”。

2006 年，第一版《普通高中课程标准实验教科书·生物》出版。

2011 年，《义务教育生物学课程标准（2011 年版）》从课程内容的 10 个主题中，筛选提出 50 个重要概念，增加了“关注重要概念的学习要求”。

2013 年，《义务教育教科书·生物学》出版。

2016 年，国家课题组提出高中学生核心素养体系。

2018 年，中华人民共和国教育部出台《普通高中生物学课程标准（2017

年版）》。

2019年，高中新教材正式启用，新教材中的重要概念体系有了更加突出的地位。

2020年，《普通高中生物学课程标准（2017年版2020年修订）》（以下简称“新课标”）出版，新课标的核心理念就是内容聚焦大概念，围绕大概念组织开展教学活动。大概念是高中生物教学课程体系化的结果，是由许多重要概念和次位概念组成的。必修课程和选择性必修课程共计10个大概念、31个重要概念和120个次位概念。新课标课程内容板块第二段首句就是“必修课程面向全体高中学生，选择了生物学最基本的重要概念”。其实，各大概念或者重要概念之间交联成网络，构成了高中生物学的概念体系，而高中生物学教学的主要目标就是帮助学生牢固准确地建立起反映生命观念的生物学概念体系。

2022年，《义务教育生物学课程标准（2022年版）》出版，提出了7个学习主题，依然沿袭高中生物学的概念体系设计理念与框架，聚焦大概念，大概念下设重要概念和基本概念。

2024年秋，人民教育出版社新版《义务教育教科书·生物学》出版，全国发行。

高中和初中生物学教材紧紧围绕新课标基本理念编写。科学的学习也是细化、丰富和建立概念体系的过程。谭永平老师说：“生物学概念体系的核心部分就是解释生命本质的有关概念。揭示生命本质是生物学的核心任务，在某种意义上说，生物学研究是围绕揭示生命的本质而展开的。”

概念研究是教育部中学生物课程标准研制项目的关键，对概念教学的研究是过去10多年间国内外科学教育领域的研究热点。北京师范大学刘恩山教授认为，学生仅仅能背出事实性术语定义是不够的，更需要对“重要概念”进行理解和运用。生物学“重要概念”是指位于生物学科中心地位的，当代生物学的主要观点和思维结构，包括对生命的基本现象、规律、理论等的理解和诠释，对学习生物学和相关学科具有重要的支撑作用。

（2）中学生物学概念的表达方式：横向观察生物学的重要概念。

概念的表达形式关系着概念理解，也关系着教学的实质性成效。美国课程专家埃里克森（Erikson）认为，要为教学单元确定一个聚合概念（否则单元学习只能停留在较低的认知水平）。安德森（Anderson）等学者将传统意义上的概念、原理与理论都概括统称为“概念性知识”，概念和命题两者的界限便淡化了。许多论断就是概念性知识，或者说，表达概念的方式用论断性命题呈现。下面横向选取几个国内外经典版本的高中或大学《生物学》教材概念呈现方式，并进行比较。

人民教育出版社出版的高中生物学教材每一章后的单元练习中都有概念图的绘制；新版美国权威学习教材 *Science Explorer* 也非常重视概念图的绘制。

《美国国家科学课程标准》中生命科学的内容，按学段用“一句话”形式列出标准及支持标准的核心概念，如关于细胞的表述有“细胞是有支撑其功能的特定结构”“细胞大多数功能都是通过化学反应进行的”“细胞能进行分化”等。

美国生物学教材 *Biology*（中译本 2008 年第 6 版）绝大部分也是以议题形式表述的：如第 18 章“遗传信息的改变”有 4 节课，分别是“突变是遗传信息的改变”“生长调控基因的突变导致癌症”“重组改变基因的位置”“基因组在不断变化”。

B. 艾伯茨（Bruce Alberts）等著的《细胞生物学精要》（中译本 2012 年版）各节的概念呈现风格也是完全短句形式。原书第三版的科学出版社汉译本全书 800 页，单独的目录就达到 15 页，但是读完目录，就等于浏览了细胞生物学的梗概，许多节的标题有 20 字左右，个别标题字数还超过了 30 字。生物学概念以标题形式呈现，如“原核生物是最多样化的细胞”“叶绿体从光照捕获能量以固定碳”“染色体会有一长串基因”“发酵使 ATP 在无氧条件下产生”“氧化磷酸化产生细胞的大部分 ATP”“细胞骨架实现了有丝分裂和胞质分裂”。

上海科技教育出版社张新时老师主编的高中《生物学》教材 2019 年新版概念或目录表达格式类似，如第五章“植物生命活动受多种因素调节”下有四节课：其中第二节的“生长素对植物生命活动具有重要调节作用”下设“生长素在调节植物生长时表现出两重性”和“生长素调节植物的其他生命活动”两部分，第三节的“多种激素共同调节植物的生命活动”下设“植物体内含有多种激素”及“植物的生命活动受多种激素共同调节”和“植物激素类似物在生产上应用广泛”三部分。

人民教育出版社出版的初中《生物学》某些节题目在试着用短句表述概念，如“细胞通过分裂产生新细胞”。这样的题目不多，多以精练术语表述。

人民教育出版社的高中《生物学》教材的不同章节表述方式不同，也许因为考虑到不同概念知识点的差别，或者各时期版本的不同以及教师的适应情况有别，暂时属于过渡研判时期。

笔者认为，传统术语式概念的呈现方式精炼清晰，概括简洁，醒目突出，利于形成术语概念群，使人一目了然。“命题式概念”呈现方式则使概念更加透彻明细，凸显精细化的概念内涵，也给学习者以高效直接的传递，更利于形成多维度概念体系。

求教学实效

在教学中要针对概念的类型和学生的年龄特征，进行概念学习的进阶研究，将学生的心理特点和概念本身的特点结合起来考虑，设计最适合学生的概念教学策略和方法，提高概念教学的有效性。

——赵占良《概念教学刍议（四）》

从形成角度讲，概念是语词结构，是由特定语言字符组合而成的，传统的概念似乎就是以一词一术语指代，其实这仅是概念的指代字符或标签。

从心理学角度讲，概念是人主观世界的理解诠释的映射，人对概念主体的描述具有理解的局限性。另外，概念通过阅读路径被吸收，不同人有不同的思维理解的距离感，且在教学中还有教师理解与学生理解的距离感。如何精准而透彻地理解概念，是教学的关键问题。

笔者认为，概念教学需要注重以下几点。

（1）深度洞察生物学概念的形成历程，全面理解概念的多维内涵与外延。

首先，理解生物学概念，需透彻其丰富的内涵和本质，不能限于表层语义。

生物学概念由语词构成，传统教学多强调术语和公式的表层识记，师生的注意力如果仅聚焦于词汇表层角度去说文解字般传递，仅限于术语的机械性记忆，而不理解本质与内涵，是极其肤浅且有风险的。

师生只有通过透彻理解概念内涵，真正理解背景信息或实验推理，才能把握概念的深度与宽度，避免刻板僵化吸纳。例如，光合作用中的暗反应，2019 年的新教材中加入了“也叫碳反应”这几个字，这不仅是概念限定字符的扩增，还抓住了“暗反应”的核心特征，传统的“dark rectinon”不是最恰当的；“undependlight rectinon”（非光下反应）作为传神译法最利于理解概念原貌。人民教育出版社出版的新教材的“光合作用”一节中加入了“希尔反应”和“阿尔农实验”科学史简介，这有助于全面建构概念，能够直达概念的本质。教师在课堂教学中要把这些用意传授好，而以前版本没有完善之前，如果老师能够深入了解“光合作用”的概念发展，也会加入相应科学史经典实验辅助学生深化学习。

其次，生物学概念在不同空间和不同语境中，其内涵与外延的理解会有差别。

例如，“反射”在物理学的外延很宽泛，光现象中的反射是指光在传播到不同物质时，在分界面上改变传播方向又返回原来物质中的现象；电磁范畴中的反射又可指电磁波遇到其他媒质分界面而部分仍在原物质中传播的现象。哲学家勒内·笛卡尔（René Descartes）将此概念符号巧妙移植，“反射”到了生物学领域又指在中枢神经系统参与下，机体对内外环境刺激所作出的规律性反应。两学科跨界通用，是因为笛卡尔看到这类自然现象在两种场景下的相似性——都表现为受刺激物对刺激物的逆反应。两者虽所指有别却路径相通，这就是思维重建与外延拓展，需要教师在教学中对概念进行精准解释。

（2）辩证认识生物学概念的发展性特征，注重其动态丰富的过程。

概念有定义属性，但是不能固化，而要进化。许多概念如此，生物学概念也如此，如同《现代汉语词典》中的许多词义也在更新进化，这就是社会用词的嬗变与衍生。

科学史从来都不是一部永远正确的历史，它是由正确与错误共同书写的，科学的光芒由人格与智慧镶嵌成体后才会映照历史。有时概念发展充满了时代的局限与偏离，科学界也会有隐晦至暗的低谷时刻。例如，16 世纪塞尔维特（Servet）的“血液肺循环”概念首次提出，让这位西班牙医生殒身火刑，其著作也被销毁。再如，学界对芭芭拉·麦克林托克（Barbara McClintock）“跳跃基因”概念持冷落态度、最初时对艾弗里“遗传物质是 DNA 分子”概念持固有成见而延迟了真相普及的时间。

例如，“病毒”的概念从初建到发展过程中，其内涵和外延也在多次更新，甚至发展到后来的亚病毒→类病毒→朊病毒。又如，“转运蛋白”概念的内涵则是因为通道蛋白的发现而增加的，同时改变了教材中“协助扩散”的概念范畴；再如，“基因”的概念一直在发展，表现为达尔文的颗粒→孟德尔的遗传因子→约翰逊的基因→有遗传效应的 DNA 片段→病毒 RNA 遗传信息。科学在发展，概念也在不断丰富。这就需要教师将概念讲“活”，不能陷入狭义。

（3）解读概念要立足大背景，注重通过科学史领悟逻辑思维的构建过程。

每一个概念都有其不同的内涵与外延，为了避免生物学概念的碎片化，教师应在教学中全方位、高效率地领悟概念的内核，在立足情境化的大背景下，利用大概念统领逻辑关系。

首先，生物学概念教学需要在生命观念的大背景下贯通传授。在信息爆炸的时代，为了避免生物学概念的碎片化，要灵活展开概念之间的贯通串联，要用生命观念做总支撑，提炼出生物学思想观念，整合建构形成体系，在生命观念的大背景下俯瞰每一个概念的属性和位置。

其次，生物概念教学需要利用大概念的统领力度，梳理好概念体系中的逻辑关系。建构高中生物学课程体系和内容框架的作用至关重要。其中，大概念位于生物学科中心地位，属于知识主干部分，对学习有核心作用；重要概念虽处于从属地位，但能体现学科逻辑和学生认知特点的概念群，有了重要概念才使高中生物学的概念体系得以丰盈和全面。大概念和重要概念在形成学生知识体系和生命观念中起到根本作用，两者相辅相成。要高效率领悟概念，就需要利用大概念的统领力度，挖掘好两者的逻辑关系。

最后，生物学概念解读需要根植于生物科学史的大坐标中，理解形成发展过程。这关联到生物学概念的初建、发展与完善的过程，解读概念时根植于生物科学史坐标中，能够更全面地追寻到概念的逻辑推理和内容递进过程，能够更立体地体现概念的本质内涵。

（4）努力构建高中生物学重要概念体系，追求概念教学实效。

考查学生对概念的理解，需要先提升教师对概念的领悟力，需要教师掌握新课标，吃透教材，借助实验，挖掘科学史，开发好课堂，帮助学生建构尽量接近本质又完整的概念体系。

概念的建构和应试并不冲突，高考的许多能力与思维考查都是围绕概念考查展开，如考查概念的本质、内涵外延的精准度，考查概念的典型性、例外性和应用性。对教材概念的探究精度与高度，就是教师课堂讲授的精度与高度。对概念问题的全貌俯瞰、洞察剖析，对情境中概念的拓展和延伸，结合旧的概念体系对新的概念进行系统推理分析，是提升思维能力和概念提取能力的关键。

在空间上，将概念融入不同层级的概念群体系中体会，会使概念更加立体化。教师需要多综合各版本的教材，从中体会概念的变化与发展；学生应该多读、多画概念图与知识网络图，全面理解概念的内涵和外延。在时间上，教师应在科学史中体悟概念的发展轨迹与厚度，建立生命观念。在思维上，教师应注重逻辑思维在每个概念中的拓展与应用，包括批判性思维和理性思维。在落点上，教师应重视实验能力，联系实践生产、社会生活，以科学探究的力度将概念落地和升华，实现科学探究与社会责任的融合。

如果用三个词概括对生物学教学的核心，笔者认为应当是理念、概念和观念，也就是悟透新教材的编写理念，拓展研究好生物学重要概念，师生共建美丽的生命观念。

本书的编撰初衷就是在感悟至美生命的过程中，力求与师生一道品味生物学概念的含义，力争构建一份开阔而清晰的概念体系。由于水平有限，书中难免存在不足，敬请各位读者批评指正。

刘 锡 凯
2024 年 7 月

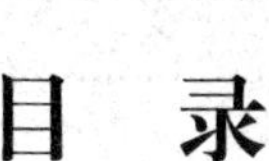

目　录

第 1 篇　功能之基础：分子 · 细胞

第 2 篇　传承之本质：遗传·进化

第5篇 思想之光芒：生命·科学史

第1篇
功能之基础：分子·细胞

人活着就是在对抗熵增定律，生命以负熵为生。

——埃尔温·薛定谔《生命是什么》

无生命世界的复杂性来源是“随意”的，而生命体世界的复杂性没有这么随意，反而非常确定。在生命有序的复杂性中，哪怕做出最微小的改变，都可能带来无法预料的后果。

——埃迪·普罗斯《生命是什么》

生物学学科核心素养是学生在生物学课程学习过程中逐渐发展起来的，在解决真实情境中的实际问题时所表现出来的价值观、必备品格与关键能力，是学生知识、能力、情感态度价值观的综合体现。生物学学科核心素养的培养应贯穿于教材编写、课堂教学及考试评价中。

——《普通高中生物学课程标准（2017 年版 2020 年修订）》学科核心素养与课程目标

大概念：细胞是生物体结构与生命活动的基本单位。

◆细胞由多种多样的分子组成，包括水、无机盐、糖类、脂质、蛋白质和核酸等，其中蛋白质和核酸是两类最重要的生物大分子。

◆细胞各部分结构既分工又合作，共同执行细胞的各项生命活动。

◆各种细胞具有相似的基本结构，但在形态与功能上有所差异。

大概念：细胞的生存需要能量和营养物质，并通过分裂实现增殖。

◆物质通过被动运输、主动运输方式进出细胞，以维持细胞的正常代谢活动。

◆细胞的功能绝大多数基于化学反应，这些反应发生在细胞的特定区域。

◆细胞会经历生长、增殖、分化、衰老和死亡等生命进程。

——《普通高中生物学课程标准（2017 年版 2020 年修订）》课程内容：大概念与重要概念内容要求

烟草花叶病毒是一种RNA病毒，它的逐步发现历经半个世纪，揭开了病毒新概念建立的篇章。病毒质粒是长300 nm、直径15 nm的棒状体。它的外壳蛋白呈圆筒状，有2 130个亚基，每个亚基有158个氨基酸。单链RNA分子沿着内壁在蛋白质亚基间盘旋着，约有6 400个核苷酸。

系列关联概念
科赫原则 细胞增殖 细菌过滤器 脲酶的结晶提取

1 病毒概念初建：从烟草花叶病毒发现说起

何谓病毒？根据美国主流教科书《现代病毒学导论》给出的解释，病毒是亚微观的寄生性的含有蛋白质衣壳的遗传物质颗粒。目前比较公认的病毒定义是“病毒是一类比较原始的、有生命特征的、能够自我复制和在细胞内寄生的非细胞生物”。

人类对病毒的认识是从烟草花叶病毒（tobacco mosaic virus, TMV）开始的，这是人类最早发现、最早提纯结晶、最早检测，以及最早在电子显微镜下观测到的病毒，具有标志性的作用。

1.1 初识病毒新貌：半个世纪的递进，多国学者的探索

烟草花叶病毒（图1–1）的发现与烟草的染病历史有关。烟草本是生长在墨西哥的植物，16世纪早期，哥伦布（Columbus）、麦哲伦（Magallan）

等发现“新大陆”时，便把烟草从新世界带回欧洲。到了19世纪中叶，它已是荷兰的主要作物。但是，后来烟草染上了一种花叶病，这些染病植株矮小并且叶色驳杂，严重影响烟草质量和产量。

这个历史时期，即19世纪末20世纪初，法国的巴斯德（Pasteur）和德国的科赫（Koch）两位微生物学家提出细菌致病学说，即“传染病都是由细菌或其分泌的毒素引起”，这一学说盛行学界。

图1-1 烟草花叶病毒

（引自 David Goodsell, courtesy of the RCSB PDB "Molecule of the Month"）

1.1.1 细菌致病学说难突破

1879年，在荷兰工作的德国农业化学家阿道夫·麦尔（Adolf Mayer）受命调查荷兰的烟草病患。1882年，麦尔命名了烟草花叶病。他提取染病叶片的汁液，注射到健康植株的叶脉中，结果10 d后大多健康植株新长出的嫩叶染病严重，证明了烟草花叶病有传染性；他将汁液煮沸，发现感染因子失活。可是用当时的先进光学显微镜没有发现细菌，在汁液中没有找到可染病的微生物，囿于细菌致病学说和研究条件，麦尔认为病原体是一种显微镜下看不到的极小细菌。

1884年，法国微生物学家查理斯·尚柏朗（Charles Chamberland）发明了一种过滤器（尚柏朗过滤器），其滤孔孔径小于细菌尺寸，利用这一过滤器就可滤过除去液体中的细菌。1892年，俄国年轻的植物生理学家德米特里·伊万诺夫斯基（D.I.Iwanowski）在乌克兰和克里米亚调查了同样的植物病害，首次实验证明烟草花叶病的致病因子是一种滤过性病原体，即能通过细菌所不能通过的过滤器的微孔，但是他并未意识到这一发现的重大意义，仍然坚持认为致病原因是可滤过性的细菌或其分泌毒素，也就是他并未意识到这是一种不同于细菌的新型微生物。

1897年，科赫的学生德国微生物学家吕夫勒（Loeffler）和费罗施（Frosh）等人发现口蹄疫病毒——通过细菌过滤器的新型病原体，这是人类发现的第一个动物病毒。但此时仍未突破细菌致病学说，人们仍然认为病原体是一种细菌类“极小微生物”。

1.1.2　病毒概念提出遭阻遏

1898年，荷兰植物学家微生物学家马丁努斯·贝叶林克（Martinus Beijerinck）发现了土壤微生物的生物固氮作用，这堪称点亮科学史的重大成就。年近半百的他注意到了烟草花叶病，开始严谨而扎实地调研和查阅文献，并做了一系列经典实验，包括重复前人实验，确认无菌过滤液具有致病性，以及证实过滤液中的染病源是可传染可复制（病原体仅在宿主中复制）的，他认为其中一定存在某种活性物质。在更深入的实验中，贝叶林克发现这种病原体并不像细菌一样可以在有营养物的试管或培养皿中培育；如果过滤液中只有细菌毒素，注射给健康叶片时，就不会从一个叶片传染给另一个叶片。他提出了不同于伊万诺夫斯基的独到见解，认为这是一种比细菌更简单微小的可复制颗粒，以至于能够通过陶瓷过滤器。由此，贝叶林克首次提出了“病毒”（virus）的概念并赋予其全新的含义——“传染性活流质”，他也因此被公认为真正的“病毒学之父”。人们很难想象非颗粒形态的流质也能够如单细胞结构的细菌那般具有生命的活力与特征，当时大多人并不接受这一概念，尤其伊万诺夫斯基依然顽固地坚持细菌毒素的观点，甚至扬言，如果存在所谓病毒，他宁愿喝下一杯病毒液以谢天下。

1902年，美国农业部植物产业局专家伍兹（Woods）提出，烟草花叶病很有可能是因叶内的氧化酶活性的代谢紊乱引起的，因此毒素说又开始抬头。1916年，担任美国农业部的专家奥拉德（Allard）对伍兹的实验进行了检测。奥拉德用云母制成的多孔杯进行过滤，发现患有花叶病的烟草叶的汁液过滤后，确实含有高活性的氧化酶，但其没有传染性，由此否定了伍兹的结论。

一战结束后不久，美国植物病理学拓荒者杜加尔（Benjamin M. Duggar）基于实验研究，将“病毒”的概念发展成“可在细胞内自我增殖的亚微观颗粒”。

在20世纪的前30年中，研究者在动物组织的悬浮液中或受精鸡蛋中培养病毒，事实证明这一举措对研究及疫苗制作来说意义非凡。

1.1.3 病毒本质结晶显真相

1935年，美国生物化学家温德尔·M. 斯坦利（W.M.Stanley）用实验证实了贝叶克林的假想。他借助当时先进的酶蛋白质结晶技术，证明了此“病毒”是一种蛋白质。他几乎磨了上吨重的患病烟叶，从中分离到不满一小勺的病毒结晶，他把结晶物放在少量水中，将其涂于健康烟叶上，一周后正常烟草也患上同型的花叶病。这个病毒结晶研究实验，也同样遵循“科赫原则”。

各种病毒的形态如图1–2所示。

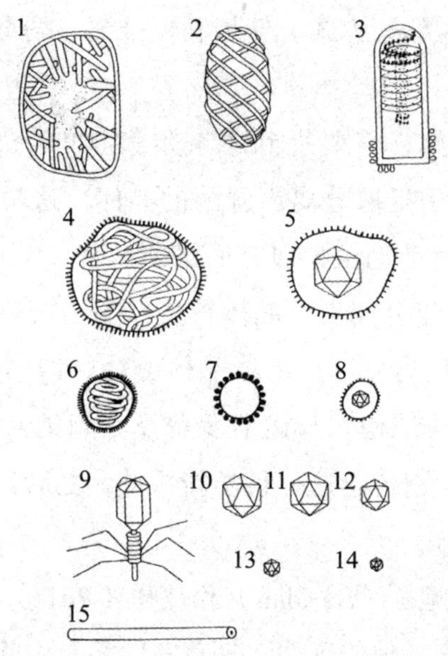

1—正痘病毒；2—副痘病毒；3—弹性病毒；4—副黏病毒；5—疱疹病毒；6—正黏病毒；7—冠状病毒；8—披膜病毒；9—T 偶数大肠杆菌噬菌体；10—腺病毒；11—呼肠孤病毒；12—乳多孔病毒；13—小 RNA 病毒；14—细小病毒；15—烟草花叶病毒。

图 1–2 各种病毒

（引自《牛津通识课：病毒》）

斯坦利在 *Science* 杂志上发表的论文中写道："烟草花叶病毒是一种具有自我催化能力的蛋白质，它的增殖需要活体细胞的存在。"斯坦利发现，病毒同时拥有生命体与非生命物质的特性：它们和活细胞无联系时，就如大分子化合物无异，处于休眠状态，但当它们接触到合适动植物活细胞时，就有了活性并能复制；它们属于生命形态和化学物质之间的特殊地带。这完全颠覆了很多人对传统生命概念的认知。

该病毒极其稳定，因在病叶内能大量地增殖，所以从 1 L 病叶榨汁中可提纯 2 g 结晶。目前，美国加州大学的原斯坦利实验室里，仍然保留着一个标注着"Tob. Mos."字样的瓶子，其中就盛着当年第一次提纯的烟草花叶病毒（简称"TMV"）。这一发现可以利用 X 射线衍射方法来确切地查明多种病毒精细的分子结构及繁衍方式。斯坦利还推测，病毒可能是地球生命的第一种形式。

谈到结晶蛋白研究，需要提到康奈尔大学的萨姆纳（Sumne），他在1926年成功地从刀豆中提取分离出脲酶的晶体，这是科学史上首次提取晶体酶。受其鼓舞，洛克菲勒医学研究所诺斯罗普（Northrop）重启了胃蛋白酶的研究，并于1930年分离出了晶体胃蛋白酶。斯坦利也是从萨姆纳对脲酶的结晶化工作中得以启发，才提取晶体成功。1946年，他因提纯并结晶了病毒，阐明了其分子结构，与诺斯罗普及萨姆纳共同获得了诺贝尔化学奖。斯坦利开创了化学遗传学这一科学新领域。之后，他还研究了流感病毒并研制了一种流感疫苗。

1936年，英国的鲍登（Bawden）和皮里（Pirie）对斯坦利的研究结论进行了实验的修正补充，他们证明，烟草花叶病毒中除含有蛋白质外，还含有少量的RNA，只是他们当时并没有意识到RNA是病毒的遗传物质。他们还提出烟草花叶病毒应该是杆状颗粒，而不是球状颗粒。

1939年，德国生物化学家考舍（Kausche）在透射式电子显微镜的发明人、1986年诺贝尔物理学奖得主恩斯特·鲁斯卡（Ernst Ruska）的弟弟哈尔墨特·鲁斯卡（Helmut Ruska）的协助下，借助全球第一台商用电子显微镜终于直接观察到了烟草花叶病毒，并确认其为杆状颗粒。但是，考舍给出的烟草花叶病毒的大小、尺寸并不准确。

1.2 如何定位病毒：洞察发展的历程，构建病毒的概念

在获得TMV结晶之后的将近20年时间里，包括脊髓灰质炎病毒等许多其他病毒也相继被结晶出来。从最初断定烟草花叶病毒为滤过性病原体，到终于直接观察到这种滤过性病原体为一种亚微观颗粒，人类用了约半个世纪

的时间，多国的科学家一代代递进式探究，为人类加深对病毒本质的理解做出了重要贡献，我们从中也看到了技术发展加持理论进步的力量。

在这50多年里，病毒致病理论建立。病毒概念初始发展的历程如表1-1所示。

表1-1　病毒概念初始发展的历程

序号	年份	探索者	相关实验或结论与概念发展	备注
1	1883年	麦尔	通过提取染病叶片的汁液涂抹到健康叶片上的方法将烟草花叶病转移	发现并命名了烟草花叶病
2	1892年	伊万诺夫斯基	实验证明烟草花叶病致病因子是一种滤过性病原体	未深入研究，未突破原有微生物概念
3	1897年	吕夫勒和费罗施	发现引起牛口蹄疫的病原也可以通过细菌滤器，并将这种新型病原体视作一种“极小生物”	人类发现的第一个动物病毒，注意到还可能有其他病毒传染源
4	1898年	贝叶林克	提出烟草花叶病病原不是细菌而是新的致病因子，发现其能够通过细菌过滤器，将其命名为“具有感染性的活动流体”	创造了病毒“virus”新概念，被学界称为“真正的病毒学之父”
5	1912年	杜加尔	实验研究后将病毒进一步定位为“可在细胞内自我增殖的亚微观颗粒”	未见到病毒的形态，也不知其本质
6	1916年	奥拉德	用多孔杯进行过滤，发现患有花叶病的烟草叶子的汁液过滤后，没有传染性	证明了另外有病原体，而非代谢酶的原因
7	1935年	斯坦利	使烟草花叶病毒（TMV）结晶，并证实此病毒是蛋白质及核酸分子聚集体	1946年，因病毒研究获得第一个病毒学领域的诺贝尔奖
8	1936年	鲍登和皮里	烟草花叶病毒中除含有大量的蛋白质外，还含有少量的RNA	RNA才是病毒的遗传物质
9	1939年	考舍	直接观察到了烟草花叶病毒，并确认其为杆状颗粒	确定的TMV病毒的大小不够准确
10	1955年	谢弗和施沃特	结晶了脊髓灰质炎病毒	此病毒是第一个被结晶出来的动物病毒

烟草花叶病毒是人类发现的第一种病毒。病毒概念的建立，开辟了病毒学的新领域，是人类认识病因的突破，标志着病毒致病理论的正式构建。

1890 年，微生物学之父巴斯德提出论断，表明所有的病毒都是微生物。但八年之后，贝叶林克就作为命名“病毒”的科学家，将“virus”用来指代“有感染性的活的流质”（后来证明此说有误，病毒并非流体，而是微小粒子）。此病毒新概念包含以下几层含义：①能通过细菌过滤器；②具有传染性；③能在生物体内增殖，但不能在体外生长。简言之，病毒是一种滤过性病原体。而斯坦利结晶体技术看到的烟草花叶病毒，是一个化学视角的概念，这时的病毒可以看作大分子物质或者大分子的混合物，如果再看病毒的相关特征或行为，也就是具有了病毒的两重性了。

20 世纪 30 年代前，世界上许多科学家主要运用过滤性方法，先后发现了 40 多种植物病毒，他们将这些病原体都归为“滤过性病毒”。随着研究深入发展，科学家发现一些病毒虽然微小，却因荷电和吸附而不能通过细菌过滤器，最后随着电子显微镜的发明，鉴定具有确定大小和形态的病毒颗粒成为可能。所以，前缀词“滤过性”被摈弃，仅用“病毒”代表此类致病因子。

贝叶林克从拉丁文中取词“virus”，大概映射了当时的社会心理，由于烟草花叶病严重影响了烟农的收入，也影响了大家吸烟时的心情，因此人们对这种微生物充满了恶意。该词在中古英语里的本意是“蛇毒”，在拉丁语古义里既是“蛇的毒液 / 有毒分泌物”，又是“人的精液”，内涵中也就隐喻着既能毁灭生命，也可创造生命。

现在看来，这个词语和概念，的确很恰当。但是人类对病毒的探索，远没有停止。而今天，“计算机病毒程序”概念的跨界拓展，又使之进一步延伸。

阿姆斯特丹博物馆中保存着1619年荷兰画家绘制的患病郁金香静物画，这是首次被记载的植物病毒病：郁金香碎色花病。郁金香碎色花病毒会引起郁金香花色条纹中各异斑点和精美图案的奇妙新品种，在荷兰曾引起过狂热炒买。一朵郁金香花可以与4头牛或12只羊同价，最疯狂时，有人用一朵郁金香换了两匹马和一辆新马车；大仲马笔下的“黑色郁金香”，更是价值十万盾荷币，却举国难求。1637年，郁金香泡沫破裂引发了历史上第一次金融危机，也间接导致了欧洲金融中心荷兰的衰落。

系列关联概念
生物的进化 内共生学说 中心法则 RNA 世界 朊病毒和拟病毒 磷脂与糖蛋白

2 多样性的病毒与多元视角下的病毒概念

2.1 林林总总概览病毒

2.1.1 病毒导致多种传染病

人类的文明发展史，可谓与致病性微生物如影随形相伴的历史。人类一直面临各种传染病的侵染，大多与微生物有关。它们导致一次次肆虐的传染病，而人类以智慧与魄力迎难而上，直面疫情，一次次揭开病毒等不同微生物的真面目。

目前已知的人类80%的传染病由病毒引起，如艾滋病、各类肝炎、流感，以及历史深处的天花。1918年，西班牙流感大流行波及世界许多地区，最终造成几千万人死亡；1976年在非洲发生的埃博拉（Ebola）病毒大流行，死亡率高达80%～90%；艾滋病病毒自1983年被发现后，已感染6 000万人，其中一半人因此丧生；1988年上海甲型肝炎病毒大流行，感染人数达30万，造成了巨大的损失；2003年突发的SARS（简称“非典”），给人类健康及生活造成了极大的影响。尤其近几年的新型冠状病毒，使全世界政治经济社会都受到重大打击。另外，据英国流行病学家对癌症诱因的统计分析，病毒感染占10%～15%。

事关人类命运，病毒必然成为生命科学领域的热点研究。病毒的知识点遍布高中生物学甚至多学科教材中，自然也成为高考试题中的高频率考点。

2.1.2 初识典型病毒大小

不同种类的病毒性状差异很大，最大的病毒在光学显微镜下勉强可见，一般需要用电子显微镜来研究病毒的形态结构。现在发现的典型病毒的大小比较如表2-1所示。

表2-1 现在发现的典型病毒的大小比较

比较项目	具体种类	大小（nm）	比较项目	具体种类	大小（nm）
最大的病毒	虫豆病毒 牛痘病毒	450 300×250×100	最细的病毒	大肠杆菌的 F_1 噬菌体	5×800
最小的病毒	乙型肝炎病毒 菜豆畸矮病毒 口蹄疫病毒	18 9～11 10	最长的病毒	甜菜黄花病毒 铜绿假单细胞菌的噬菌体	1 250×10 1 300×10
细菌对照	小型细菌（厚膜） 伤寒杆菌	300 1 000	典型病毒	烟草花叶病毒 脊髓灰质炎病毒	15×280 长28
酵母菌对照	酵母菌细胞	5 000	大分子对照	血红蛋白直径	5

2.1.3 多元视角审视病毒概念

给病毒下一个严谨到各方都认可的概念并不容易，一般认为病毒（virus）是一类比较原始的、有生命特征的、能够自我复制和严格细胞内寄生的非细胞形态的微生物。

美国经典教材《生物学》中病毒的概念如下：病毒是包裹在蛋白质衣壳内的核酸链。严格说病毒是寄生的化学物质，是被蛋白质包裹的DNA或RNA片段。早期认为“病毒是介于生命和非生命之间的中间体”理论已经被抛弃。现在认为病毒是生物体中分离出来的基因组片段，因为科学家发现病毒与真核生物的基因存在着高度的相似性，是仅由蛋白质包裹单一核酸的“寄生性化学颗粒”。

在中世纪的医学界，“病毒”最早用来指溃疡或伤口的分泌物，后来转变为指称体内引发传染病的物质。病毒还可以指一种用于疫苗接种的感染性物质，如爱德华·詹纳在1799年公布了他的发现：“牛痘病毒”可用作一种预防天花的疫苗。

直到19世纪末人类首次发现病毒（烟草花叶病毒），才有了病毒真正概念的建立。1933年，斯坦利提取并纯化了这种病毒（TMV），提纯的TMV居然以晶体形式从溶液中沉淀，这种只有化学物质才沉淀的现象竟出现在病毒身上，于是斯坦利得出“TMV更应该看作化学物质，而不是一种生物”的结论。以后科学家逐步深化和完善病毒的认知和概念。人们发现，将TMV的组成物质蛋白质和RNA组装后才能感染健康烟草，而不是其单独的化学成分，其他病毒也有同样的结论。

法国微生物学家利沃夫（Lwoff）曾在1967年的诺贝尔奖领奖辞里宣称：“生物是由细胞构成的。”病毒显然不是细胞，从前人们认为病毒只不过是一些游离的遗传物质，因为恰好也组合了一些合适的化学成分，因而能在细胞内自我复制。2000年，国际病毒分类委员会（ICTV）也正式表态支持这个说法，他们宣称：“病毒不是活的生物。”利沃夫在《病毒的概念》中也准确定位了病毒的特殊性。

2.2 非细胞之病毒的结构组成与特点概括

2.2.1 病毒主要由蛋白质和核酸组成

所有的病毒基本具有相同的结构——蛋白质和核酸，一个病毒粒子由DNA或RNA构成髓核。髓核被病毒的蛋白质外壳（衣壳）所包围。髓核和衣壳统称为核衣壳。有些病毒的核衣壳外面包被着一层包膜（envelope），也叫囊膜，由脂质、蛋白质和糖组成。包膜病毒可持续感染，如埃博拉病毒、流感病毒、新型冠状病毒等。

一种病毒只有一种特定类型的核酸（即DNA或RNA），核酸有线状也有环状，可以是单链，也可以是双链，构成病毒的基因组。这也许跟某种特定类型的病毒起源有关。核酸含量在不同种类的病毒中差别较大（表2–2），在流感病毒中其含量仅占不到1%。

表2–2 几种典型病毒物质组成比较

病毒类型	核酸含量	蛋白质	脂质	碳水化合物
烟草花叶病毒	RNA：5%	95%	0	0
脊髓灰质炎病毒	RNA：26%	74%	0	0
鸡瘟病毒	RNA：2%	68%	25%	0
流感病毒	RNA：1%	74%	19%	6%
Rous 肉瘤病毒	RNA：2%	62%	35%	1%
大肠杆菌噬菌体（$T_1/T_4/T_6$）	DNA：55%	40%	0	5%
大肠杆菌噬菌体（$d_1/f_4/M_{13}$）	DNA：12%	88%	0	0

2.2.2　病毒的衣壳和包膜

病毒的衣壳就是包裹病毒核酸外面的一层蛋白质结构，能抵抗细胞中蛋白酶的水解作用，从而使病毒攻击宿主细胞能够“所向披靡”。

病毒的衣壳一粒粒地排列在一起，微生物学家将这些微粒称为壳粒（衣壳的形态亚单位），壳粒由一个或几个多肽分子组成。衣壳在病毒的外面对称排列，有螺旋对称型、20面体型、立体对称型和复合对称型几种结构。衣壳具有抗原性，能保护病毒核酸免遭核酸酶和各种理化因素的破坏，便于病毒在演化过程中完成自身的进化。

大部分含脂质的病毒有一层包膜外衣，其中脂质的主要成分是磷脂，因为常源于宿主的细胞膜（但也有病毒的糖蛋白），在纯化的病毒中已发现多种脂类化合物，如糖脂、中性脂肪、脂肪酸、胆固醇等。病毒基因组和与之相连的蛋白包在膜内，它对病毒颗粒的结构完整性有重要作用。

2.2.3　归纳梳理病毒和几种微生物

从结构与成分等几个角度，可以将病毒与其他典型微生物做如下比较（表2–3）。

表2–3　病毒与其他典型微生物的主要区别

类型	核酸类型	核糖体	细胞壁的主要成分	ATP产生系统	生殖／增殖方式	是否在无生命培养基中生长	抗生素敏感性	干扰素敏感性
真菌	DNA + RNA	有	几丁质	有	有性生殖 无性生殖	生长	无	无
细菌	DNA + RNA	有	肽聚糖	有	二分裂	生长	有	无
支原体	DNA + RNA	有	无细胞壁	有	二分裂	生长	有	无
衣原体	DNA + RNA	有	肽聚糖	无	二分裂	不能生长	有（青霉素例外）	有
立克次体	DNA + RNA	有	肽聚糖	有	二分裂	不能生长	有	无
病毒	DNA或RNA	无	无细胞壁	无	通过寄生活细胞增殖	不能生长	无	有

注：真菌的有性繁殖是指雌雄细胞核融合后增生；无性繁殖包括孢子生成、出芽增殖及菌丝断裂增殖。

由表 2–3 可知，病毒的基本特征如下。①形体微小，一般需电镜才可见到其形态；没有细胞结构，也没有细胞壁、细胞器和染色体等。②具有比较原始的生命形态和生命特征（能够增殖），但是不属于生命系统。③主要是由一个核酸分子与蛋白质构成的核酸 – 蛋白质复合体。④每种病毒只含一种核酸（DNA 或 RNA），含有复制、装配子代病毒所必需的遗传信息。⑤必须在活细胞中才能增殖，场所是寄主细胞，原料（核苷酸、氨基酸）来自寄主细胞。⑥活细胞内的寄生具有专一性，这是病毒分类的另一重要依据。⑦繁殖方式是复制繁殖，不属于二分裂方式（无细胞分裂）。

2.3　多角度的病毒的分类

病毒在地球的数量难以想象。1986 年，纽约州立大学普罗克特（Proctor）经多年研究发现“每升海水中含有多达 1 000 亿个病毒颗粒，而整个海洋中大约存在着 10^{31} 个病毒颗粒，这些总重量相当于 7 500 万头蓝鲸（地球上的蓝鲸不足 1 万头）；如果把海洋的病毒并排，其长度会排到 4 200 万光年之外”。

病毒不仅数目惊人，而且种类繁多、变异频繁。在无脊椎动物中，昆虫的病毒病最多，已知有 1 671 种。单独鱼类的病毒病至少 35 种，如鲤鱼乳头状上皮瘤病毒，我国曾报道草鱼出血病病毒。1999 年，第七届国际病毒分类委员会（ICTV）会议认可的病毒约 4 000 种，这次会议首次规范化了病毒物种的概念。人们将所有已知的病毒根据核酸的类型分为 DNA 病毒、RNA 病毒及类病毒等八大类群，还增设了亚病毒因子（subviral agents）一类。广义的病毒分类梳理如表 2–4 所示。

表 2-4　广义的病毒分类梳理

<table>
<tr><th colspan="2">病毒名称</th><th>组成描述</th><th>遗传物质</th><th>相关类型</th></tr>
<tr><td colspan="2" rowspan="2">（真）病毒</td><td rowspan="2">至少含有蛋白质和核酸两类物质（大多数动植物病毒、细菌病毒）</td><td>DNA</td><td>T_2 噬菌体、乙肝病毒、腺病毒等</td></tr>
<tr><td>RNA</td><td>单链：脊髓灰质炎病毒、风疹病毒、口蹄疫病毒
双链：HIV、SARS 病毒、（禽）流感病毒</td></tr>
<tr><td rowspan="3">亚病毒</td><td>类病毒（viroids）</td><td>含有具有单独侵染性的 RNA 分子，进行 RNA 的自我复制</td><td>RNA</td><td>椰子死亡类病毒、酒花矮化类病毒、柑橘裂皮病毒、马铃薯纺锤类块茎病毒</td></tr>
<tr><td>拟病毒 / 卫星病毒（virusoids）</td><td>只含有单独无侵染性的环状单链 RNA，其侵染对象是植物病毒</td><td>RNA</td><td>地下三叶草斑驳病毒、丁型肝炎病毒</td></tr>
<tr><td>朊病毒（prions）</td><td>无核酸，有感染性的蛋白质颗粒</td><td>蛋白质</td><td>羊瘙痒病、疯牛病、库鲁病病原体</td></tr>
</table>

诺贝尔奖得主巴尔的摩（Baltimore）的病毒分类法是基于病毒 mRNA 的生成机制（表 2-5），与 ICTV 分类本质相通，都具有同样的影响力。从病毒基因组开始，必须生成 mRNA 来完成蛋白质合成和基因组的复制，但每个病毒家族都采用不同机制来完成这一过程。

表 2-5　基于病毒 mRNA 生成机制的巴尔的摩分类法

类别	病毒类别	典型病毒
第一类	双链 DNA 病毒	腺病毒、疱疹病毒、痘病毒
第二类	单链 DNA 病毒（+）DNA	小 DNA 病毒
第三类	双链 RNA 病毒	呼肠孤病毒
第四类	（+）单链 RNA 病毒	微小核糖核酸病毒、披盖病毒
第五类	单链 RNA 病毒	正黏液病毒、炮弹病毒
第六类	单链 RNA 反转录病毒	反转录病毒
第七类	双链 DNA 反转录病毒	肝病毒

2.4　横看成岭侧成峰：洞察病毒的两重性

2.4.1　存在环境的两重性——细胞外和细胞内

病毒的存在形式有细胞外形式和细胞内形式。病毒生命活动的特殊性就在于对细胞有绝对的依赖性，进入细胞内才能有侵染活性，此时会释放出DNA或RNA分子，依赖细胞内环境条件进行增殖。在细胞外环境中的病毒颗粒虽然没有增殖活性，但保持着感染潜能。

2.4.2　生命形式的两重性——颗粒状态与基因状态

未侵入活细胞的病毒以颗粒形式存在于细胞外，此时只具感染潜能。一旦侵入细胞内，病毒发生解体，释放出基因组后就能进行复制和增殖，产生子代病毒；有的病毒基因组整合于细胞的基因组，随细胞繁殖而增殖，此时病毒以基因形式增殖，而不是以颗粒形式增殖。新型冠状病毒武汉株02图片如图2–1所示。

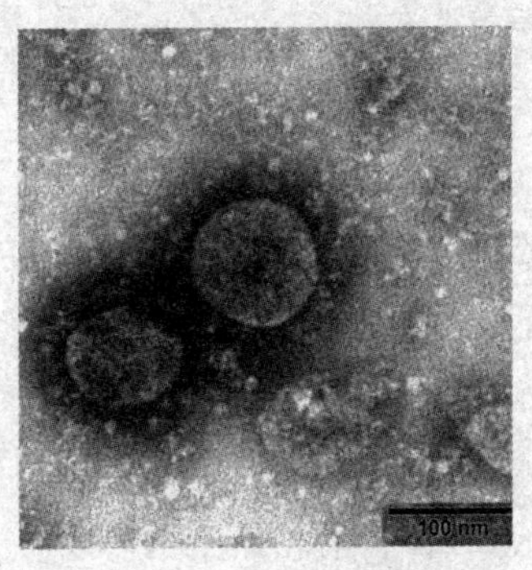

图2–1　新型冠状病毒武汉株02（来源于国家病原微生物资源库）

2.4.3 生命本质的两重性——结晶性与非结晶性

“结晶体”是个化学概念，是很多无机化合物存在的一种形式。1917 年，萨姆纳（Sumner）从刀豆中提纯了脲酶的蛋白质结晶后，斯坦利（Stanley）受到启发，1935 年又首先将烟草花叶病毒提纯为结晶体，之后脊髓灰质炎病毒等病毒也相继提纯。人们对病毒的本质审视进而深化，意识到病毒具有生命活动形态和化学结晶形态两种形式。

2.4.4 病理学的两重性——致病性与非致病性

病毒的致病性与非致病性问题，是与宿主细胞的种类、所处时期或生态条件相对而言的，同一病毒的不同宿主致病性可能截然相反，同一宿主的不同时期也可能存在较大差别。在机体、细胞和分子不同层次，相对含义也会有所区别。例如，风疹病毒在细胞培养中对细胞无杀伤作用，但可引起先天畸形等严重疾病；单纯疱疹病毒在神经元内可长期潜伏而不一定出现病症，但在体外细胞培养中对细胞有杀伤作用。

2.4.5 结构组成的两重性——杂种病毒与纯种病毒

1968 年，保罗·伯格（Paul Berg）成功将 λ 噬菌体和三个大肠杆菌的基因片段连接到完整的猴病毒 40（SV40）基因组上，使之成为一条连续的 DNA，从而产生了一种奇怪的嵌合体，这些基因在进化树上的亲缘关系相距甚远，伯格将其称为“重组 DNA”。这项研究成果具有举足轻重的意义，这种与生殖无关的基因重组指引他跨入了崭新的生物学世界，由此科学家不仅可以跨物种进行基因重组，还能自由地改造基因，这也为人类基因组工程与基因治疗埋下了伏笔。

在自然条件下的两种病毒混合感染时，会出现病毒核酸重组的情况，即一种病毒颗粒中，可含有两种病毒的遗传物质，这种病毒被称为杂种病毒，是常见现象（特别是腺病毒和猴病毒 40 的杂种病毒）。

综上所述，考查病毒这种介于生命边缘的有机体，不能仅仅固定一种框式思维范式。病毒以其多样性增加了生命世界的多样性，给人们以多元的启迪和无尽的探索。病毒对人类的作用，可否以利害大小论处呢？人们所面对的病毒，究竟是潘多拉盒子中的魔鬼还是天使？下面进行具体分析。

2.5 魔鬼与天使？病毒与人类的关系概略

1999 年，让 - 吕克·布隆（Jean-Luc Blond）和他的同事发现了一种叫作合胞素（syncytin）的蛋白质，是由人类逆转录病毒（HERV–W）的一个基因合成的，这种蛋白质只出现在人类宿主的胎盘里，它有一项非常精准的重要使命，即确保细胞黏着在一起，使得分子在细胞之间流通顺畅。科学家发现小鼠也能合成合胞素，就敲除了其合胞素基因，结果小鼠胚胎都未能活到出生，说明这种病毒蛋白对于胚胎从母亲血液中吸收营养是必需的。科学家在其他胎盘类哺乳动物中发现了多种合胞素，蒂里·海德曼（Tilly Heydemann）曾提出假说，在演化的漫长历史中，哺乳动物的祖先被一种内源性逆转录病毒感染，获得了最早的合胞素蛋白，同时进化出了最早的胎盘。

由此看来，有了病毒，才有了人类这些高等生命的出生之日。当然，这只是人类与病毒不可分割的实例之一。科学狂人克雷格·文特尔（Craig Venter）曾表示，人类基因组 1/3 的基因基本上都是受病毒污染过的。

人类应充分挖掘病毒的价值。病毒可作为杀虫剂，用于农林害虫防治，具有巨大的经济潜力；病毒可作为外源目的基因的表达载体，研究和生产对医学农业有重要意义的基因产物，目的基因的运载体有质粒、噬菌体的衍生物、动植物病毒等（最常用的载体是质粒）；病毒可制备生产大量的新疫苗，如脊髓灰质炎疫苗、甲肝疫苗、乙脑疫苗、乙型肝炎疫苗；病毒可作为动物细胞融合的诱导剂，在单克隆抗体制备过程中作为抗原刺激机体产生抗体，也可用灭活病毒诱导骨髓瘤细胞和B细胞融合。

但是，病毒能够引起瘟疫，这让人类非常担心，甚至有一些野心家企图利用病毒开发生化武器，使之达到常规武器难企及之奇效。随着西班牙流感病毒在实验室中复原成功，以及天花病毒还保存于世界上两个实验室内，人类对于病毒开发武器的担心一直未断。

总之，人类和病毒的关系，有对抗也有合作，是竞争也是共生。人类与病毒对立为敌，欲彻底战胜之并非明智之念，人类和病毒注定长期“相爱相杀”、共生共存。

2.6 疯牛病病毒是一种结构异常的蛋白质

300年前，人类就在山羊和绵羊中首次发现了奇痒难耐的患病动物，它们常在石头表面和粗糙树干反复摩擦，以致脱毛显著，这种病状被称为“羊瘙痒病”。该病在欧洲广泛传播，潜伏期为18～26个月，患病动物会兴奋、震颤、丧失协调性、瘫痪直至死亡。

直至1982年，美国科学家普鲁辛纳（Prusiner）发现这些病原体均为朊病毒（prion），它是一种传染性蛋白质颗粒，不含通常病毒所含的核酸，经高温、紫外线等能使病毒失活的因子处理后，其病原体活性仍在，而尿素、十二烷基磺酸钠（SDS）、苯酚等蛋白变性剂则能使之失活。

普鲁辛纳将羊瘙痒病病原体接种到仓鼠脑内传代，分离到相对分子质量2.7万～3.0万Da的特殊蛋白，定名为朊病毒蛋白（PrP），这是人或动物基因组中PrP基因编码的一种蛋白（PrP^{c}），该蛋白无致病性。PrP^{c}的空间结构改变后成为PrP^{sc}（朊粒）就具有了致病性。PrP^{sc}可以诱导更多的PrP^{c}转变为PrP^{sc}，通过多米诺骨牌效应实现朊粒的增殖而致病。PrP基因编码的蛋白质与朊粒因空间结构的不同而发挥的功能不同，蛋白质空间结构改变可以使其功能发生改变，但 PrP^{c} 转变为 PrP^{sc} 的过程不涉及翻译。

传染性海绵状脑病是一类死亡性中枢神经系统的慢性退化性疾患，病人感染后常常需要甚至数十年才能觉察，因为脑神经元的退化、死亡导致脑部产生许多空洞，形成显著的海绵状外表，故名之。朊病毒就是导致这种病具有侵染性并能在宿主细胞内复制的小分子无免疫性蛋白质，羊瘙痒病的发病原因就是朊病毒分子构象发生了改变。

普鲁辛纳的发现，提示人们在传统的传染病病原微生物及寄生虫之外，还有一种全新类型的病原因子，这一发现开辟了病因学的一个新领域，对研究其他传染性海绵状脑病的病因性质、发病原理有巨大的促进作用，也是对中心法则的又一次冲击。普鲁辛纳因此获得 1997 年诺贝尔生理学或医学奖。

朊病毒颗粒有可滤过性、传染性、对宿主范围的特异性，但它的结构在电镜下观察不到，比常规病毒还小得多。它对一些理化因素的抵抗力较强，远高于各类微生物，这种病毒跨物种传播后的毒性更强、潜伏期更短。朊病毒对人类最大的威胁是导致中枢神经系统退化性病变，最终不治而亡。它的复制方式（有模板学说和种子学说）尚未真正明确。因此，世界卫生组织将朊病毒病和艾滋病并立为世纪之交危害人体健康的顽疾。

2.7　奇妙的进化路线：病毒的起源的三种假说

从进化角度来看，病毒是高度进化的生物，现在仍在不断进化，因为它们深谙“至简大道”，它们选择走极简主义路线，这就顺应了大小和形态对基因组的限定。病毒弃去细胞结构，没有新陈代谢，省略能量系统，栖息胞内，逍遥自在，演化成最经济最简单又高效的基因运载器，能融入生命形式的方法就是单纯的自我复制。

虽然找不到病毒化石，科学家仍然基于现有病毒及其宿主的基因组等信息，得到了病毒演化的线索，现在有三种病毒起源的主流理论：逃逸假说、退化假说和共进化假说。

2.7.1　逃逸假说——病毒也许曾是一名“逃跑的顽童”

质粒（plasmid）是一种存在于细菌内的小型裸露的环状 DNA，具有自主复制和在细胞间传递的能力，它独立于拟核之外。逃逸假说（也叫飘荡理论）认为，一些病毒可能是从较大生物体基因中“逃逸”而出的 DNA 或 RNA 进化而来的。DNA 病毒的起源可能与逃跑的质粒或转座子有关。质粒有可移动特点，在基因工程中被改造为目的基因的载体，可实现基因的水平迁移；转座子是 1950 年由麦克林托克（McClintock）在玉米中发现的，曾称为“跳跃基因”，属于可移动遗传元件（可在细胞基因内不同位置复制和移动的 DNA 片段）。这两者的共同点就是跳跃或飘荡，这是逃逸假说的重要证据。

2.7.2　退化假说——病毒可能曾经沦为“堕落的天使”

退化假说提出，病毒的祖先原本有着相对完整的细胞结构，后来逐渐“迷失了自我”，非必需的基因开始丢失，最后完全依赖其他细胞的劳动，实现寄生生活转换，甚至疯狂掠夺。类比线粒体和叶绿体这些半自主性细胞器的起源理论，这一假说最有力的例证来自核质巨 DNA 病毒（NCLDV）。这类病毒比细菌还大，有的直径达 750 nm。还有证据表明，立克次氏体和衣原体和病毒一样缺少能够独立自主的基因，科学家相信它们的祖先原本也是一种细菌。

2.7.3　共进化假说——RNA 为源：病毒与细胞“并肩前进”

科学家发现 RNA 分子具有自催化能力，使得“RNA 为生命和病毒的起源”假说变得更有吸引力。RNA 兼备了进行复制和进化的三种化学功能：RNA 酶的活性、能自我拼接去掉内部的核酸序列（核酶）能力、以 RNA 作引物合成多聚胞嘧啶核酸。所以，病毒可能进化自核酸和蛋白质复合物，最初是RNA形成和复制，然后演变出“RNA-蛋白质”复合物介导的一系列反应。这种假说是病毒与细胞同时起源于远古地球，并且一直与细胞生命共进共存。证据是如今的类病毒和拟病毒仍保留部分的RNA催化性能，因而被一些学者认为是生命形式之前的RNA世界的“化石”。

法国病毒学家帕特里克·福泰尔（Patrick Forterre）提出假说：双链DNA分子有可能就是RNA病毒“发明”出来的，双链有不同的结构，能保护基因免受攻击。最终，这些病毒的宿主反而接管了DNA分子，进而接管了整个世界。也就是说，现在所知的生命可能全起源于病毒。

遍布在自然界中的病毒究竟扮演了怎样的角色的确耐人寻味，为了生存和繁殖，它们千姿百态、尽显神通，无处不在的病毒与其他物种间似乎保持着一种恰切的平衡，这就是“生物的多样性和适应性是进化的结果”。多样性的病毒仍在向着更适应环境与更复杂的方向演化，进而演化出了五彩缤纷、奇妙各异的生命世界。

远古之菌，生于极端环境，进化角色独特，研究抑或应用，价值潜力非常。人们应关注这个古老的生命体类别——古细菌，它有着不可估量的研究潜力与技术开发前景。

3 地位独特又价值非常的古细菌

系列关联概念
原核细胞
真细菌界
蛋白质的变性
核糖体 RNA
三主干六界分类系统

3.1 古细菌概念提出源于进化地位重要

美国学者卡尔·理查德·沃斯（Carl Richard Woese）和乔治·福克斯（George Fox）等人推断认为，在35亿年前，原核生物界就已经进化成两大主干，即古细菌界和真细菌界。依据是他们在16S rRNA的寡核苷酸谱方面发现了其系统发生树上和其他原核生物的区别，并提出“三主干六界分类系统”学说，即包括古核生物、原核生物和真核生物3个主干（图3–1），共有古细菌界、真细菌界、原生生物界、真菌界、植物界和动物界6个分界。后来有人相应地把细胞分成3大类型：古核细胞、真核细胞和原核细胞。“古细菌”（archaebacteria，源于希腊语“古老的东西”）亦称“古核生物（archaea）”，概念就此提出。虽然古细菌并没有进入热门视野，但它们是生物进化树上的重量级的枝干。

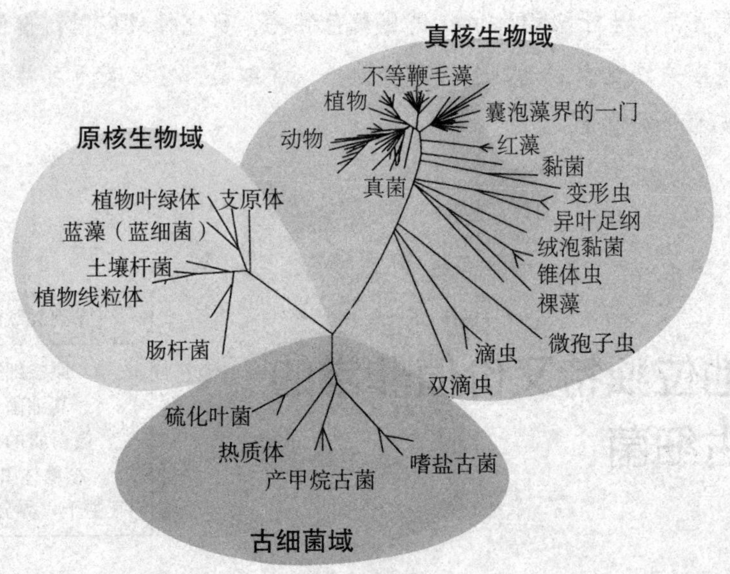

图 3-1　沃斯和福克斯提出的三个主干分类

而通常所说的“细菌”，确切是指分类意义上的真细菌，如人们常接触的大肠杆菌、葡萄球菌和蓝藻（蓝细菌）属于真细菌界的常见类型。当代真核生物的进化起源如图 3-2 所示。

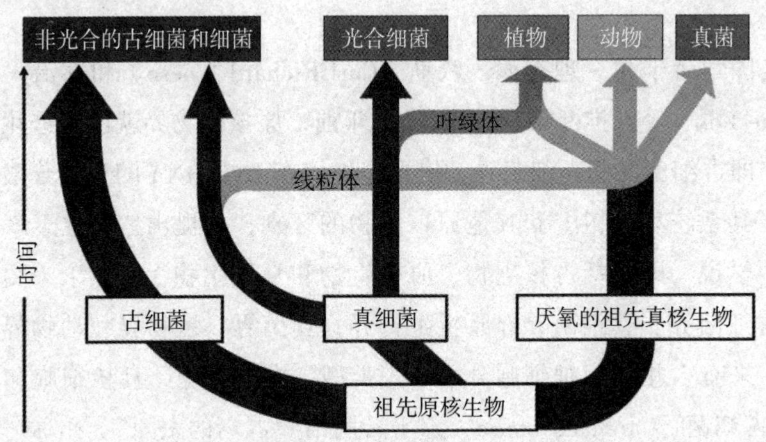

图 3-2　当代真核生物的进化起源

3.2　单细胞的古细菌与真细菌结构有别

古细菌是单细胞微生物，它们有各种形状，如球形、杆形、螺旋形、叶状或方形。同时，古细菌具有多种代谢类型。

在一些性状上，古细菌与细菌有相似之处：①含有 DNA，无核膜及内膜系统（具膜细胞器）；②有脂质构成的细胞膜、外部的细胞壁；③有一套基于载能分子三磷酸腺苷（ATP）的新陈代谢体系。古细菌也有一些与真核细胞相似的特征，如存在重复序列与核小体。

但古细菌和真细菌有明显不同：在分子层面上，这两大类细菌之间的区别甚至可能超过它们各自与真核生物的不同。主要表现在 5 个方面：①古细菌的细胞壁中明显缺少肽聚糖；②细胞膜成分中还含有其他菌中未出现的脂质，绝大多数细菌和真核生物的细胞膜中的脂质主要由甘油酯组成，而古细菌的膜脂由甘油醚构成，这些区别也许是对超高温环境的适应；③在核糖体 RNA（rRNA）的同源性上，以及在转移 RNA（tRNA）稀有碱基的差别上，两类细菌都有明显不同；④极端嗜盐细菌能进行光合作用，但其光合作用色素并非叶绿素类，而是与动物视网膜上的视紫红质相似的视紫红质；⑤在基因转录和翻译的过程上，它们不表现出细菌的特征，非常接近真核生物。

古细菌主要包括产甲烷细菌、极端嗜盐细菌和嗜酸嗜热细菌。

首先被认真研究的是产甲烷细菌（metnanogens），又称甲烷球菌，它是现存最原始的生命之一，构造简单，是严格厌氧自养菌，最初是从距离海洋表面 1 mile（约 1 609 m）之下的热水孔中分离出来的。产甲烷细菌能利用热水孔排出的 CO_2（唯一碳源）使 H_2 氧化，生成甲烷，同时释放能量（CO_2

$+ 4H_2 \longrightarrow CH_4 + 2H_2O +$能量）。以氮气作为有机分子如氨基酸的氮源，通过氢气的加成作用使氮气还原成氨气，这是一个固氮过程，需要的大量能量大多来自 H_2 向 CO_2 传递电子的过程，大量甲烷作为废物放出。

3.3　极端的生存环境造成顽强的生命类群

古细菌出现于 38 亿年以前的生命诞生之初，可能是最古老的生命体。那时的地球大气中充满了有毒气体如硫化氢（H_2S），大气呈还原性。

对其他细胞有害的各种极端自然环境反而是古细菌主要的生活区，如高压热溢口、高盐度的海水中、污水处理厂的淤泥、沼泽地底层（产甲烷细菌）、酸性的火山热泉中（如布氏火盘菌，最适生长温度达 105 ℃）、无空气的海洋沉积层中、南极洲冰冻的表面下以及牛胃的酸性无氧环境等。目前，人们认为靠近深海热水孔的（温度接近沸水 75 ～ 95 ℃）地方和 35 亿～ 38 亿年前的生活条件最为相似，在空气中富含氧之前，生物最早由此进化。而后真细菌（eubacteria）和古细菌界的谱系相互分离。黄石公园温泉中的嗜热古细菌可适应 60 ℃高温，甚至能达到 100 ℃；红海附近盐滩发现的方形超扁平耐盐古细菌能生存于此恶劣条件下，是因为其表面体积比是所有地球生物中最高的，能有效阻止因所在地区含盐度过高而慢慢萎缩。

影响细胞生命活动的三个主要外界因素有温度、酸碱度和盐溶液浓度。细胞内的酶需要相对温和的条件，但古细菌常常面临极端的理化条件（表 3–1）。

表 3-1　各种古细菌及其生活环境

古细菌种类	环境	生存情况	生活场所
极端嗜热菌	90 ℃以上	80 ℃以下失活	意大利海底发现
	110 ℃以上	降至 84 ℃失活	能将硫氧化取得能量
极端嗜酸菌	pH<1	也嗜高温菌	在火山地区的酸性热水
极端嗜碱菌	pH>11.5	通过频繁交换元素保持中性	盐碱湖或碱湖、碱池
极端嗜盐菌	高盐度可达 35%	约海水的十倍	死海和盐湖

在如此极端至极的环境中，为何细菌依然生机不减？这些极端环境与远古地球一度存在过的严酷条件相似，所以微生物学家推断它们可能是最初地球生命的孑遗种类。可能地球最初的恶劣环境的磨炼与选择，造就了今天酷寒极热难退其生、强酸高盐难移其体的顽强生命景观。

3.4　非常的价值与独特的地位

3.5.1　进化研究价值

从 rRNA 演化树上，古细菌分为泉古细菌门和广古细菌门两类，在一些树中真核生物距离广古细菌更近，但生物膜化学的结论相反。有人认为真核生物起源于一个古细菌和细菌的融合，二者分别成为细胞核和细胞质。这解释了很多基因上的相似性，但在解释细胞结构上存在困难。极端嗜热菌的核苷酸序列与任何已知的生物有惊人的不同，其中 2/3 不同于以往所有基因序列，说明古细菌与其他细菌分野成为独立的一支。科学家推测，化学渗透偶联很可能推动了地球上几乎所有生命形式的进化，还有一些生物学家认为古细菌和真核生物产生于特化的细菌。

在35亿年以前，地球上出现了最早的光合生物——氰细菌，它们通过光合作用获得能量，放出氧气，这对其他生物极其致命。但是原始地球上有大量的单质金属，它们及时吸收氧气并生成了金属氧化物（如红色的氧化铁），使古细菌及厌氧细菌免受氧的毒害。在氰细菌之后，光合能力更强的蓝藻出现了，于是地球上的生命有了新的转折。

古细菌的分类仍然在争论中，这是因为人类对它的认识还有待深入和全面，但其独特性依然得到关注和肯定。古细菌中蕴藏着远多于另两类生物的生化过程和功能，有助于阐明生物进化规律的线索，为探索生命起源和真核细胞起源提供了新的线索。

3.5.2 现实应用价值

古细菌地位非常，价值独特，而且有着不可估量的生物技术开发前景。工业污水处理中常常采用（沉淀物）发酵处理来稳定初级沉淀物和来自废气废水净化过程的沉淀物，而农业上常被用来发酵动物排泄物和植物秸秆，生产的甲烷可作为“生物能源”。并且，嗜热细菌（如硫化叶细菌）能将硫化矿转化为水溶性重金属硫酸盐，用于“细菌冶金”技术，以获取金、铜、镍、锌、钼和铀等金属。

1665 年，英国科学家罗伯特·虎克（Robert Hooke）在显微镜下观察到细胞壁。1895 年，欧文顿（Overton）提出第一个细胞膜模型。从发现细胞壁到关注细胞膜，再到提出相关模型，中间经历了长达两个世纪的时光。

系列关联概念
流动镶嵌模型 脂质体 膜转运蛋白 载体蛋白 通道蛋白

4 细胞膜：具有选择透过性的细胞界膜

生命起源与进化历程中最重要的理论之一，是周围环境的特殊成分（即原始海洋中的“热汤”）被膜所包裹，同时膜又可吸收周围的营养物质并将废物排出，如此演化出具有生命力的细胞。细胞膜便成了细胞的界膜，它将具有生命力的活细胞与非生命的外界环境分割开来。而后，各类具膜细胞器演化出来，它们与细胞核膜、细胞膜一起，统称生物膜。典型的生物膜只有 7 ～ 8 nm 厚，将约 8 000 片的生物膜积累到一起才有一页纸的厚度。

究竟为何如此轻小的薄膜却对生命活动非常重要？科学家早就进行了卓有成效的探索。下面详细叙述。

4.1 对膜结构的探索历程

“细胞学说”创立以后，细胞是生命的基本单位以及作为动植物界的共同基础这一概念，立即得到普遍认同。自此，许多学者开始进入细胞结构与功能的深入研究。

1855 年，耐格里（Nageli）发现色素透入已损伤和未损伤的植物细胞的情况并不相同。他便通过细胞的渗透特性去研究它的“边界”（他首次把细胞“边界”称为“质膜”）。耐格里和克拉默（Cramer）一起进行实验，发现细胞具有敏感的渗透特性，它的体积可以随着周围介质的不同渗透强度而改变。

1895 年，欧文顿（E. Overton）发现凡是溶于脂质的物质很容易透过植物的细胞膜，而不溶于脂质的物质不易透过细胞膜，因此推测细胞膜由连续的脂类物质组成。

1897 年，德国植物生理学家普费弗（Pfeffer）对植物细胞的渗透行为进行了大量的实验，并于 1897 年提出了两个重要的结论：第一，细胞是被质膜包被着的；第二，这层质膜是水和溶质通过的普遍障碍。同时，普费弗又发现，细胞膜这个屏障具有明显的选择性，一些物质可通过它，而另一些物质几乎完全不能通过。

1899 年，英国细胞生理学家奥弗顿（C. Overton）发现分子的极性越大，其进入细胞的速度越小，当增加非极性基团（如烷基链）时，化合物进入的速度便随之增加。奥弗顿的结论是，控制物质进入细胞的速度的细胞膜是脂肪性物质，其中含有固醇和其他脂类。因此，人们确立了有一层脂质的膜围绕着细胞的认识。

1925 年，两位荷兰科学家戈特（Gorter）和格伦德尔（Grendel）用有机溶剂提取了人的红细胞质膜的脂类成分，将其铺展在水面，测出膜脂展开的面积恰为细胞表面积的 2 倍，因而推测细胞膜由双层脂分子组成，提出脂质膜具有“双分子层”的概念。

1931 年，普罗（Plowe）应用微针触及植物原生质体，证明了质膜存在和膜具有保护作用。

1935 年，英国学者丹尼利（Danielli）和戴维森（Davson）发现质膜的表面张力比油 - 水界面的张力低得多，推测膜中含有蛋白质，并提出“三明治”模型。1930—1950 年，随着电子显微镜技术的发展，科学家发现细胞膜厚度仅为 7 ～ 8 nm，按“三明治”模型推断的膜厚度要达到 20 nm，因此此模型被否定。科学家发现细胞的边界膜是一个固体结构的实体，从而证实了细胞膜的存在。电子显微镜观察表明，细胞不是一个具有核和一些漂浮在原生质胶冻中的线粒体口袋，而是一个有膜包被着的许多膜的聚集体。

1959 年，罗伯特森（Robertson）用超薄切片技术获得了清晰的细胞膜电镜照片，显示暗 – 明 – 暗三层结构，厚约 7.5 nm。这就是所谓的“单位膜”模型。它由厚约 3.5 nm 的双层脂分子和内外表面各厚约 2 nm 的蛋白质构成。单位膜模型的不足之处在于把膜的动态结构描写成静止不变的。

1970 年，大卫·弗雷（David Frye）和迈克尔·埃迪登（Michael Edidin）将人和鼠的细胞膜用不同荧光抗体标记后，让两种细胞融合，杂种细胞一半发红色荧光，另一半发绿色荧光，37℃保温 40 min 后发现，两种颜色的荧光抗体在新细胞膜上呈均匀分布。他们运用细胞膜融合法证明了细胞膜具有流动性。膜蛋白对流动性有影响，膜嵌入蛋白的量越多，膜的流动性越小。

1972 年，辛格（Singer）和尼科尔森（Nicolson）根据免疫荧光技术、冰冻蚀刻技术的研究结果，在“单位膜”模型的基础上提出了“流动镶嵌模型”，强调膜的流动性和膜蛋白分布的不对称性。

1975 年，美国科学家瓦拉迪（Wallach）提出“晶格镶嵌模型”，强调流动的整体性。1977 年，杰恩（Jain）和怀特（White）提出生物膜是由具有不同流动性的板块镶嵌而成的动态结构。1997 年，西蒙（Simon）等认为胆固醇、鞘磷脂等形成相对有序的脂相，如同漂浮在脂双层上的“脂筏”一般载着执行不同生物功能的膜蛋白，提出“脂筏”模型。以上模型概念的提出，均被认为是对流动镶嵌模型的补充。

2018 年，亚当·科恩（Adam Cohen ）提出，细胞膜更接近类似果冻的半固体凝胶状态。

4.2 膜的选择透过性与膜蛋白有关

膜蛋白种类繁多，如有些膜蛋白可以作为激素或神经递质的受体蛋白，有些膜蛋白只发挥酶的作用，在膜上进行专一性的催化反应。细胞膜表面的人类白细胞抗原（HLA）和特异性的抗体结合，体现了细胞膜的识别功能。

细胞膜是细胞与外界环境之间的屏障，磷脂双分子层的特性决定了其对绝大多数溶质分子和带电荷的无机离子是高度不透的，所以几乎所有的有机小分子和无机离子的转运都需要特异性的膜蛋白——膜转运蛋白。正是这些蛋白质赋予了细胞膜最重要的功能特性——选择透过性。膜转运蛋白分为两类：一类是载体蛋白，另一类是通道蛋白。本节涉及的离子类型为钠离子（Na^+）和钾离子（K^+）。

4.2.1 载体蛋白

载体蛋白普遍存在于几乎所有的生物膜上。每种载体蛋白只能与特定的溶质分子结合，通过一系列构象的改变介导溶质分子跨膜转运。

4.2.1.1 Na^+－葡萄糖协同转运蛋白（SGLT）

SGLT主要存在于肾和肠细胞的顶部细胞膜，肾小管和集合管是吸收葡萄糖的重要部位，肾小管管腔侧上皮细胞膜上的SGLT以协同转运的方式吸收Na^+和葡萄糖，承担了90%以上的葡萄糖分子的重吸收。SGLT转运葡萄糖没有直接消耗ATP，但这种转运在消耗Na^+形成的电化学势能。细胞内是一个“高钾低钠”的环境，为了维持较低的Na^+浓度，细胞要水解ATP，以逆电化学梯度的方式将Na^+转运出细胞供能，所以SGLT转运葡萄糖的过程间接消耗ATP，被称为次级主动运输，如图4-1所示。

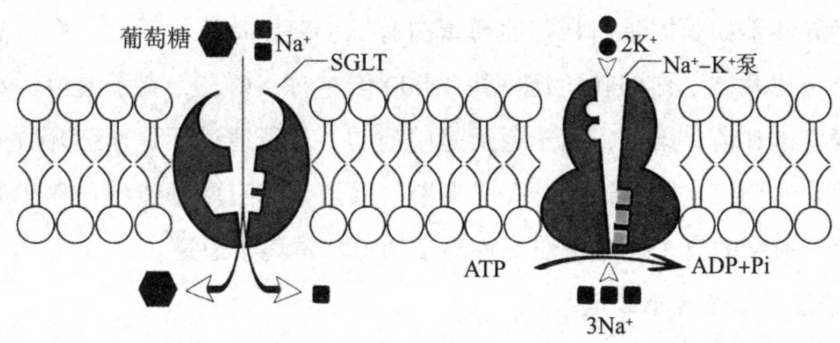

图 4-1 Na+ - 葡萄糖协同转运蛋白（SGLT）模型

4.2.1.2 葡萄糖转运蛋白（GLUT）

葡萄糖转运蛋白（glucose transporters, GLUT）是一类负责葡萄糖进出细胞的关键蛋白质，在调节血糖稳态方面具有重要功能。GLUT 存在两种构象：状态 A 时，结合位点在膜外侧暴露；状态 B 时，结合位点在膜内侧暴露。该模型认为，两种构象的转变是随机的，假如葡萄糖分子浓度在膜外侧较高时，状态 A 到状态 B 的转换更常发生，葡萄糖分子得以顺浓度梯度进入细胞。GLUT 对葡萄糖的转运方式属于协助扩散，不消耗能量（图 4-2）。

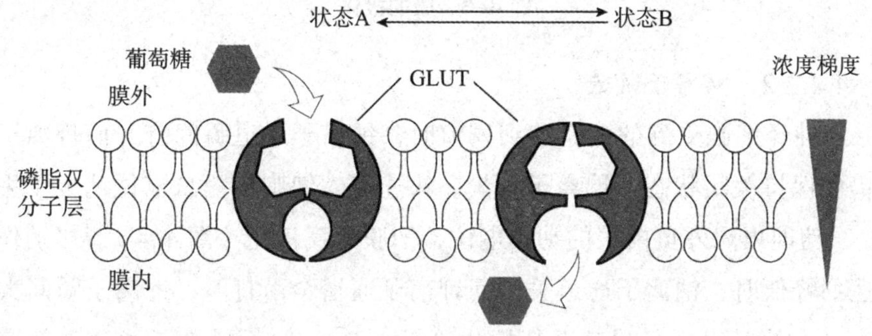

图 4-2 葡萄糖转运蛋白（GLUT）模型

4.2.2 离子通道蛋白

通道蛋白能形成亲水通道，通道打开时允许特定大小的溶质分子通过，但其特异性不如载体蛋白强。通道蛋白有三个突出特征：第一，有极高的转运速率，比载体蛋白的转运速率快 1 000 倍左右；第二，离子通道对物质的转运没有饱和值；第三，离子通道是门控的。离子通道不是连续开放而是受不同因素的调控，即通道的开关可调节。通道蛋白有两种类型：离子通道和水通道，典型的离子通道蛋白是钾离子通道和钠离子通道。

4.2.2.1 钾离子通道

在不受刺激时，神经细胞维持膜外正电位、膜内负电位的静息电位。此时钾离子通道和钠离子通道均保持关闭状态，膜上的另一种通道蛋白——非门控钾离子通道使钾离子顺电化学梯度流出细胞，造成静息电位，也就是膜的极化（图 4–3）。

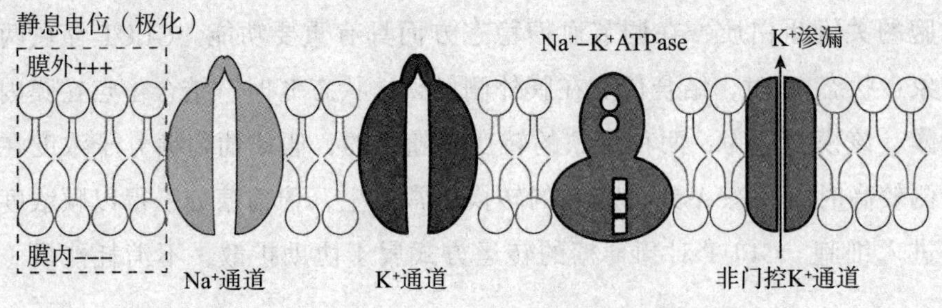

图 4–3　膜的极化

4.2.2.2 钠离子通道

当神经细胞受到的刺激达到阈值时，钠离子通道瞬间打开而钾离子通道仍然保持关闭状态。钠离子大量、快速流入细胞使静息电位消失（去极化），随即出现外负内正的动作电位，即膜的反极化（图 4–4）。当动作电位达到峰值时，钠离子通道关闭而钾离子通道全面打开，钾离子瞬间大量流出又会使膜出现极化甚至超极化（图 4–5）。最后钠离子通道和钾离子通道关闭，回到最初的静息电位状态。整个过程中还有钠 – 钾泵的规律性配合。

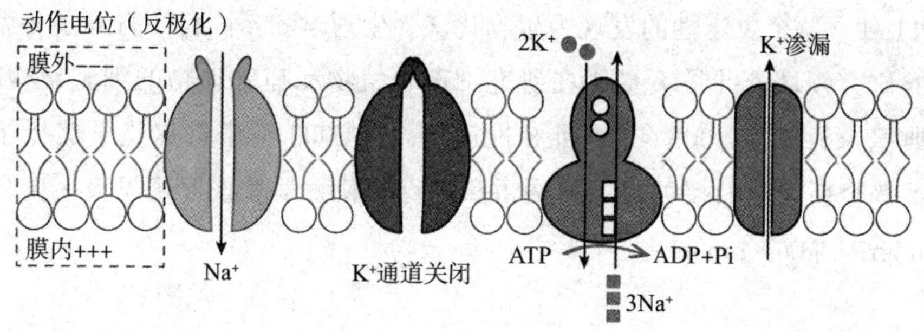

图 4-4　膜的反极化

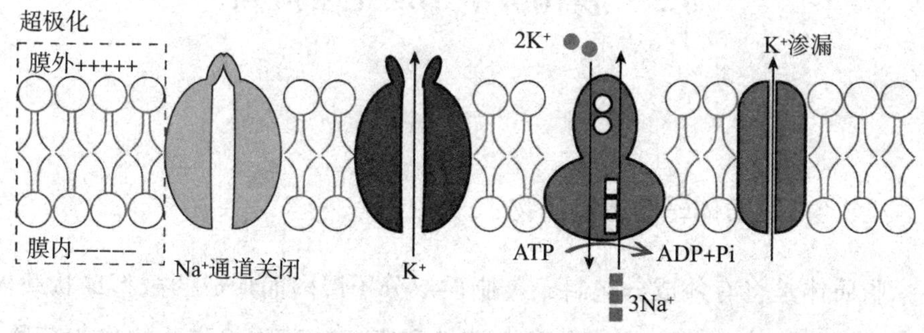

图 4-5　膜的超极化

4.2.2.3　水通道蛋白

20 世纪 50 年代中期，科学家发现，细胞膜中存在着某种只允许水分子进出的通道，人们称之为水通道。水通道是最重要的一种细胞膜通道。20 世纪 80 年代中期，美国科学家彼得·阿格雷（Peter Agre）研究了不同的细胞膜蛋白，成功地分离出了存在于红细胞膜和肾脏微管上的一种蛋白——膜蛋白。后来他认识到这个蛋白有水通道的功能，寻找到了多位科学家长期探索的水分子通道。他画出了清晰的水通道膜蛋白的三维结构图，详细解释了水分子通过该通道进入细胞膜而其他微分子或离子无法通过的原因。为了验证自己的发现，阿格雷把含有水通道蛋白的细胞和去除了这种蛋白的细胞进行了对比实验，结果发现前者能够吸水，而后者不能。水通道蛋白广泛存在于动物、植物和微生物中，它的种类很多，仅人体内就有 11 种。这个决定性的发现为生物化学、生理学和基因科学打开了一系列新的研究领域，并被大量用在研究细菌、植物和哺乳动物的细胞结构上。瑞典皇家科学院 2003 年 10 月 8 日宣布，将 2003 年诺贝尔化学奖授予美国霍普金斯大学教授彼得·阿格雷和洛克菲勒大学教授罗德里克·麦金农（Roderick MacKinnon）。

4.3 膜在医学上的主要应用

4.3.1 脂质体靶向运输药物

脂质体是将有效成分包封于类脂质双分子层内而形成的微型球状载体，具有亲水性和亲脂性，可以包裹水溶性和脂溶性药物。脂质体作为药物载体，可以控制药物释放，提高药物靶向性，从而减少药物毒性，提高药物的疗效。脂质体是目前最具前景的药物载体之一，已引起广大研究者的广泛关注。脂质体作为一种新型的药物载体，与生物膜具有相似性，具有多种优良特性，改变了传统的给药方式。同时，脂质体载药系统在抗肿瘤药物、抗心脑血管疾病药物、抗精神疾病药物、抗菌药物和疫苗等领域的研究取得了较大的进展，表现出高靶向、缓控释、良好的生物相容性和低毒副作用等优点。

4.3.2 血液透析治疗尿毒症

对于急慢性肾功能衰竭患者来说，比较有效的替代疗法就是血液透析。临床上所使用的血液透析设备是通过代替人体的肾脏功能来达到血液净化的目的。在血液透析的过程中，用到的分离介质是选择性透过膜，其有效借助了膜两侧血液与透析液之间的浓度梯度、渗透压梯度等，促进了患者血液中尿素、尿酸等毒素向透析液的扩散，利用透析膜通过弥散及吸附等机理除去中小分子毒素，达到血液净化目的。

细胞质膜是包裹细胞外层的一层薄膜，它将细胞内部与周围环境分开，是细胞必需的结构之一，起着细胞与细胞间、细胞与周围环境进行物质交换和信息传递的重要作用。

生命的运转不一定靠加量加载，更关键的是简化与调节，这是进化的高效性，也涉及分解与免疫的多重使命。微小的溶酶体的发现揭示了精细的亚细胞结构，奠定了现代细胞生物学基础。每个细胞器的背后都是一个传奇。

系列关联概念
水解酶 细胞凋亡 细胞自噬 高尔基体 类风湿性关节炎

5 溶酶体：水解酶的重要集散地

5.1 溶酶体的发现者：洞察力敏锐的德迪夫

克里斯汀·德·迪夫（Christian de Duve）生于英国伦敦，精通英语、德语、法语和弗拉芒语四种语言。比利时人的父亲和德国人的母亲为躲避第一次世界大战，在比英两国间辗转。1934 年，迪夫进入天主教勒芬大学，学习拉丁文、哲学和数学等课程，但他志在医学和科学。1938 年毕业后，迪夫开始研究胰岛素，1948 年后在大学任教并继续研究胰岛素的作用机制。第二次世界大战期间，迪夫作为军医曾不幸被德军俘获，随后成功逃脱。

1949 年，迪夫为了探索胰岛素与肝细胞活动，对大鼠肝脏组织匀浆中的细胞器进行分级分离，希望找出有关糖代谢酶的细胞器。他发现刚从肝脏组织分离出来的酶的活性并不高，但 5 d 后从冰箱中取出的酶的活性恢复极大，由此发现了酸性磷酸酶的活性与线粒体无关，于是推测另有一种新的“容器”存在，这种容器膜式结构因被冷冻而损伤，释放出酶，导致其活性增高。后经细胞化学鉴定，确认了含有酸性磷酸酶的颗粒。迪夫设计了一系列的鉴别实验，发现这种酶被包在完整的膜内，酶的潜伏状态与包裹它的膜结构的完整性有关。

1955 年，迪夫与电子显微镜学家诺维科夫（Novikoff）合作，用分级分离技术从鼠肝细胞成功分离出这种含有酸性磷酸酶的颗粒，并将这种结构命名为溶酶体（lysosome）。1974 年，迪夫和电子显微镜专家美国的阿尔伯特·克劳德（Albert Claude）及罗马尼亚的乔治·帕拉德（George Palade，克劳德学生）共同获得诺贝尔生理学或医学奖。

5.2 溶酶体虽小，结构却精妙

溶酶体是单层膜围绕、内含多种酸性水解酶类的囊泡状细胞器，含有多种起细胞内降解或消化作用的小体，故名溶酶体。溶酶体几乎存在于所有原生动物和多细胞动物的细胞中，不存在细菌中，在典型动物细胞中约含数百个，植物细胞中存在类似溶酶体的细胞器，但有些报道互相矛盾。同一种细胞中其数目、大小不等，形态差异很大。不同溶酶体所处生理阶段有别，这是它具有的异质性。

5.2.1 溶酶体中多样而重要的水解酶

溶酶体中含有多种水解酶，包括蛋白酶、核酸酶、脂酶、磷酸酶、硫酸酯酶、磷脂酶类等。每个溶酶体所含的酶，有的是水溶性，有的结合在膜上，但酸性磷酸酶普遍存在，故可作为溶酶体的标志酶。只有当溶酶体破裂或在某种物质进入溶酶体时，酶才有活性。溶酶体内的 pH 为 3.5 ～ 5.5，最适 pH 为 5.0。这种酸性微环境有利于保持酶的活性和水解过程，调节生物大分子跨溶酶体膜的转运。

5.2.2 溶酶体膜的结构与功能统一

溶酶体膜有明显的屏障作用，可以把有破坏性的酶与细胞质基质（pH约为7.2）隔开，保护细胞质内含物不被损坏。溶酶体膜上有多种转运蛋白，能运入待降解的大分子并运出降解产物。溶酶体内的大多数酶为糖蛋白，带有负电荷，一般处于游离状态，这有利于预防溶酶体自身被消化。溶酶体膜虽然与质膜厚度相近，但成分不同，它有一套独特的包膜。溶酶体膜上的质子泵V型H-ATP酶通过水解ATP产生能量，将细胞质中的H泵入溶酶体，降低其pH，从而维持溶酶体内的酸性环境。

5.3 溶酶体完成生理功能的三个不同阶段

根据溶酶体完成其生理功能的不同阶段，可将其分为初级溶酶体、次级溶酶体、残余小体。

5.3.1 初级溶酶体（primary lysosome）

初级溶酶体直径为0.2～0.5 μm，膜厚为7.5 nm，是在高尔基体的trans面（反面）以出芽的形式形成的，其内含物均一，只含水解酶而不含被催化的底物，酸性水解酶常处于无活性状态。初级溶酶体的电子密度较高，这是一种处于潜伏状态的溶酶体。

5.3.2 次级溶酶体（secondary lysosome）

消化作用进行时的溶酶体既含有水解酶，也含有大量被催化的底物，根据溶酶体作用物的来源，可将其分为异噬溶酶体（phagolysosome）和自噬溶酶体（autophagolysosome）。

前者消化的物质来自外源，指不能透过质膜的大分子溶液或病毒、细菌等，通过胞饮（或内吞）作用形成的胞饮泡；后者消化的物质来自细胞本身的内源性组分，指包围了部分被损伤或衰老细胞器（如线粒体、内质网碎片等），通过吞噬作用形成的吞噬泡。溶酶体在细胞异体吞噬和自体吞噬中的形成和功能如图 5-1 所示。

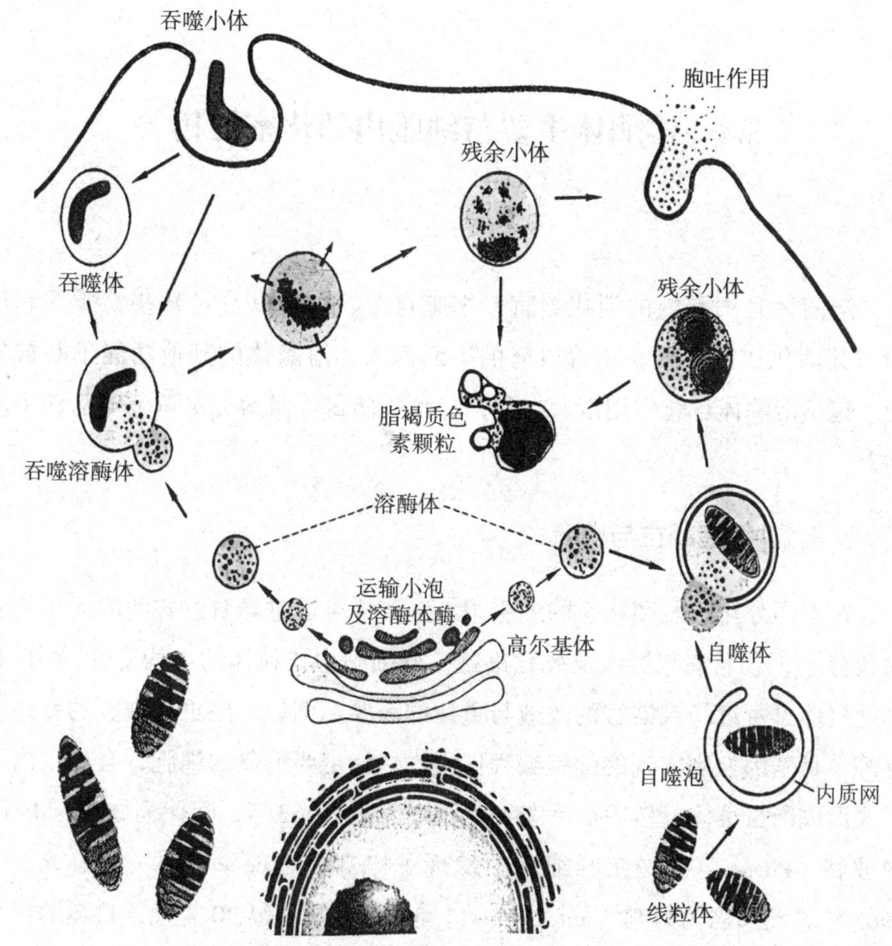

图 5-1 溶酶体在细胞异体吞噬和自体吞噬中的形成和功能

5.3.3 残余小体（residual body）

残余小体又称后溶酶体（post-lysosome），已失去酶活性，仅含不能被消化的残留物质的溶酶体，故名之。残体可通过外排作用排出细胞，也可能留在细胞内逐年增多，如肝细胞中的脂褐质。

5.4 溶酶体主要与细胞内消化密切相关

溶酶体是细胞内的消化器官，细胞自溶、防御以及对某些物质的利用均与其消化作用有关。随着研究的不断深入，溶酶体的其他功能不断被发现，包括溶酶体自噬作用以及在代谢、免疫防御、激素分泌调节等活动中的功能。

5.4.1 细胞凋亡与自噬

在不同分化阶段和状态的细胞中，溶酶体可通过降解方式清除无用的生物大分子、衰老细胞器以及死亡细胞，肝细胞中线粒体的平均寿命约 10 d。这是机体自身组织或器官的改造与重建的需要。例如，昆虫和蛙类的变态发育等，是基因控制实现的细胞编程性凋亡。注定要消除的细胞，会先以出芽形式形成凋亡小体，然后被巨噬细胞吞噬消化。1962 年，阿什福德（Ashford）和波特（Porter）首先在肝细胞中发现了“自食”现象，迪夫（Duve）于 1963 年将此命名为自噬（autophagy）。但直到 20 世纪 90 年代，自噬的研究才迅速进展，日本科学家大隅良典于 1992 年发现酵母细胞出现大量自噬现象，他最后鉴定和克隆了一批和自噬有关的基因，于是和自噬有关的信号通路被阐明。大隅良典因此开创性研究而独自获得 2016 年诺贝尔生理学或医学奖。溶酶体是细胞代谢的关键细胞器，了解其自噬途径中的功能具有重要的生理病理学价值，细胞自噬对于各种生物的发育、稳态平衡的保持过程作用极大。

5.4.2　细胞内消化

溶酶体的主要功能是参与有控制的各种细胞内消化活动。对高等动物而言，细胞的营养物质主要来源于血液中的小分子物质，而一些大分子物质则通过内吞作用进入细胞。例如，内吞低密度脂蛋白，获得胆固醇（溶酶体中）。对一些单细胞真核生物来说，溶酶体的消化作用更为重要。

5.4.3　防御免疫

高等动物体内有专门的吞噬细胞（如巨噬细胞和中性粒细胞），因此具有特有的保护防御功能。中性粒细胞内的颗粒为溶酶体，能消化其所摄取的病原体或其他异物（图 5–2）。一个白细胞吞噬 5 ～ 25 个细菌后，自身也会死亡。单核细胞由骨髓生成，在血液内仅生活 3 ～ 4 d，即进入肝、脾和淋巴等组织转变为巨噬细胞。变为巨噬细胞后，细胞体积加大，溶酶体增多，吞噬和消化能力也增强，可以识别并在溶酶体作用下杀死入侵的细菌、疟原虫或病毒，然后通过与食物泡融合，将致病菌或异源物质等消化降解成大分子，并将残渣排出细胞。

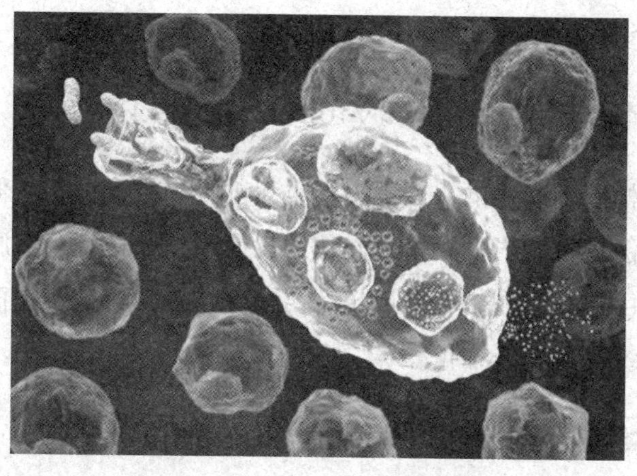

图 5–2　中性粒细胞在吞噬细菌

5.5 溶酶体与多种疾病有关

溶酶体膜有保护作用，如果受损，各种水解酶便会进入胞质而使细胞分解；如果再进入细胞间质，还可导致组织自溶。硅肺、痛风等疾病的发生就与溶酶体膜遭受破坏有关。

5.5.1 硅肺（sihcosis）

硅肺是工业上的一种职业病，临床表现为肺弹性降低、肺功能损害。硅尘（游离二氧化硅粉尘）吸入肺泡后被巨噬细胞吞噬，含有硅尘的吞噬小体与溶酶体合并成次级溶酶体。但是溶酶体无法降解硅尘，反而被硅尘所破坏。二氧化硅表面的羟基与溶酶体膜的磷脂或蛋白形成氢键，导致溶酶体崩解，细胞被破坏死亡。硅尘释放出后又被其他健康的巨噬细胞吞噬，如此反复进行，造成肺部细胞死亡；受损的巨噬细胞释放“致纤维化因子”，激活成纤维细胞，导致胶原纤维沉积，造成肺组织纤维化。

5.5.2 肺结核（pulmonary tuberculosis）

结核分枝杆菌不产生内、外毒素，也无荚膜和侵袭性酶。但是，菌体成分硫酸脑苷脂能抵抗胞内的溶菌杀伤作用，使结核分枝杆菌在肺泡内大量生长繁殖，导致巨噬细胞裂解，释放出的结核分枝杆菌再被吞噬而重复上述过程，引起肺组织钙化和纤维化。

5.5.3 类风湿性关节炎（rheumatoidarthri）

类风湿性关节炎即痛风。溶酶体膜很易脆裂，其释放的酶会导致关节组织损伤和发炎。类风湿性关节炎的发病原因是尿酸结晶被中性粒细胞吞噬，释放肺原酶，破坏软骨组织而产生炎症。也就是说，关节骨膜组织的炎症性变化及细胞坏死，是细胞内的溶酶体的局部释放所致。

5.5.4　各类贮积症（storage disease）

溶酶体有一个弱点：如果进入的物质不能或仅部分被消化，则这些底物不能离开溶酶体，这意味着溶酶体将丧失功能，如果这种情况重复发生，会导致溶酶体贮积。贮积症是一种隐性遗传缺陷病，是由于溶酶体特定酶基因发生变异，功能丧失，导致未被降解的物质在溶酶体中大量贮积而影响细胞功能，常见有以下几类。

台－萨氏综合征（Tay–Sachsdiesease）又叫黑蒙性家族痴呆症，患者表现为渐进性失明、病呆、瘫痪，此病多见于犹太人群中。溶酶体缺少B–氨基己糖酯酶A，导致神经节甘脂GM2不能被溶酶体水解而积累，影响脑细胞功能，造成精神痴呆。2019年8月，科学家提出阿尔茨海默病病因新理论：脑部发生溶酶体贮积导致。

Ⅱ型糖原贮积症属常染色体缺陷性遗传病，是溶酶体缺乏α－葡萄糖苷酶，糖原在溶酶体中积累，导致心、肝、舌肿大和骨骼肌无力。患者多为幼儿，常在两周岁前死亡。

戈谢病（Gaucher病）又称脑苷脂沉积病，由于巨噬细胞和脑神经细胞的溶酶体缺乏β－葡萄糖苷酶，大量葡萄糖脑苷脂沉积在溶酶体内，巨噬细胞变成Gaucher细胞，患者的肝、脾、淋巴结等肿大，中枢神经系统发生退行性变化，常在1岁内死亡。每年的7月26日，是“世界戈谢病日”。20世纪80年代前，戈谢病无特效治疗办法，但随着分子生物学及造血干细胞移植技术以及生物制药等领域的进展，其已成为遗传代谢病中为数不多的几个可治性疾病之一。

细胞内含物病是一种更严重的贮积症。由于磷酸转移酶基因突变，酶被运出细胞，病人成纤维细胞的溶酶体中没有水解酶，底物在溶酶体中大量贮积，形成所谓的“包涵体”。另外，这类病人肝细胞中有正常的溶酶体，说明溶酶体形成还具有甘露糖–6–磷酸（M6P）途径之外的途径。

信息交流是生命活力的根本，一切运动都涉及信息的流动。通过动作、语言，个体之间“相濡以沫”；通过接触、融合，动物细胞之间“水乳交融”；那么存在刚性阻隔（细胞壁）的植物细胞如何“胶漆相投”？

6 胞间连丝：植物细胞信息交流的通道

系列关联概念
物质运输 荧光分子针 光面内质网 细胞间的信息交流

胞间连丝是贯穿两个相邻的植物细胞的细胞壁，并连接两个原生质体的胞质丝。证据表明，胞间连丝通道对运输物质分子大小的限度受许多因子的调节。因此，胞间连丝形成的共质体为适应植物体生长变化将不断发生改变和重新构建。

6.1 胞间连丝使植物细胞互联为共质体

胞间连丝见于所有的高等植物、某些低等植物（如有些藻类）及真菌，是一种超细胞结构。因为植物细胞被包裹在坚硬的细胞壁内，所以有效的细胞间交流对多细胞植物的生存至关重要。胞间连丝使相邻细胞的原生质（细胞质膜、细胞质、内质网）连通交融，因此它连接的不同植物细胞的胞质是连续的。细胞壁中有一个小孔，两个相邻细胞的细胞膜伸入孔中相连成通道，其光面内质网也彼此相连。植物体的植物运输和信息传递提供了一个直接的从细胞到细胞的细胞质通道，它把一个个独立的“细胞王国”转变成了互联的共质体。

胞间连丝（图 6-1）是植物细胞间物质运输、信息传导的特有结构，在电镜下观察，胞间连丝与动物细胞的间隙连接有许多相同之处。携带信息的物质经通道进入相邻细胞，进行信息交流。离子和小分子都能通过胞丝连接，而转录调控因子在细胞间受调控的流通对植物发育非常重要。

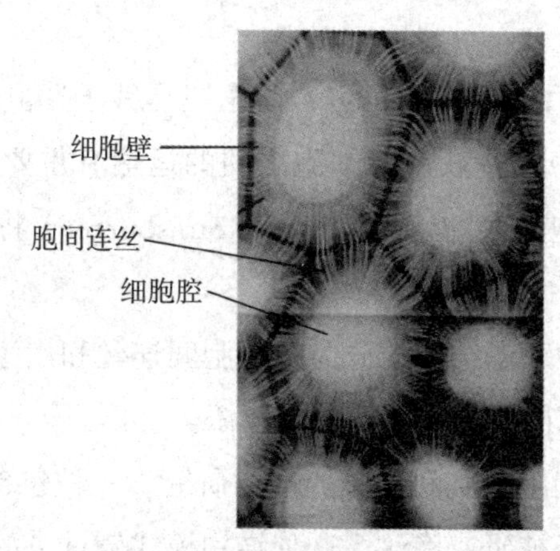

图 6-1　胞间连丝

（引自修志龙《生物化学（第二版）》化学工业出版社）

在光学显微镜下，胞间连丝的直径因不同植物和不同状况而异，一般为 0.1 ～ 0.5 μm。用锇酸或高锰酸钾固定切片后，在电子显微镜下见到的胞间连丝的直径仅及光学显微镜下的 1/10，是一个狭窄的、直径为 30 ～ 60 nm 的圆柱形细胞质通道穿过相邻的细胞壁。胞间连丝通常还有一个细管状的结构，叫作连丝微管，它由两个细胞的光面内质网衍生而来。

6.2 胞间连丝结构具有多样性

1879年，E. 坦格尔（E. Tangl）首先在马钱子胚乳细胞间发现了细胞之间的联系，他猜想这些联系对细胞之间的运输有重要作用。1882年，由德国植物学家、细胞学家施特拉斯布格（Strasburger）将此正式命名为“胞间连丝”。

胞间连丝是一种动态结构，分为初生胞间连丝和次生胞间连丝，它不仅是细胞板形成后保留的结构，还能次生增添。

关于高等植物细胞间胞间连丝的结构研究，一种包含压扁内质网（ER）的胞间连丝模式已经被研究确认。这种结构模式较过去的研究是一个全新的发展，通道的周围是相邻两个细胞的质膜的延伸和连接，其中央有一个由压扁内质网形成的圆筒体，即连丝桥管。科学家用透射和扫描电镜对百合花粉母细胞间胞间连丝出现的规律进行观察，发现胞间连丝通道在有丝分裂细线期开始出现，凝线期直径扩大，宽度为0.5～1 μm，染色质从扩大了的胞间连丝通道扩散转移到相邻细胞。在有丝分裂的粗线期，胞间连丝通道又逐渐减少并堵塞，进入减数分裂中期Ⅰ，胞间连丝通道即行关闭，以后发育直到小孢子形成就不会再出现通道。连丝桥管中包埋着一种约3 nm的蛋白颗粒，另一种电子稠密的辐射状纤丝连接着这二者中的蛋白质颗粒。包埋在中央桥管内质网膜上的蛋白质颗粒呈现螺旋式或一系列圆圈式旋转排列，在横切面上，可以见到7～9个颗粒。连接中央桥管外侧和质膜内侧膜上的蛋白颗粒的辐射状纤丝可能是一种肌动蛋白，它的长度约为2.5 nm，这也是胞间连丝通道运输的量度和限度。

除了这种类型的胞间连丝，在低等植物绿藻和褐藻的研究中，科学家观察到一种没有压扁 ER（中央桥管）的、结构更加简单的胞间连丝，之后对绿藻的胞间连丝做了进一步的精细比较研究，揭示绿藻的胞间连丝存在种间差异。

近些年来，电镜技术的发展与应用促进了胞间连丝超微结构的研究。科学家用冬小麦幼叶组织细胞对胞间连丝进行研究，发现至少有 4 种类型的胞间连丝：第一种是典型的包含压扁的 ER，在这种胞间连丝的中部腹区中央可清晰地看到连丝桥管；第二种是一种直形通道的胞间连丝，但也包含压扁的 ER；第三种是分枝形的胞间连丝，其中央也含有压扁的 ER；第四种是一种仅为相邻细胞间连续质膜包围的通道，其中没有压扁的 ER，这种简单的胞间连丝通道一般比较大。这一结果进一步揭示和证实，那种包含压扁 ER 的胞间连丝不是高等植物胞间连丝的唯一结构模式。

这种结构类型的多样性，可能是进化更能适应植物体内物质的胞间运输，特别是不含 ER、仅为质膜所包围的简单类型的胞间连丝，可能更有利于大分子的胞间运输，尤其原生质、染色质和细胞核在细胞间的迁移。

6.3　胞间连丝的通道调节

胞间连丝作为一种植物体内细胞间物质与信息交流的通道，过去一直被认为是一种简单的静态结构，孔径大小不会变，对一些小于孔径的小分子物质如离子、代谢物、小的信息分子在胞间进行无选择的扩散。但随着人们对胞间连丝结构及其分子组成的不断研究和电镜技术的发展，这种认识发生了改变。

研究表明，胞间连丝的结构非常复杂，具有选择透过性，并在不同组织和植物生长的不同阶段发生一定的规律性变化，而且其通透性可加以调节，在一定情况下可让蛋白质、核酸等大分子物质通过。胞间连丝和胞间通道在植物细胞发育的不同时期行使相同的功能，即物质运输和信息传递。细胞间通道是由胞间连丝次生变化形成的，此过程不可逆，二者的功能相似，但结构略有不同。胞间连丝的中心具有由内质网压缩形成的线型管状结构。

那么，胞间连丝的口径是如何调节的呢？

对小麦根做缺氧处理时，胞间连丝的孔径变为原来的 5 ～ 10 倍；紫竹梅雄蕊毛细胞以叠氮化合物处理后，荧光分子探针在胞间的转移变得非常容易。钙离子（Ca^{2+}）是胞间连丝口径的重要调节者。有研究通过显微技术向细胞内注入 Ca^{2+} 偶联荧光染料，结果显示，在细胞含有高浓度 Ca^{2+} 的条件下，荧光染料经过胞间连丝在细胞间的扩散被抑制，而在对照细胞中（只注入荧光染料，没有结合 Ca^{2+}），荧光染料可以通过胞间连丝从一个细胞扩散到另一个细胞。巨型轮藻在冬季由于细胞内有较高的 Ca^{2+} 水平，胞间交通受阻，生长停止，处于休眠；到了春季，细胞内 Ca^{2+} 浓度降低，胞间通道畅通，生长恢复。用含有 Ca^{2+} 载体 A23178 的溶液培育，或通过显微注射技术直接注入 Ca^{2+} 溶液，也就是提高春天轮藻细胞的 Ca^{2+} 浓度后，其胞间交通又返回到冬季时期的状态。通过细胞超微结构观察，进一步证实 Ca^{2+} 与胞间连丝结构变化有密切关系。

有研究以烟草为材料，发现两个相邻细胞间的膨压大小对胞间连丝的通透性有影响，在 0.2 MPa 压力差下，胞间连丝会完全关闭。另外，当将二磷酸肌醇（IP2）、三磷酸肌醇（IP3）注射到紫竹梅雄蕊毛细胞时，荧光染料羧基荧光黄的胞间扩散受阻。

胞间连丝通透性受多种因素调节，即胞内 IP2 和 IP3 浓度增加会促使胞内 Ca^{2+} 水平提高，因而有可能对存在于胞间连丝上依赖 Ca^{2+} 的蛋白激酶有影响；杨树在短日照诱导的休眠和抗寒力提高过程中，若细胞内 Ca^{2+} 含量明显升高，则会引起胞间连丝中 ER 收缩，胞间连丝口周围的质膜相互融合，从而封闭孔道口；或者由于高浓度 Ca^{2+} 引起细胞壁加厚，使胞间连丝通道受挤压而缩小，甚至完全封闭。通过冷处理、Ca^{2+} 载体溶液培育及显微注射，提高细胞质 Ca^{2+} 浓度，会引起胞间连丝孔道迅速关闭。Ca^{2+} 对胞间连丝口径的作用机制，可能是由于 Ca^{2+} 刺激了胞间连丝结构成分的某些激酶活性，并使某些成分磷酸化，从而导致胞间连丝通道的关闭。细胞质的高浓度 Ca^{2+} 也可以刺激胼胝质的合成及其在胞间连丝孔口的沉积，从而封闭胞间连丝孔道。

细胞内 ATP 的含量也起着调节胞间连丝口径的作用。通过叠氮化物和缺氧胁迫，降低细胞内 ATP 含量，可以使小麦根细胞连丝通道的排阻分子限度从小于 800 Da 增加到 7 000 ～ 100 000 Da。这进一步表明胞间连丝通道受控于 ATP 依赖的磷酸化。

随着基因工程研究的进展，人们对调节机制的认识也进入基因水平。剑桥大学和波尔多大学的科学家发现一种韧皮部卸载调节蛋白（phloem unloading modulator, PLM）的新基因，它可以通过改变相邻植物胞间连丝通透性来影响营养物质运输。目前，科学家正在研究多种不同的策略，来可持续地提高作物产量。提高植物在不同部位之间运输糖、蛋白质和其他有机营养素的效率是促成下一次绿色革命的途径之一。

6.4　胞间连丝的主要功能

6.4.1　植物细胞间的信息传递

细胞间小泡的运输和转移，可将信息分子从一个细胞传递到另一个细胞，从而使多细胞植物体形成一个有机整体，实现细胞间的信息交流，从而调节细胞的生长发育等生命活动，影响细胞的生长、发育和分化。高等植物顶端分生组织的胞间连丝分布状况就与分化的控制有关，如蕨类植物桂皮紫萁胞间连丝在垂周壁与平周壁的分布数目不同就影响着顶端早期叶的发育。

6.4.2 转运光合作用的中间产物及肽类物质的转移

有研究发现，在 C4 植物的二氧化碳泵转运过程中，存在光合作用产物的频繁交换，这些物质的交换是通过胞间连丝进行的，有学者在水牛草和玉米细胞的切片电镜图中发现了这一现象。

6.4.3 病毒也可以通过胞间连丝传播

病毒很难穿透植物较厚的细胞壁，但可由伤口侵入受伤的植物细胞中，并经胞间连丝进行细胞间的运动。胞间连丝可以让病毒的基因组、蛋白质和 mRNA 在细胞内流通。病毒通过维管束输导组织系统的转移速度较快，在叶肉细胞间的转移速度很慢。植物病毒靠产生运动蛋白（如 MP-30）修饰胞间连丝，使其孔径扩大几倍甚至几十倍，以便病毒通过。有人观察大丽花花叶病毒感染的百日草细胞，发现有病毒通过的胞间连丝约占总数的 1/100，感染之后，其孔径叶明显增大。在植物输导组织中，病毒移动的主流方向一般与营养主流方向一致。

光合作用被诺贝尔奖委员会认为是“地球上最重要的化学反应”，它是地球上一切生命生存和发展的基础。光合作用是极其复杂的反应，一代代科学家为之演绎着美丽的探索故事。

系列关联概念
光合作用 叶绿体色素 卡尔文循环 光合磷酸化

7 光合作用中双光系统的增益效应

实验是生命科学的基础和灵魂，许多重要理论的发现，大多基于实验。光合作用的发现历程更是和实验观察紧密相连。那么，光合作用的“光”字背后又隐藏着哪些奥秘呢?

7.1 爱默森效应的相关实验与推测

1932 年，美国的罗伯特·爱默森（Robert Emerson）和威廉姆·阿诺德（William Arnold）以绿藻和红藻为材料，用测定光合作用最高量子产额的方法，来研究不同藻类的光合作用。量子产额，又称量子效率，是以光量子为基础的光合作用效率，即在光合作用中每吸收一个光量子所释放出的氧分子数或固定的二氧化碳分子数。爱默森等指出叶绿素分子个数和光合作用的产量都是可以量化测量的，他们发现，对小球藻的光合作用最有效的光是波长为 650 ～ 680 nm 的红光和波长为 400 ～ 460 nm 的蓝光，叶绿素恰好对这两个波段的光有强烈的吸收。当波长超过 680 nm 时，光合作用的量子产额（光能效率）发生急剧下降，这就是长波长光照引起的光合作用的红降（red drop）现象，也称为爱默森第一效应。爱默森和阿诺德的实验结果如图 7-1 所示。

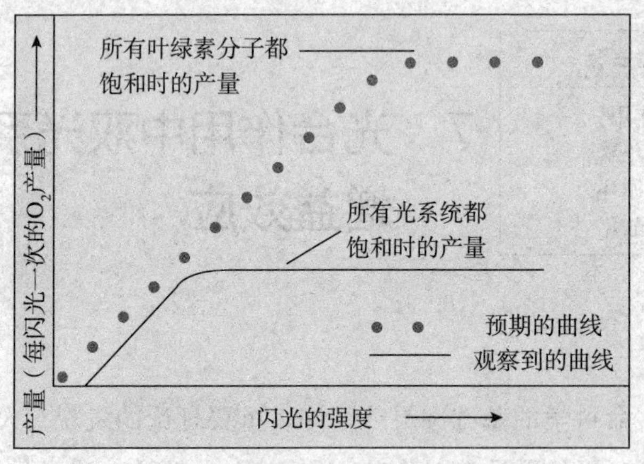

图 7-1　爱默森和阿诺德的实验结果

注：当光合作用达到饱和时，光合强度的进一步增加已不能带来产量的提高。

爱默森效应（Emerson effect）是爱默森于 1957 年发现的，故以其名字命名。爱默森根据他发现的现象作出假设：植物的叶绿体存在两种化学反应，一种由红光驱动，另一种由红外光驱动，两种波长的光协同作用使光合作用的效率增加，把光转换成植物能吸收的能量。这种假设已得到实验的证实。

但当用这种产生“红降”现象的长波长的光（红光）照射叶绿素和藻类，同时一起照射较短波长的单色光（远红光）时，光合效率远远大于它们分别照射时光合效率的总和。也就是说，如果提供一点辅助性的短波长光（如波长 =650 nm），那么大于 685 nm 的远红光的光合作用量子产额就会显著增加，比单独使用长波光或短波光的效率都高。这就是双光增益效应（图 7.2—图 7.3），又称为爱默森第二效应（Emerson enhancement effect）。

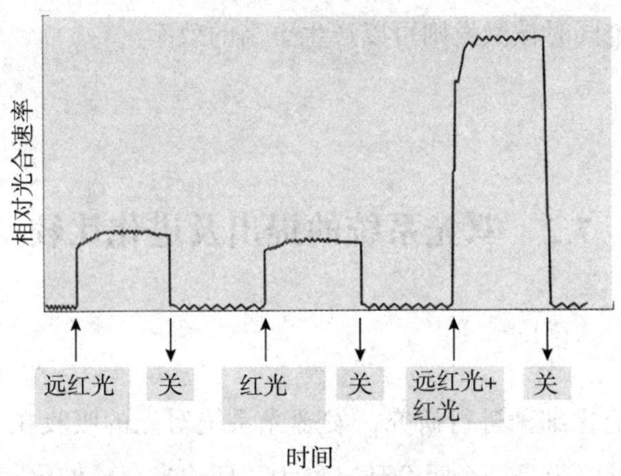

图 7–2　光合作用的双光增益效应（1）

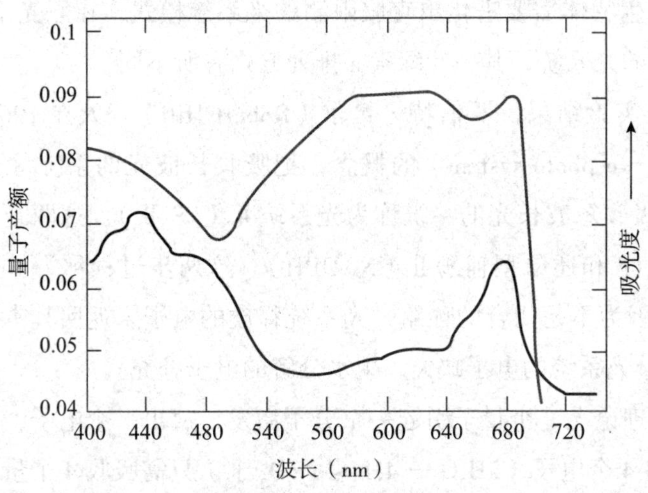

图 7–3　光合作用的双光增益效应（2）

双光增益效应为两个光系统存在的学说提供了有利的证据。这些现象使人们设想，光合作用可能包括两个光化学反应接力进行。两个光系统吸收的光必须共同发挥作用，才能达到最大光合作用速率。后来，进一步的研究证实光合作用确实有两个光化学反应，分别由两个光系统完成。这两个系统由不同色素构成，彼此进行不同的氧化还原反应，它们以直排列构成了总的氧化还原系统（双光反应模型）。所以可理解为，使用单色光时的效率较低，两种光化学系统同时被激发则可以产生更高的效率。

7.2 双光系统的提出及进化比较

科学家对硫化细菌进行研究，发现光系统对光的吸收在 870 nm 处达到峰值，电子经过路径是一个闭合环，称为“环式光合磷酸化”。十多亿年间，这是生物体唯一的光合作用光反应模式，只能产生能量，而不能进行生物合成。因此，生物体需要进化出克服限制的光系统模式：在原光系统基础上，结合更强大的光系统，其中叶绿素 a 排列方式有所不同。

据上述实验结果，罗伯特·希尔（Robert Hill）等人在 1960 年提出了双光系统（two photo system）的概念，把吸收长波光的系统称为光系统Ⅰ（PS Ⅰ），吸收短波长光的系统称为光系统Ⅱ（PS Ⅱ）。这两个光系统共同完成合成 ATP 和还原型辅酶Ⅱ（NADPH）。这两步过程称为“非环式光合磷酸化”。因为不是闭合的环路，光系统释放的电子未返回其本身，而是到达 NADPH，光系统的电子缺失，由水分解的电子补充。

另外，理论上一个量子引起一个分子激发，放出一个电子，那么释放一个 O_2，传递 4 个电子（$2H_2O \rightarrow 4H^+ + 4e^- + O_2\uparrow$）只需吸收 4 个量子，而实际测得光合放氧的最低量子需要量为 8 ～ 12。这也证实光合作用中电子传递要经过两个光系统，有两次光化学反应。

20 世纪 60 年代以后，人们已经能直接从叶绿体中分离出 PS Ⅰ和 PS Ⅱ的色素蛋白复合体颗粒，光系统Ⅰ反应中心有 PSAa 和 PSAb 蛋白，光系统Ⅱ反应中心有 D1 和 D2 蛋白。分析各系统的组成与功能，证明了光系统Ⅰ与 $NADP^+$ 的还原，推动 NADPH 的制造；光系统Ⅱ与水的光解、氧的释放有关。

7.3　光合作用研究历程中的经典发现概览

上述内容仅对光合作用光暗反应、光合单位、双光系统等概念的建立进行了介绍，其实还有许多杰出的成就值得做一概略。

19 世纪初，俄国色层分析法创始人 M.C. 茨韦特用吸附色层分析法证明高等植物叶子中的叶绿素有两种成分。

1910 年，德国有机化学家理查德·威尔斯泰特（Richard Willstater）用成吨的绿叶进行实验，捕捉到了叶中的神秘物质，提取出了纯净的叶绿素，因对其结构研究的突出贡献而荣获 1915 年诺贝尔化学奖。德国科学家汉斯·费歇尔（Franz Fischer）通过实验研究叶绿素分子结构，并因在人造血红素和植物色素的研究而荣获 1930 年诺贝尔化学奖。

1954 年，卡尔文（Calvin）研究小组历经 10 年，终于阐明了光合碳循环的基本途径（CO_2 转化为糖或其磷酸酯，又称卡尔文循环）。1954 年，美国的阿尔农（Arnon）及其同事在叶绿体加入 ADP 和磷酸，给予光照后得到了 ATP，由此发现了光合磷酸化过程。

1960 年，德国科学家马丁·斯特雷尔（Martin Strel）和被称为“现代有机合成之父”的美国科学家伍德沃德（Woodward）成功合成叶绿素。

1960 年，托马斯（Thomas）发现景天酸代谢途径（CAM 途径）。

1961 年，英国的米切尔（Mitchell）提出“化学渗透假说”，完美解释了生物系统中的能量转移过程，获得 1978 年诺贝尔化学奖。

1963 年，萨格（Sagar）和石田（Ishida）从衣藻的叶绿体中提取出了 DNA。

1966 年，哈奇（Hatch）和斯莱克（Slack）研究发现玉米、甘蔗等植物在固定二氧化碳时，光形成的产物是四碳二羧酸化合物，他们将这一过程命名为 C_4 途径。

1982 年，葛培根等分离 PS Ⅱ放氧反应中心复合体。

1988 年，诺贝尔化学奖授予德国的约翰·戴森霍尔（Johann Deisenhofer）、罗伯特·胡贝尔（Robert Huber）和哈特穆特·米歇尔（Hartmut Michel），因为他们成功地解析了细菌光合作用反应中心“膜蛋白-色素”的三维立体结构，阐明了其光合作用的进行机制。

1992 年，诺贝尔化学奖授予美国的鲁道夫·马库斯（Rudolph A.Marcus）教授，以表彰其 1956—1965 年提出的“电子转移过程理论”。

美国的保罗·鲍易尔（Paul D. Boyer）提出了质子电化学梯度引起 ATP 复合酶中的亚基变构而促使 ATP 合成的假说，英国的约翰·华克（John E. Walker）用实验观察到了这样的结构，因此他们获得了 1997 年的诺贝尔化学奖。

中国的光合作用研究自中华人民共和国成立后，取得很大进展。例如，中国科学院在光合作用能量转换、光合碳代谢的酶学研究以及原初反应和光合色素蛋白复合体研究等方面都有所发现和创新。2013 年，南开大学朱晓晴教授连发三篇科学研究论文，表明马库斯“电子转移理论”直接违背了能量守恒定律，认为马库斯的电子转移理论是错误的。

1908 年，干细胞的概念最初在柏林血液病大会上被提出；1998 年，人类胚胎干细胞研究成果在美国 *Science* 杂志发表；1999 年，干细胞的研究在世界“十大科学研究进展”位列榜首；2000 年，《时代》周刊又将对干细胞的研究取得的成果评选为“20 世纪末世界十大科技成就”之首。干细胞只是一个小小细胞，为何会受到如此热门关注？

系列关联概念
细胞的增殖与分化 受精卵的分裂与发育 减数分裂 细胞的不对称分裂 细胞的全能性

8　干细胞：细胞治疗时代的活力明星

美国生物学家乔治·戴利（George Daley）曾说：“如果 20 世纪是药物治疗时代，那么 21 世纪就是细胞治疗的时代。”

干细胞在学术研究上发挥的作用巨大，造血干细胞、胚胎干细胞等名词的社会影响力较大。那么何为干细胞？干细胞的作用和功效有哪些？干细胞研究的新进展有哪些？下面详细叙述。

8.1　干细胞的研究概略

8.1.1　干细胞的概念出现源于对生命来去的思考

亚里士多德在《动物志》中首次提出了生物学中的渐成说理论，说明从卵细胞发育为动物，或从孢子发育为植物的过程总是遵循着一系列的规律，并且存在着某种创造胚胎各部分的东西，但这种东西不是作为个体存在的，在此期间，生命体将发生变化，并且形成各种器官。英国医生威廉·哈维（Willian Harvey）认为身体的各个部分是逐渐形成的，他做出了“一切动物都来自卵”的概括，是渐成论支持者。

20世纪初，恩斯特·诺伊曼（Ernst Neumann）指出：“在血液、淋巴器官与骨髓中所有不同形式的血细胞都是‘大淋巴’干细胞的后代。通过有丝分裂或其他细胞转化的方式，这些干细胞一次又一次地实现了自我更新与分化。”这很可能是关于“干细胞”的第一个概念。

8.1.2 胚胎干细胞的分离是科学的里程碑成就

1981年，英国发育生物学家马丁·埃文斯（Martin Evans）与英国胚胎学家马修·考夫曼（Matthew Kaufman）共同发明了胚胎细胞系分离新技术，从小鼠早期囊胚中分离出干细胞，后应用于器官组织移植等临床治疗，以及基因敲除和基因打靶的研究。EK细胞是在早期胚胎或原始性腺中分离出来的一类具有发育全能性的细胞，盖尔·马丁（Gail Martin）首先使用“胚胎干细胞”一词，用以描述所分离的胚胎细胞系。

至今已分离得到的胚胎干细胞物种有金黄地鼠（1988）、貂（1993）、猪（1994，1997）、恒河猴（1995）、绒猴（1996）、鸡（1996）、人类（1998）。

1989年，詹姆斯·汤姆森（James Thomson）从早期人类胚胎的内细胞团中分离出了一组细胞，并首次建立了胚胎多能干细胞系的培养体系。

2007年，马丁·埃文斯（Martin Evans）等人在“基因靶向”技术方面做出了突出贡献，因此荣获诺贝尔生理学或医学奖。

8.2　干细胞的典型特点

干细胞（stem cell, SC）中的“干”字译自英文“stem”，是“树干”和“起源”的意思，树干可以萌生新芽，新芽可以发育成新叶、新枝，甚至开花结果。因此，干细胞即为起源细胞，是一类具有多向分化潜能和自我复制能力的原始的未分化细胞，可塑性很强，被称为“万能细胞”，是形成哺乳类动物的各组织器官的原始细胞。干细胞在形态上具有共性，通常呈圆形或椭圆形，细胞体积小，细胞核多为常染色质，具有较高的端粒酶活性和高度增殖能力。干细胞的发展正如它的英文诠释一样，即随着生命科学的进步不断“枝繁叶茂”“填充和完善”。干细胞的特点可概括为如下几个方面。

（1）强大的更新能力。干细胞产生分裂后，其子细胞与母细胞保持一致，但是同时分别保留其自身原有的细胞生物特性。干细胞在机体内形成后，始终具有自我更新能力，能够良好地维持机体组织器官内的稳定性，从而使得组织器官保持生长和衰亡的动态平衡。

（2）极强的分化能力。干细胞能够分化成多类细胞类型，如胚胎干细胞的分化具有全能性，能够分化发育出形成机体的任一组织器官；成体干细胞有部分细胞能够进行分化，并且发挥组织的更新和修复作用。干细胞多向分化的潜能，为损伤组织的修复再造提供了巨大动力。

（3）高速的扩增能力。干细胞本身的数量不是很多，可以通过对其进行体外增殖来扩增数量，进而对其进行研究。干细胞的高度增殖能力可以维持体内的正常功能，如造血干细胞能够通过高速扩增，补充正常细胞衰亡所缺失的血细胞。通过体外增殖培养所获得的干细胞，能够为后期的研究提供支持。

8.3 干细胞的不对称分裂

细胞的不对称分裂是一种细胞分裂的方式，具有不对称性质，母细胞产生的两个子细胞的类型各不相同，这种分裂往往与子细胞向不同方向分化有关。高等动物的成体干细胞通过不对称分裂使得一部分子代获得维持干细胞状态所必需的信息，而成为子代干细胞，保持与亲代细胞相同的干细胞特征；另外一部分子代细胞则不得不走向分化，丧失了干细胞的功能。在哺乳动物中，干细胞的不对称分裂（asymmetry division）如图 8-1 所示，即产生一个祖细胞和另一个干细胞，祖细胞只具有有限的自我更新能力，只能分化为终端细胞。

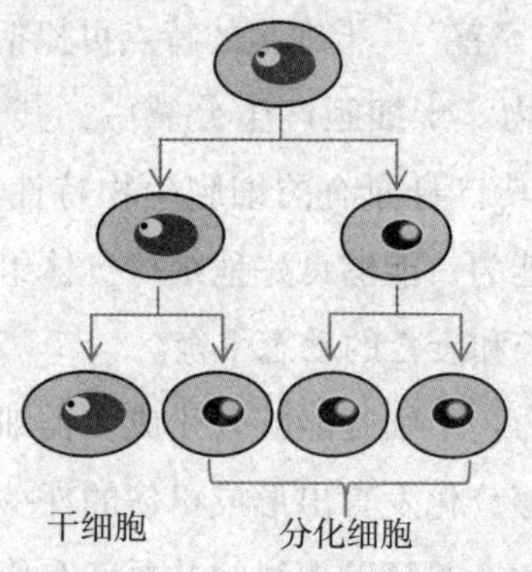

图 8-1 干细胞的不对称分裂

8.3.1 不对称分裂的几种典型

在胚胎发育阶段，不对称分裂是常见的现象，如果蝇神经系统发生时，成神经细胞经过连续不对称分裂，像出芽一样产生一些小细胞，这些小细胞是神经节母细胞，再经过一次分裂形成神经元或神经胶质细胞。大脑发育过程中神经干细胞也存在不对称分裂。动物神经系统发育和完善正是通过此过程来一方面不断生成新的神经元，另一方面保持体内一定数量的神经干细胞，从而达到增殖和分化平衡。卵原细胞进行的两次减数分裂也是不对称分裂，原因是动物受精卵并不是均一结构，而是具有高度的异质性。卵母细胞的核并不位于中央，而是在细胞外周靠近表面的地方，极体就是从这里形成并释放出来的。

8.3.2　干细胞的不对称分裂假说

科学家在研究成体干细胞的分裂时提出了“DNA 永生化链假说”，指出成体干细胞在不对称分裂过程中，总是将含有相对古老的 DNA 链（永生化链）的染色体分配给其中一个子代细胞，使其成为干细胞的子代细胞（成体干细胞），保持最初遗传信息的稳定性，赋予细胞永生化（自我更新）的能力。同时，成体干细胞会将新合成 DNA 链的染色体分配给另一个子代细胞，赋予细胞分化的能力，这个细胞趋向分化并最终衰老凋亡。科学家经过研究发现，干细胞在分裂的时候能够区分衰老和年轻的线粒体，并将它们不对称地分配给子细胞，继续保持“干”性的子细胞主要分到年轻的线粒体，而分化的子细胞主要分到衰老的线粒体。

8.4　干细胞的分类

8.4.1　按发育阶段来源分类

按照发育阶段来源可将哺乳动物干细胞分为胚胎干细胞和成体干细胞两类。

8.4.1.1 **胚胎干细胞**

胚胎干细胞（embryonic stem cell, ESC）是从植入前胚胎的胚泡内细胞群或原始生殖嵴中经分离得到的具有全能性或多能性的一类干细胞。ESC 在体内外环境下均可被诱导分化为机体的几乎全部类型细胞，因此 ESC 对研究哺乳动物和人的胚胎发生、组织分化、药物筛选、移植治疗、基因治疗、转基因动物等领域具有重大意义。ESC 体积较小，形态与早期胚胎细胞相似，细胞核大，核内可见一或几个核仁。体外抑制分化培养的 ESC 则排列紧密，细胞界限不清，呈鸟巢集落状生长。

胚胎干细胞的发育全能性指胚胎干细胞具有多能性，在解除分化抑制的条件下能参与包括生殖腺在内的各种组织的发育潜力，但无法独自发育成一个个体。它可以发育成为外胚层、中胚层及内胚层三种胚层的细胞组织。据科学家研究，人类 ES 细胞也可以分化为滋养层细胞、神经细胞、神经胶质细胞、造血细胞、心肌细胞等。

据科学家研究成果，ESC 细胞的全能性主要体现在如下几方面。①形成畸胎瘤——将 ESC 细胞注入同源动物皮下可形成畸胎瘤，包括三个胚层细胞。②形成类胚体——培养 ESC 细胞在非黏附底物中悬浮生长，或控制增殖细胞数目，能够使之生成类胚体，具有三个胚层组织。③直系分化——通过控制 ESC 细胞生长环境，或遗传操纵特定基因表达，ESC 细胞可直接分化成某特定种系细胞，如将神经决定基因 NeuroD2 和 NeuroD3 转入 ESC 细胞，可使之分化为神经细胞。④形成嵌合体——将 ESC 细胞注射到同种动物囊胚腔中可以形成嵌合体，ES 细胞可以参与嵌合体各个器官包括生殖腺的发育。

胚胎干细胞较常见的应用是可在体外诱导分化，形成视网膜色素上皮细胞或神经细胞，应用于视网膜黄斑病变及神经系统疾病的治疗。将胚胎干细胞来源的外胚层诱导分化为视网膜色素上皮细胞后，移植入视网膜下腔，可促进黄斑受损区域重建色素上皮细胞层，改善眼部生理。胚胎干细胞来源的外胚层也可诱导分化形成少突胶质细胞、多巴胺神经前体细胞等，为脊髓损伤、帕金森症等神经系统疾病的治疗提供了可能。胚胎干细胞的应用也面临着较大的挑战，如安全性问题——胚胎干细胞的研究给法律、伦理、国家安全等方面带来了不小的冲击。

8.4.1.2　成体干细胞

成体干细胞是指存在于表皮、脂肪、肌肉、骨髓等多处组织器官中的未分化细胞。间充质干细胞和造血干细胞等多能性干细胞、神经干细胞和表皮干细胞等单能干细胞皆属于成体干细胞的范畴。正常情况下，成体干细胞多以休眠形式存在，相关组织受损后可被激活，实现对损伤组织功能的代偿或修复。例如，脐带间充质干细胞就具有多谱系分化潜能，既可向内胚层方向分化形成胰岛细胞，也能向中胚层方向分化形成成骨细胞，还能向外胚层方向分化为神经细胞。由于取材方便、应用不涉及伦理问题、免疫原性低等优点，成体干细胞的应用范围较广，在皮肤损伤、脑卒中、神经退行性疾病、心肌梗死等疾病的治疗中均显示出了良好的应用前景。

8.4.2　按分化潜能分类

按照分化潜能的大小分成的四类细胞分别是全能干细胞（totipotent stem cell）、多潜能干细胞（pluripotent stem cell）、多能干细胞（multipotent stem cell）和单能（专能）干细胞（unipotent stem cell），如表 8-1 所示。

表 8-1　干细胞按分化潜能进行分类

<table>
<tr><th>分类</th><th>概念</th><th>来源</th><th>目前深入研究</th><th>应用</th></tr>
<tr><td>全能干细胞</td><td>具备发育成完整个体的潜能或特性的一类细胞</td><td>32 细胞期前胚胎中的所有细胞</td><td>胚胎干细胞</td><td>动物克隆和转基因动物实验等</td></tr>
<tr><td>多潜能干细胞</td><td>具有多向分化潜能，可分化为三胚层的任意细胞</td><td>囊胚内细胞团和生殖嵴的干细胞</td><td>诱导多潜能干细胞</td><td rowspan="3">免疫原性较低，异体移植时发生免排斥的风险较小，是干细胞治疗的理想材料</td></tr>
<tr><td rowspan="2">多能干细胞</td><td rowspan="2">能分化出各种组织细胞，失去发育为个体的潜能</td><td rowspan="2">囊胚期内细胞群中直接分离</td><td>间充质干细胞</td></tr>
<tr><td>造血干细胞</td></tr>
<tr><td rowspan="3">单能（专能）干细胞</td><td rowspan="3">分化潜能低，只能向一种或两种密切相关的细胞类型分化</td><td rowspan="3">多能干细胞进一步分化后可以得到单能干细胞</td><td>神经干细胞</td><td rowspan="3">用于治疗神经系统、消化系统、皮肤等疾病</td></tr>
<tr><td>皮肤干细胞</td></tr>
<tr><td>小肠干细胞</td></tr>
</table>

8.5 干细胞的功能

8.5.1 多向分化功能

间充质干细胞（mesenchymal stem cell, MSC）是干细胞家族中的重要成员，属于成体干细胞，来源于发育早期的中胚层和外胚层。MSC 最初在 1968 年由弗里登斯坦（Friedenstein）在骨髓中发现，因其具有多向分化潜能、造血支持和促进干细胞植入、免疫调控和自我复制等特点而日益受到人们的关注。间充质干细胞在体内或体外特定的诱导条件下，可分化为脂肪、骨、软骨、肌肉、肌腱、韧带、神经、肝、心肌、内皮等多种组织细胞，连续传代培养和冷冻保存后仍具有多向分化潜能，可作为理想的种子细胞用于衰老和病变引起的组织器官损伤修复。

8.5.2 组织修复功能

细胞的生命历程伴随着衰老和凋亡，这种细胞程序性死亡是基因选择性表达的必然结果。当然，其他因素造成的细胞坏死也宣告着细胞生命的终结。如何补充和替代死去的细胞，使生命得以延续，还需要干细胞发挥作用。干细胞具有组织再生修复的作用，理论上来讲，它可以修复部位损伤的血管和神经，达到治疗的效果。目前使用的细胞有骨髓或脐血单个核细胞，骨髓或脂肪或脐带间充质干细胞、脂肪干细胞、肌肉干细胞、内皮祖细胞等，但是使用较多的还是间充质干细胞，其来源多样、取材方便，且易于分离、培养、扩增和纯化，经过多次传代扩增后仍具有干细胞特性。

8.5.3　免疫调控功能

间充质干细胞通过细胞间的相互作用及产生细胞因子干扰树突状细胞功能并抑制 T 细胞的增殖及其免疫反应，从而发挥免疫重建的功能，对于人体起着至关重要的作用。例如：增强身体的免疫系统、调整生长因子指数、促进伤口快速愈合避免疤痕；促进器官组织细胞新生，使器官年轻化，延缓器官衰老；促进心肌细胞生长、增进心脏功能耐力、预防心脏病及中风；恢复神经系统功能，增进记忆力，预防帕金森、老年痴呆等。

8.6　干细胞的研究现状

1957 年，美国华盛顿大学多纳尔·托马斯（Donnall Thomas）发现将正常人的骨髓移植到病人体内，可以治疗造血功能障碍。多纳尔·托马斯是人类干细胞技术研究的先驱，他因此荣获了诺贝尔奖。这一技术很快得到全世界的认可，并已成为治疗白血病等病的主要手段。造血干细胞移植技术的发现和应用为人类战胜疾病带来了新的希望。

8.6.1　诱导多潜能干细胞具有多向分化潜能

2006 年，日本科学家山中伸弥（Shinya Yamanaka）将 Oct3/4 等 4 个基因通过病毒载体转入小鼠成纤维细胞中，诱导得到了囊胚期干细胞（induced pluripotent stemcell, iPSC）。iPSC 经体细胞重编程逆转而来，具有多向分化潜能，对于干细胞的研究意义重大，既避免了从胚胎中获取多潜能干细胞的伦理问题，也从根源上解决了异体移植的免疫排斥问题，山中伸弥也因此获得了 2012 年诺贝尔生理学或医学奖。

8.6.2 中国学者干细胞研究应用实现跨越

2013年，北京大学邓宏魁团队成功诱导中胚层来源的小鼠成纤维细胞转化成了多潜能干细胞。利用小分子化合物进行诱导具有操作简单、安全性更强、作用可逆及便于精准调控等优势。2016年，该团队再次利用上述小分子组合，诱导外胚层来源的小鼠神经干细胞和内胚层来源的小肠上皮细胞重编程为多潜能干细胞，证实了利用小分子化合物诱导小鼠多潜能干细胞的通用性。

2019年9月，中国学者完成全球首例基因编辑干细胞治疗艾滋病和白血病患者，建立了基于CRISPR（DNA的短回文重复序列）在人成体造血干细胞上进行CCR5基因编辑的技术体系，实现了经基因编辑后的成体造血干细胞在人体内长期稳定的造血系统重建。研究结果显示，基因编辑后的造血干细胞移植治疗使患者的急性淋巴白血病得到完全缓解，携带CCR5突变的供体细胞在受体体内长期存活已达19个月，初步探索了该方法的可行性和安全性。

与小鼠体细胞相比，人表观基因组稳定性高，诱导重编程的难度极大，历经多年的尝试后，该团队于2022年又成功诱导人成纤维细胞、脂肪间充质基质细胞转化为多潜能干细胞。这是首次在国际上报道的、由我国自主研发的人多潜能干细胞制备技术，突破了以往干细胞制备技术的局限性，为我国干细胞和再生医学的发展解决了底层技术上的瓶颈问题，未来有望用于治疗糖尿病、重症肝病、恶性肿瘤等重大疾病。这一重要成果于2022年4月13日在线发表于国际学术期刊*Nature*。

iPSC技术极大地推动了干细胞研究在基础应用和临床治疗领域的发展。目前，iPSC已广泛应用于视网膜病变、肿瘤等疾病的治疗研究，在新药研发、药物安全性评估领域也发挥着重要作用。

8.6.3 干细胞治疗广泛应用于多个医学领域

2017年，来自纽约的1型糖尿病患儿伊凡（Ivan）接受了干细胞治疗。

经过两个疗程的治疗后，Ivan 血糖控制平稳。2019 年，美国《时代》周刊将干细胞治疗糖尿病纳入改变未来医疗的十二大创新发明列表中。药物治疗往往很难治愈疾病，属于治标不治本，而细胞治疗，则以生理功能正常的细胞替换功能障碍或缺陷的细胞，更容易治愈疾病。当代医学已从分子治疗向细胞治疗过渡。目前，干细胞在临床研究中应用广泛，取得的效果比较明显，如表 8–2 所示。

表 8–2　干细胞在医学领域的广泛应用

疾病类别	所患疾病
神经系统疾病	帕金森、脊髓炎、脑卒中、脑瘫、脊髓损伤等
内分泌系统疾病	1 型糖尿病、2 型糖尿病、糖尿病并发症等
自身免疫系统疾病	系统性红斑狼疮、类风湿性关节炎、银屑病、硬皮病等
血液系统疾病	促进造血功能恢复、移植物抗宿主病等
消化系统疾病	肝纤维化、肝硬化、肝衰竭、溃疡性结肠炎等
心血管疾病	心肌梗死、心力衰竭、缺血性心肌病、扩张型心肌病等
妇科疾病	卵巢早衰、宫腔粘连等
骨科疾病	退行性关节炎、股骨头坏死、骨质疏松症、骨不愈合等

目前，干细胞和再生医学的研究已成为国际上自然科学研究中较引人注目的领域。我国在干细胞低温超低温气相、液相保存技术及定向温度保存技术和超低温干细胞保存抗损伤技术已处于世界领先水平。

尽管干细胞有着巨大的医学应用潜力，但围绕该研究的伦理道德问题也不容小觑。例如：人胚胎干细胞的来源是否合乎法律及道德？应用潜力是否会引起伦理及法律问题？不可否认的是，干细胞理论的日臻完善和技术的迅猛发展必将在疾病治疗和生物医药等领域产生划时代的成果，这是对传统医疗手段和医疗观念的一场重大革命。

关于细胞凋亡的概念最初是怎样提出的，其如今概念发展如何，以及细胞凋亡的形态结构变化与生化分子机制等系列变化的问题仍值得探讨。细胞凋亡在生物发育、治疗疾病及生物进化史上有着非同寻常的重大意义。

系列关联概念
细胞的分化 细胞的增殖 细胞的衰老 免疫识别 生命进化史

9 细胞凋亡是维持细胞稳定状态的主要机制

通过实验切除成年大鼠一部分肝脏后，剩余肝叶细胞会增殖再生，以弥补遭受的损伤，一旦恢复到原肝脏的重量，细胞增殖就会停止，这是残余肝脏的代偿性增生过程。让大鼠服用苯巴比妥药物（刺激肝细胞分裂的药物），大鼠肝脏肿大超重；而后停止服药，肝细胞后期的死亡加剧，以致在一周内又恢复原状大小。这是对细胞死亡率和生成率的综合调节，也是反馈调节在细胞层次的实例。

多细胞生物体的细胞每天都会有大量重生，尤其血细胞和皮肤细胞。该群体中的细胞数量被严格地控制以保持稳定，身体需要一个严格有序的机制来适当地维持平衡（包括细胞分裂和细胞死亡的速度），这就需要删除多余的细胞，包括衰老、病变或是因暴露于有毒物质或辐射下受损的细胞等。

这便是细胞凋亡过程，它是所有多细胞生物的必经历程。在成熟组织中，细胞凋亡稳定维持了细胞状态，平衡了细胞增殖，除非该组织正在生长或者萎缩。

9.1　细胞凋亡是维持细胞数目的必需调节机制

这一最初在发育生物学研究中所观察到的细胞死亡现象被称为“细胞程序性死亡”（PCD）或“细胞凋亡”（apoptosis，源自希腊语，意为“凋谢/落叶”），含义是发育过程中发生的某类细胞的大量死亡。但随后人们发现，所有未能正常分裂的细胞均可能触发这种“自杀路径”，及时制止失控细胞持续性复制所带来的威胁。科学家意识到这一定是一个受到机体高度有序调控的正常规律性机制，是一种复杂的基因设计程序，旨在移除细胞，随时调节正常的细胞分裂，维持机体活力。这种行为在细胞受损等特殊情况下对机体有利，可以理解为细胞由于外部环境变化而产生积极主动的应变行为。

细胞凋亡是胚胎发育的必需过程，且贯穿生物体一生。对于受精卵之后的胚胎发育，细胞凋亡和细胞增殖具有同等重要的地位。在发育中或成体的动物组织中发生细胞凋亡的数量极其惊人。例如，正在发育的脊椎动物神经系统中，通常一半以上的神经细胞在形成后不久便死亡，健康人体每小时约有10亿个骨髓细胞以及肠细胞死亡。例如，人的胚胎发育的第四周，手仅仅是肉质的凸起结构，第六周的手如同一个乒乓球拍，指骨被蹼状结构连成一片，直至胚胎发育的第46～50 d，这些蹼状结构才消失。美丽的五指和脚趾形状的形成正是由于位于其间的带状组织凋亡所塑造。又如，蝌蚪在成长为青蛙的过程中，其尾巴均需要被去除，而昆虫的变态发育过程也涉及显著的细胞凋亡。动物细胞寿命差异悬殊，应该是因生命所需、细胞凋亡所致。

9.2 细胞凋亡概念的演进发展史

德国生物学家卡尔·沃格特（Karl Weigert）在瑞士工作，他于1842年在研究蝌蚪发育时率先描述了PCD的概念。1885年，另一位生物学家华尔瑟·弗莱明（Walther Flemming）更加精确详细地描述了这一现象。弗莱明的声名来自他对有丝分裂和染色体的发现，这是细胞生物学史以及整个科学史上最重要的发现之一。到了1965年，细胞凋亡的现象最早由澳大利亚病理学家约翰·克尔（John Kerr）描述出观察到的PCD的超显微特性。他发现大鼠肝细胞在局部缺血条件下连续不断地转化为小的圆形的细胞质团（由膜包裹的细胞碎片，由细胞器和染色质组成），以及其作为正常程序和组织损伤引起的坏死现象不同，当时他称这种现象为皱缩型坏死。后来的研究认为这个概念定位并不恰当，因为这些圆形的细胞质团是在生理条件下产生的，经过深思熟虑后，他于1972年将此现象重新定名为“细胞凋亡”（apoptosis）。此后，这一生物学新概念很快受到学界重视，以至再度兴起对PCD的研究热潮。经过十多年的时间，“细胞凋亡是组织内细胞状态维持的主要生物学机制”这一概念才被广泛接受。关于植物的细胞凋亡的研究开始较晚，最初提出是1994年关于拟南芥的细胞凋亡，后证明此现象广泛存在。

秀丽隐杆线虫是一种被广泛研究的线虫。在发育过程中，秀丽隐杆线虫的1 090个细胞中有131个因细胞凋亡而消失。2002年诺贝尔奖颁发给了发现了在器官发育和程序性细胞死亡过程中的基因规则的三位生物科学家。英国的悉尼·布伦纳（Sydney Brenner）率先选择线虫作为实验模式动物，这种独创方法使得基因分析能够和细胞的分裂分化及器官的发育联系起来，并且能够通过显微镜追踪系列过程。美国的罗伯特·霍维茨（Robert Horvitz）

是首位确定细胞凋亡现象的科学家，他发现了秀丽隐杆线虫中控制程序性细胞死亡的关键基因与特征（ced-3、ced-4 和 ced-9）。剑桥大学的约翰·苏尔斯顿（John Sulston）描述了细胞凋亡的过程，发现了 nuc-1 基因在细胞凋亡中的角色，找到了可对细胞每一个分裂和分化过程进行跟踪的细胞图谱的方法。

当认识到凋亡上升后，又有一个新问题出现：这么大量的细胞死亡对于机体难道不是太过浪费吗？而且死亡的细胞中有很多是健康的细胞或是寿命不久的细胞，这是依据细胞基因组的细胞凋亡特定遗传指令实施了“主动自杀”，这一自杀过程究竟如何启动？细胞如何自我终结生命呢？

9.3　“细胞自杀”的机制如何启动

细胞凋亡包括两条通路，通常取决于触发来源究竟是外部因素还是内部因素。外源性细胞凋亡由外部信号所触发，这些刺激信号能够与细胞膜上的“死亡受体”相结合，进而引发细胞自杀。在免疫反应中，外源性细胞凋亡可作为一种细胞杀伤的手段。蝌蚪在成长时的全部变化（包括尾内细胞凋亡）的诱导都是被血液中的甲状腺激素所调节。内源性细胞凋亡可因 DNA 损伤、极度氧胁迫或细胞质钙离子过高而发生，也可发生于胚胎发育过程中的特定阶段。但幸运的是，细胞内也存在 DNA 修复机制，可通过校对控制系统及时发现可致突变蛋白产生的致命错误。

细胞凋亡分为两个阶段：一是死亡激活期，此阶段主要是接受来自内外的死亡信号并做出反应；第二阶段是死亡执行期，即进入死亡程序。细胞凋亡包括细胞形态和生化两个层面。

9.3.1 细胞形态学变化层面："死亡天使"线粒体

细胞响应其内外启动 PCD 的信号，当细胞凋亡发生时，不再被需要的细胞会开始萎缩，并分解和凝缩细胞成分。有研究表明，将凋亡细胞的线粒体转入健康细胞中可导致细胞凋亡的产生，这一结果证实了线粒体在细胞凋亡中的重要作用。细胞的表面会起泡，即产生球状突起的膜泡（图 9-1a），最初的一些变化便发生于线粒体内膜上。尼克·莱恩在《能量，性，自杀：线粒体与生命的意义》中称线粒体为"死亡天使"。凋亡所伴随的异常生化活动可以导致线粒体内膜遭受破坏，失去其内部结构，线粒体膜表面出现穿孔现象（图 9-1d/b）。细胞核内容物聚集在一起，染色质聚集成特征性致密团块（这也是凋亡细胞的特征性外观，图 9-1c），核膜在核孔处断裂形成核碎片，产生细胞器及核碎片的凋亡小体。

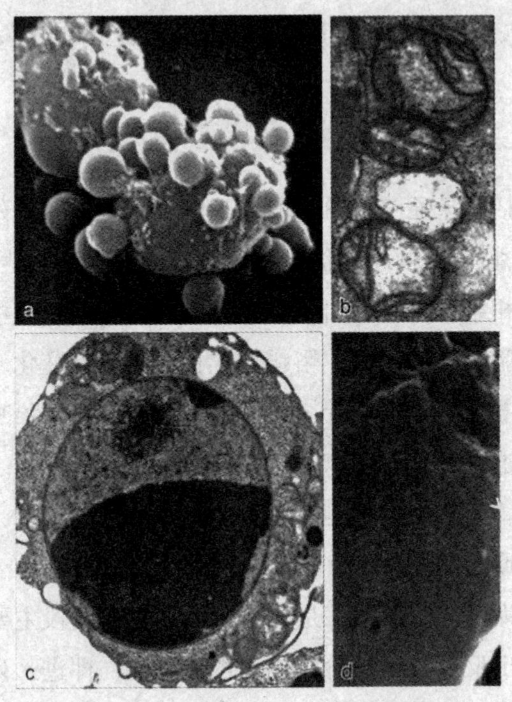

图 9-1 凋亡细胞的变化过程图

（引自《牛津通识课：细胞》）

此时，线粒体将通过膜上新形成的小孔向细胞质释放出细胞色素 c（一种对线粒体能量产生功能至关重要的蛋白），从而触发细胞凋亡。线粒体所释放的细胞色素 c 可与细胞质中的其他几种蛋白质结合，形成凋亡小体复合物，进而激活一连串的“杀手蛋白酶”，它们不仅可以杀死细胞，还可以导致细胞核与细胞质的碎裂，使其便于被吞噬。这些细胞碎片（凋亡小体）被封在一层薄膜中，与邻近细胞分隔开来，以免损害后者。吞噬细胞会吞入这些碎片，并销毁它们。通过缩时显微技术可以观察到细胞表面就如同火山沸腾的泥浆池一般，表明细胞凋亡是一个非常活跃的变化过程。

9.3.2　生化分子生物学层面：细胞凋亡机制总相似

在受控的动物细胞中，细胞自杀生化分子生物学层面机制是相似的。这一过程涉及胱天蛋白酶家族，其蛋白质成员以非活化前体形式合成，称为胱天蛋白酶原。在细胞内部，胱天蛋白酶在接到引发细胞凋亡的信号后，通过自身水解而激活，活化的蛋白酶又能剪切和激活本家族的其他成员，从而形成一个放大的蛋白质水解级联反应。活化的胱天蛋白酶还可以剪切细胞内另外一些关键酶，使得一些结构（如细胞骨架、核纤层等）发生不可逆崩溃，核 DNA 也断裂成小的规则片段，细胞核内容物全部瓦解，核膜解聚。活化凋亡程序就像进入一个细胞周期的新阶段一般，一般采用一直“全或无”的形式，一旦细胞达到临界点变，就“义无反顾”地走向死亡。可见，此程序严格，不可逆转。

值得骄傲的是，中国科学家在细胞凋亡研究领域做出了卓越贡献。例如，王晓东和助手从分子层次揭示了细胞凋亡的内在机理，他们找到了细胞自毁程序的两个关键蛋白：“扣动扳机”的细胞色素 c 和“拉开保险栓”的 Smac。当细胞凋亡信号启动时，这两个来自线粒体中的蛋白将释放出来。这一发现拓展了学界对“供能工厂”线粒体的认识，王晓东也因此当选美国科学院院士。

9.4　细胞凋亡有别于细胞坏死

细胞坏死和细胞凋亡是两个不同的概念，其中细胞坏死属于偶然的直接影响致死，具有不可逆转性。具体来说，细胞坏死可能是由多种不可控因素所致，理化性环境因子，如极端环境影响（极寒极热刺激、急性机械打击创伤、氧气或营养因子缺失等），均会打破细胞的内在平衡状态；细胞坏死会导致蛋白质变性失活或细胞膜破裂，细胞一般会肿胀，将内含物释放到周围环境中，引起具有破坏力的免疫反应（炎症反应）；愈合过程中伴随组织器官纤维化，会形成疤痕。而细胞凋亡不会触发免疫反应，不会殃及周边，极其“干净利落”，发生特定性反应后，会被吞噬细胞所吞噬，这些凋亡细胞内的物质均被快速清除，可有效地回收利用有机成分。

9.5　细胞凋亡基因的调控

内源性细胞死亡是发育进程中的一部分，这表明了凋亡基因存在的可能性。在这些“细胞死亡”基因中，有几个是哺乳动物癌细胞中常常发生突变的基因，这证实细胞凋亡是清除 DNA 受损细胞的重要机制。“细胞死亡”基因的突变将导致细胞凋亡受阻，从而使得 DNA 受损或突变的细胞异常发育并形成肿瘤。在大卫 · 莱恩（David Lane）19 岁时，其父亲因癌症而去世，因此莱恩一生致力研究正常细胞发生癌变时所发生的变化。1979 年，他发现了一种几乎在所有癌细胞中会发生失活或缺失的蛋白——p53 蛋白。如果功能正常的 p53 以正常的水平存在于分裂细胞中，且细胞发生了 DNA 损伤，那么 p53 将会触发细胞凋亡，或者启动细胞衰老的通路，阻止分裂行为。因此，p53 被称为肿瘤抑制基因和“基因组的守护者”。即使在癌症晚期，恢复“p53 反应”也可以产生强大的防御作用，使肿瘤体积缩小并阻止其进一步生长。但是，将正常的 p53 蛋白基因及其产物以正确的数量和时间导入癌细胞中并非易事，通过基因疗法来治疗多种疾病的希望仍未真正实现。

9.6 细胞凋亡的意义探寻与启迪思考

细胞凋亡不仅可以调节细胞数量，还可以调节细胞质量。例如，在神经系统的发育中，胚胎中产生的神经细胞一般是过量的，细胞必须通过“竞争上岗”获得生存机会。

放眼生命进化这一伟大而漫长的历程，细胞凋亡的生物学意义更加重大。为了适应环境变化，生命由水生到陆生，由爬行到飞行，由卵生到胎生，人类由爬行到直立，尾骨、鳃壳等结构在退化演进，高等胎生动物的月经周期会排出脱落的子宫内膜……综上观之，没有细胞的程序性死亡，就没有今天宏大美丽的生命景观。

第2篇

传承之本质：遗传·进化

生物学站在一切科学的中心，正是在这个地方、在一切科学的所有原则都被包罗进来的领域，科学才能真正地统一起来。

——恩斯特·迈尔《生物学思想发展的历史》

我们是独特的物种，是具有意识、创造力、占有优势又具有破坏力的生物，原因都在于我们的 DNA。

——詹姆斯·沃森《DNA：生命的秘密》

着眼于学生适应未来社会发展和个人生活的需要，从生命观念、科学思维、科学探究和社会责任等方面发展学生的学科核心素养，充分体现本课程的学科特点和育人价值，是本课程的设计宗旨和实施中的基本要求。

——《普通高中生物学课程标准（2017 年版 2020 年修订）》基本理念 1：核心素养为宗旨

“科学探究”是指能够发现现实世界中的生物学问题，针对特定的生物学现象，进行观察、提问、实验设计、方案实施以及对结果的交流与讨论的能力。学生应在探究过程中，逐步增强对自然现象的好奇心和求知欲，掌握科学探究的基本思路和方法，提高实践能力；在探究中，乐于并善于团队合作，勇于创新。

——《普通高中生物学课程标准（2017 年版 2020 年修订）》学科核心素养 3：科学探究

大概念：遗传信息控制生物性状，并代代相传。

◆亲代传递给子代的遗传信息主要编码在 DNA 分子上。

◆有性生殖中基因的分离和重组导致双亲后代的基因组合有多种可能。

◆由突变和基因重组引起的变异是可以遗传的。

大概念：生物的多样性和适应性是进化的结果。

◆地球上的现存物种丰富多样，它们来自共同祖先。

◆适应是自然选择的结果。

◆生物多样性为人类生存提供资源与适宜环境。

——《普通高中生物学课程标准（2017 年版 2020 年修订）》课程内容：大概念与重要概念内容要求

1957 年 9 月，克里克（Crick）提交给实验生物学会一篇题为“论蛋白质合成”的论文，发表在该学会的论文集第 12 卷。这篇论文被评价为“遗传学领域最有启发性、思想最为解放的论著之一”。在这篇论文中，克里克正式提出遗传信息流的传递方向是 DNA → RNA →蛋白质，后来被称为“中心法则”。

系列关联概念
碱基互补配对原则 磷酸二酯键 半保留复制 基因的表达 逆转录病毒 密码子与反密码子

10　解读遗传信息传递和生命密码的奥秘

1953 年，沃森（Watson）和克里克建构了 DNA 的双螺旋结构模型，这一成就被誉为 20 世纪生物学方面最伟大的发现，是继相对论、量子力学之后的 20 世纪自然科学的第三大发现。作为分子生物学诞生的标志，生命科学的多个分支学科都开始从分子生物学角度进行研究。DNA 的双螺旋结构蕴含着巨大的遗传信息，那么遗传信息是如何进行传递的呢?

10.1　DNA 分子的复制

10.1.1　DNA 半保留复制

沃森和克里克发表的论文《核酸的分子结构》末尾关于 DNA 复制方式

的设想，引出科学家关于 DNA 复制过程的几种猜想。DNA 的衍射照片和模型是当时对 DNA 复制机制猜想的主要依据，科学家由此提出了全保留复制、半保留复制和分散复制 3 种猜想，如图 10-1 所示。

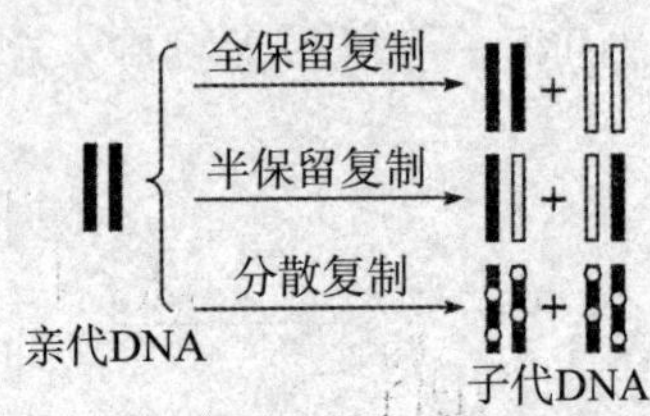

图 10-1　关于 DNA 复制的 3 种猜想

1958 年，美国生物学家梅塞尔森（Meselson）和斯塔尔（Stahl）采用假说—演绎法对 DNA 半保留复制过程进行演绎推理，并运用同位素标记技术区分亲代链与新生链。利用“6 mol/L 的 CsCl 溶液的密度与 DNA 密度最接近（为 1.7 g/mL）”这一特点，将其高速离心形成 1.65 ～ 1.75 g/mL 的连续密度梯度，使被 ^{14}N 和 ^{15}N 标记的 DNA 悬浮在不同区带，再利用 DNA 分子的紫外吸收特点显影，证实 DNA 复制方式为半保留复制。

10.1.2　DNA 半不连续复制

1968 年，日本分子生物学家冈崎（Okazaki）等人在进行 DNA 复制实验时采用了脉冲标记的方法，即将 DNA 在放射性同位素中暴露极短的一段时间（称为脉冲长度），如此可以标记复制过程中新生成的 DNA。将用 ^3H 标记的胸腺嘧啶添加到培养物中，当被 T_4 噬菌体侵染的大肠杆菌与用 ^3H 标记的胸腺嘧啶相结合达到相应时间时，即在不同的脉冲长度时终止反应。经密度梯度离心后，测量新合成的 DNA 片段的大小，结果表明，新合成的 DNA 中有很多短片段的存在，并且时间越长片段就越短，这些片段被命名为“冈崎片段”。DNA 半不连续复制示意图如图 10-2 所示。

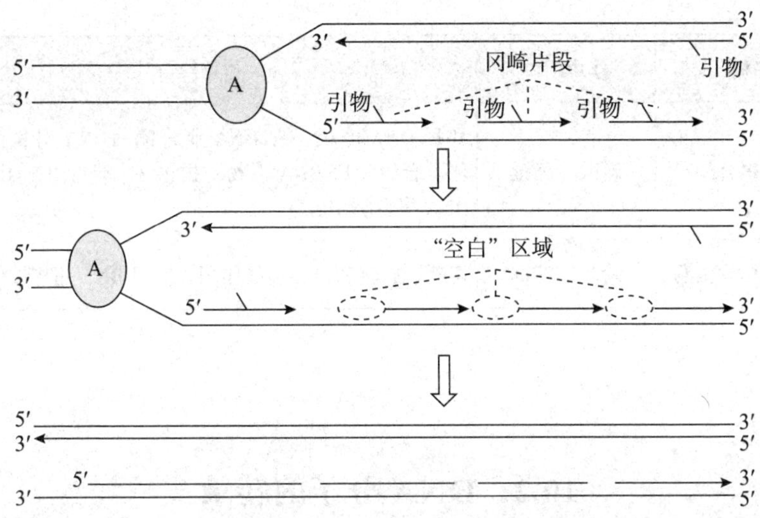

图 10-2　DNA 半不连续复制示意图

10.1.3　DNA 复制过程的酶

DNA 的复制过程需要用到解旋酶和 DNA 聚合酶。除此之外，还有一系列的酶参与了 DNA 的复制过程。表 10-1 列举了 DNA 复制过程中参与催化反应的相关酶的作用比较。

表 10-1　DNA 复制过程中参与催化反应的相关酶的作用比较

名称	作用部位	作用结果
DNA 连接酶	磷酸二酯键	将两个 DNA 片段连接为一个 DNA 分子
DNA 聚合酶（Ⅰ、Ⅱ、Ⅲ）	磷酸二酯键	将单个脱氧核苷酸依次连接到单链末端 DNA 聚合酶Ⅲ才是细胞内真正控制 DNA 合成的酶
解旋酶	碱基对间的氢键	将双链 DNA 分子局部解旋为单链，单链 DNA 结合蛋白（SSB 蛋白）马上结合在分开的单链上，从而保持其伸展状态，形成两条长链

续 表

名称	作用部位	作用结果
RNA 聚合酶	磷酸二酯键	利用 DNA 模板，在 RNA 聚合酶—DNA 引物酶的催化下合成一段 RNA 引物，提供 3′ 端自由—OH，便于 DNA 聚合酶结合
DNA 拓扑异构酶	磷酸二酯键	切断、旋转和再连接的作用，实现 DNA 超螺旋的转型

10.2　DNA 分子的转录

10.2.1　转录概念的建立

1957 年，在美国田纳西州的橡树岭国家实验室工作的艾略特 · 沃尔金（Elliot Volkin）和劳伦斯 · 阿斯特拉汉（Lazanus Astrachan）发现，噬菌体侵染大肠杆菌后，将立即停止细菌 RNA 和蛋白质的合成，接着生成少量新的 RNA，即上述的模板 RNA。经过一系列艰辛的细胞分析以后，人们确定这种 RNA 的结构很像一条 DNA 链，其碱基比与入侵的噬菌体的碱基比相同而与被侵入的细菌 DNA 的碱基比不同。1958 年，栗区（Rich）等通过化学研究发现了 RNA 与 DNA 之间更进一层的关系。他们制造出杂交的螺旋，其中一条链由 RNA 组成，可借助氢键而和另一条 DNA 链发生作用。这样的构造可能代表 DNA 传递信息的部分机制。

1961 年 3 月，弗朗索瓦 · 雅各布（Francois Jacob）和雅克 · 莫诺德（Jacques Monod）在《分子生物学》杂志上发表了题为《在蛋白质合成中基因的调节机制 》的论文。在这篇文章中，他们根据大量的实验研究提出了信使 RNA（messenger RNA, mRNA）的概念。他们指出："在真核细胞中，由于蛋白质是在细胞质中合成，而不是在核内合成，这个结构信息的转移自然要求有一个由基因决定的化学中间物的存在，这个假设的中间物我们称之为结构信使。”1961 年，韦斯（Weiss）和赫威茨（Hurwitz）发现了一个能在 DNA 模板上装配 RNA 分子的酶系统，这个酶系统叫作 RNA 聚合酶，从而阐明了 DNA 转录成 RNA 的机制。

10.2.2 遗传密码的破译

1961 年，克里克和布伦纳（Brenner）在一条多核苷酸链的 2 个相邻的核苷酸中间，插入一个由核苷酸引起的突变，使译码过程中读码的起点移位，结果发现肽链之间插入了一段不正确的氨基酸。如果在该噬菌体的 DNA 中减去一个碱基或者再加上 2 个碱基，就会让编码蛋白质的结果恢复原来的样子，即没有突变状态发生。这说明核酸的密码是由 3 个核苷酸组成的。

1961 年夏天，美国生物化学家尼伦伯格（Nirenberg）和德国科学家马太（Matthaei）也取得了突破性进展，他们采用蛋白质体外合成技术，把编码氨基酸的 mRNA 引入无细胞系统中，用来指导某一种多肽的合成。当他们把全部碱基都是尿嘧啶（U）的多聚尿苷引入后，产生的都是苯丙氨酸，说明苯丙氨酸的密码是“UUU”。随后，美籍西班牙生物学家奥乔阿（Ochoa）和他的同事进行了一系列破解实验，在一年时间内解析了多个氨基酸的密码子。1964 年，美籍印裔生物学家霍拉纳（Khorana）采用另一策略实验，以一系列人工合成的双密码子 ACACAC……的交替共聚物作为体外翻译模板，确定了苏氨酸和组氨酸遗传密码的排序问题，然后以（CAA）$_n$ 作为模板，分别得到了谷氨酰胺、天冬酰胺和苏氨酸的多聚体。1966 年，克里克根据已经取得的成果，排列出遗传密码表。1968 年，尼伦伯格、霍拉纳和霍利（Holley）因“对遗传密码及其在蛋白质合成过程方面作用的解释”荣获诺贝尔生理学或医学奖。

遗憾密码圆盘如图 10–3 所示。

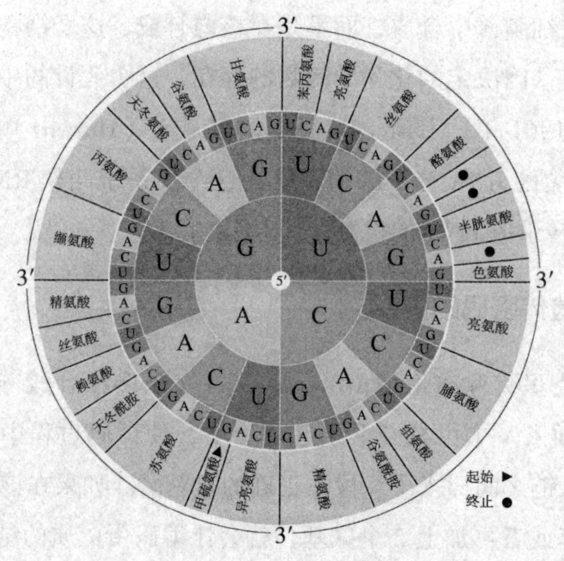

图 10-3　遗传密码圆盘

（引自刘大可《生命的起源》）

遗传密码一个耐人寻味的主要特点就是密码的统一性。研究表明，动植物、微生物共用一套遗传密码，是同一套生命的语言，这印证了 19 世纪达尔文的共同由来学说，即地球上所有生命起源于同一祖先。

细胞中的 3 种 RNA 聚合酶，恰好负责 3 种 RNA 的转录，即 RNA 聚合酶Ⅰ、Ⅱ和Ⅲ分别负责 rRNA、mRNA 和 tRNA 的转录过程，作用都是连接磷酸二酯键。

10.3　RNA 分子的翻译

1952 年，科学家用电子显微镜和物理化学方法研究细菌溶解产物时发现，多数原核细胞的 RNA 像真核细胞的 RNA 一样，和蛋白质结合而形成较小的颗粒。这些颗粒以及在真核细胞的细胞质中出现的相似颗粒，都称为核糖体。沃森（Watson）和他的同事进行了大肠杆菌核糖体结构的研究，终于揭示了这种核糖体是由两个亚单位组成的，较大的一个称为“50S”，而较小的一个称为“30S”，它们在一起构成“70S”核糖体。1961年，生物学家布伦纳等人用噬菌体侵染大肠杆菌，发现有一种特异性的RNA被合成，且这种RNA很快和细菌的核糖体结合，随后合成蛋白质。这一发现证实了翻译过程是以RNA为模板合成蛋白质的过程。

RNA到蛋白质的翻译过程需要氨基酰-tRNA合成酶和转肽酶的催化作用。前者的作用部位是酯键，使得氨基酸与其相对应的tRNA结合；后者则作用于肽键，是在A位的氨基酰-tRNA上的氨基酸残基与在P位上的氨基酸的碳末端间形成肽键。

不论原核生物还是真核生物，都具有一套准确的遗传物质复制的机制及调节基因表达的调控机制，其机制的调节方式有相同点，也有不同点。

10.4　真核生物、原核生物信息传递的比较

10.4.1　真核生物、原核生物复制的异同点

真核生物和原核生物的DNA复制过程存在共同点：均以亲代DNA分子为模板，以4种脱氧核苷酸（dNTP）为底物，都在多种酶（如DNA聚合酶、解旋酶、DNA连接酶、引物酶、RNA聚合酶以及DNA拓扑异构酶等）的参与下，按照碱基互补配对原则，从5′到3′方向合成子链。真核生物和原核生物的DNA复制过程的不同点如表10-2所示。

表 10-2　真核生物和原核生物的 DNA 复制过程的不同点

比较项目	原核生物	真核生物
合成时期	发生在整个细胞生长过程中	只发生在细胞周期的 S 期
复制位置	拟核区	细胞核
复制起点	一般为环形 DNA，具有单一复制起始位点	为线性 DNA，具有多个复制起始位点，形成多个复制叉
引物	引物是 RNA，切除需要 DNA 聚合酶Ⅰ，长为 1 000 ～ 2 000 个核苷酸	引物除 RNA 外还有 DNA，切除引物需要核内 RNA 酶和核酸外切酶，长为 100 ～ 200 个核苷酸
聚合酶	有 3 种 DNA 聚合酶，主要复制酶为 DNA 聚合酶Ⅲ。原核生物 DNA 聚合酶具有 5′–3′ 外切酶活性	有 5 种 DNA 聚合酶。主要复制酶为 DNA 聚合酶 δ，引物由 DNA 聚合酶 α 催化合成。真核生物的聚合酶没有 5′–3′ 外切酶活性
染色体末端	以多联体的形式补齐	靠端粒酶补齐

真核生物和原核生物的基因表达过程在时空上的区别主要由细胞结构来决定。基因表达调控主要有两种，一种是转录水平上的调控，另一种是转录后水平上的调控。转录后水平上的调控又分为两种，即 mRNA 加工成熟水平上的调控和翻译水平上的调控。下面进行具体描述。

10.4.2　真核生物、原核生物转录的异同点

真核生物和原核生物转录的过程既有共同点，也有不同点。两者转录时都需要 DNA 链作为模板，在 RNA 聚合酶和其他蛋白因子作用下，都以 4 种核苷酸为原料，沿着 5′ 到 3′ 方向合成 RNA。真核生物和原核生物转录的异同点如表 10–3 所示。

表 10-3　真核生物和原核生物转录的异同点

比较项目	原核生物	真核生物
转录位置	拟核区	细胞核内
转录单位	一个 mRNA 分子通常含多个基因，即多顺反子	一般只编码一个基因，即单顺反子

续 表

比较项目	原核生物	真核生物
转录起始	全酶结合启动子区到达转录起始位点，生成第一个磷酸二酯键后，标志起始完成	RNA 聚合酶依靠转录因子识别并结合起始序列，其中聚合酶结合在启动子上，进入转录延长阶段
转录酶	只有一种 RNA 聚合酶催化所有 RNA 的合成	有三种不同的 RNA 聚合酶催化 RNA 合成
与翻译的关系	转录与翻译可以同时进行	转录和翻译不能同时进行
成熟 RNA	不需剪切、拼接等加工	需要经过修饰、剪切、拼接等加工过程

10.4.3 真核生物、原核生物翻译的异同点

真核生物和原核生物的翻译过程有很多相同点，可概括为如下 5 点。①翻译过程都包括起始、延长、终止 3 个阶段，都需耗能。②都需要氨基酰-tRNA 聚合酶催化。③翻译起始复合物形成后，核糖体都是从 mRNA 的 5′端向 3′端移动，依据密码子顺序，从 N 端开始向 C 端合成多肽链。这是一个在核糖体上重复进行的进位、成肽和转位的循环过程，每完成一次，肽链上就增加一个氨基酸残基。④蛋白质翻译是一个循环进行的过程，每一个循环包括大、小亚基之间及其与 mRNA 的结合，先翻译 mRNA，然后各自分离。⑤氨基酸翻译完成后都需要进行加工。真核生物和原核生物翻译的异同点如表 10-4 所示。

表 10-4 真核生物和原核生物翻译的异同点

比较项目	原核生物	真核生物
编码蛋白	一条 mRNA 编码几种蛋白质（多顺反子）	一条 mRNA 编码一种蛋白质(单顺反子)
行进顺序	转录后很少加工；转录、翻译和 mRNA 的降解可同时进行	mRNA 在核内合成，加工后进入细胞质，再作为模板指导翻译
核蛋白体	30S 小亚基 +50S 大亚基→ 70S 核蛋白体	40S 小亚基 +60S 大亚基→ 80S 核蛋白体
转录与翻译的关系	蛋白质合成与 mRNA 转录生成耦联	蛋白质与 mRNA 转录生成不耦联

10.5 RNA 分子的复制

20 世纪 70 年代，科学家在 RNA 病毒中先后发现了 RNA 指导的 RNA 聚合酶（也叫作 RNA 复制酶）和 RNA 指导的 DNA 聚合酶（也叫作反转录酶）。科学家经过大量的研究发现，RNA 病毒的复制、表达与中心法则并不矛盾，而是对原有的中心法则进行了完善和补充。近年来，人类遭受多种 RNA 病毒的攻击，如 HIV 病毒、肠道病毒 EV71、埃博拉病毒 EBV、SARS 冠状病毒、新型冠状病毒 2019-nCoV 等，研究 RNA 病毒的复制和表达方式有助于人们对相关药物与疫苗进行研发，从而预防和控制这类病毒的感染。

10.5.1 RNA 病毒复制相关酶的发现史

1965 年，科学家在 RNA 病毒中发现了一种 RNA 复制酶，这种 RNA 复制酶能对 RNA 进行复制。1970 年，霍华德 · 马丁 · 特明（Howard Martin Temin）和雷纳托 · 杜尔贝科（Renato Dulbecco）及戴维 · 巴尔的摩（David Baltimore）分别从致癌 RNA 病毒中发现了逆转录酶，并于 1975 年获得诺贝尔生理学或医学奖。

逆转录酶是一种多功能酶，它兼有 3 种酶的活力：①以 RNA 为模板合成一条互补的 DNA 链，形成 RNA—DNA 杂种分子（RNA 指导的 DNA 聚合酶活力）；②以新合成的 DNA 链为模板合成另一条互补的 DNA 链，形成双链 DNA 分子（DNA 指导的 DNA 聚合酶活力）；③具有核糖核酸酶 H 的活力，专门水解 RNA—DNA 分子中的 RNA，可沿 3′→5′ 和 5′→3′ 两个方向起核酸外切酶的作用。

10.5.2　RNA 病毒复制的方式

根据病毒 RNA 和其 mRNA 的关系，巴尔的摩于 20 世纪 70 年代初将 RNA 病毒分为 4 类。根据病毒核酸的极性，将 RNA 病毒分为两组。其中，病毒 RNA 的碱基序列与 mRNA 完全相同者，称为正链 RNA 病毒。这种病毒 RNA 可直接起病毒 mRNA 的作用，附着到宿主细胞核糖体上，翻译出病毒蛋白。病毒 RNA 碱基序列与 mRNA 互补者，称为负链 RNA 病毒。负链 RNA 病毒的颗粒中含有依赖 RNA 的 RNA 聚合酶，可催化合成互补链，成为病毒 mRNA，翻译病毒蛋白。

单链 +RNA 病毒的 +RNA 可直接作为 mRNA 进行翻译，合成蛋白质。复制方式是以 +RNA 为模板，先复制成 -RNA，然后以 -RNA 为模板合成若干子代 +RNA，如脊髓灰质炎病毒、SARS 冠状病毒、新型冠状病毒 2019-nCoV 等。

单链 -RNA 病毒的 -RNA 不能起到 mRNA 的作用，需先合成互补的 mRNA，再用于翻译，产生病毒蛋白质。遗传物质复制时，是以 -RNA 为模板合成互补的 +RNA，再合成若干子代病毒 -RNA，如流感病毒、禽流感病毒、狂犬病毒、埃博拉病毒 EBV 等。

逆转录病毒首先以自身 RNA 为模板，经逆转录酶的催化，形成 RNA—DNA 杂交分子，然后以单链 DNA 为模板合成双链 DNA，将双链 DNA 整合到宿主细胞的 DNA 上，进而合成若干子代单链 RNA。其子代 RNA 和亲本均可充当 mRNA 翻译出各种病毒蛋白质，如 HIV 病毒、Rous 肉瘤病毒等。

双链 RNA 病毒以双链 RNA 为模板进行不对称转录，首先合成正链 RNA（+RNA），然后以 +RNA 为模板合成 -RNA，形成双链 RNA 分子，并以 +RNA 为模板翻译出病毒复制酶及其他蛋白质；蛋白质与子代双链 RNA 组装成新的病毒颗粒，如呼肠孤病毒。

1970 年，克里克在《自然》杂志上重申：遗传信息可以从 DNA 传递到 RNA，再从 RNA 传递到蛋白质，完成遗传信息的转录和翻译的过程；也可以从 DNA 传递到 DNA，完成遗传信息的复制过程。对于自然界来说，所有具有遗传物质的动物和植物，都遵守 1958 年克里克提出的“中心法则”。随着 RNA 病毒的发现，生物遗传信息的传递法则逐渐完善，对生命密码的解析也逐渐完善。

噬菌体是病毒中最为普遍和分布最广的群体，也是水体中最普遍的生物个体，1 mL 的海水中可含有约 2.5 亿个噬菌体，其数量在海洋中是细菌数量的十多倍。

关联扩展概念
基因表达载体 原核生物 病毒的专性寄生 噬菌体侵染细菌实验

11　噬菌体：细菌的天然控制因子

病毒学家柯蒂斯·萨特尔（Curtis Suttle）认为："有生命的地方就有病毒。它们是生物死亡的主要原因，是地球化学循环的动力，也是地球上遗传多样性最丰富的存在。"噬菌体可谓病毒中的病毒，其形体微小但威力巨大。

11.1　研究细菌时偶遇噬菌体

霍乱是一种古老又流行广泛的烈性传染病，霍乱弧菌是霍乱的病原体。1896 年，英国细菌学家欧内斯特·汉金（Ernest Hankin）在印度研究霍乱和疟疾，他发现恒河和拒马河中有某种物质能够杀灭细菌，可以治疗霍乱，但他的研究没有深入进行。

1915 年，英国医生弗雷德里克·陶尔德（Frederick Twort）进行实验，他想找到一种生产天花疫苗的简单快速的方法，温和的牛痘是天花病毒的近亲，因此成为疫苗首选。牛痘病毒只能从宿主（免疫过的人或牛）体内分离出。陶尔德在人工培养基中培养感染细菌，以此来生产牛痘病毒疫苗。他发现细菌污染了培养皿，细胞全军覆没——实验明显失败，但崩溃的陶尔德留意到一个特别现象：培养皿里出现了一些亮斑。他将这些亮斑放到显微镜下观察，发现里面是死亡的细菌。他从亮斑里取样接种到其他培养皿的同种菌落上，几个小时后，新培养皿里也出现了小亮斑，表明细菌同样死亡，即细菌被一种未知物质杀死。陶尔德又进行了对照实验，他将亮斑的取样接种到其他种类的细菌上，却未出现亮斑。由此他想到 3 种解释：一是这些细菌合成了特殊的酶，杀灭了自我；二是这属于细菌生命周期中的一个特性；三是这可能是一种能杀死细菌的病毒。遗憾的是，陶尔德的论文与观点并未引起学界的关注与反响，他的研究也因为资金缺乏和第一次世界大战而停滞。

1917 年，加拿大裔医生费利克斯·德赫雷尔（Félix d'Herelle）在部队当医生，负责护理感染痢疾（病原体是痢疾杆菌）的法国士兵，当时还没有发现能够抵御病原菌的抗生素。通过仔细检查患者粪便，德赫雷尔观察到了和陶尔德的论述相同的现象，他用极细的滤网过滤粪便，得到了澄清透明的液体，其中不含细菌。他把这些液体和痢疾杆菌混合，痢疾杆菌开始生长，但很快德赫雷尔医生就发现菌落上出现了一些透明的亮斑。从这些亮斑取样接种到新痢疾杆菌上，培养皿上再次出现亮斑。他确认自己发现了一种病毒，这些亮斑就是病毒剿灭的细菌尸体。德赫雷尔相信这个发现意义重大，他将其称为“细菌噬菌体（bacteriophage）”，简称“噬菌体”，这一词来自希腊语 phagein，含吞噬之意，后习惯简写为 phage。

1919 年，德赫雷尔意识到了噬菌体的杀菌能力，首次使用噬菌体治疗了一个患有严重痢疾的男孩，之后他在巴黎的一家医院中不断进行实验。稍后，他参与建立了一家商业实验室，生产了 5 个不同阶段的制剂，用来治疗不同的细菌感染。

但病毒感染细菌的想法听起来实在是太奇怪了，很多科学家都不能接受。

1919 年，法国免疫学家朱尔·博尔代（Jules Bordet）尝试把一种大肠杆菌菌株培养液倒到极细的滤网上，然后把滤过液和事先准备的另一些大肠杆菌混合在一起。不出所料，新的大肠杆菌死了。博尔代把滤过的液体和原来的这一批大肠杆菌混合起来，竟然发现这些大肠杆菌已经对滤液中的“杀手”产生防御免疫。博尔代认为，大肠杆菌没有死亡，是前一批大肠杆菌分泌了一种物质，这种物质对自己无毒性，却能毒死其他菌株。

因此，博尔代开始极力反对德赫雷尔的观点，二人之间的激烈论战持续多年，直到 20 世纪 40 年代电子显微镜发明后，科学家终于亲眼观察到极微小的病毒，证明了德赫雷尔的观点的正确性。噬菌体的发现，不仅强化了病毒的微生物概念，还开辟了病毒研究的新领域，对生物学基本问题研究产生了极其深远的影响。

11.2　噬菌体的种类

噬菌体结构微小，只有几十纳米，是细菌的百分之一或千分之一，只相当于人类头发直径的万分之一。噬菌体的化学成分主要是核酸和蛋白质，分别占 40% 和 60%，包被在噬菌体衣壳内的核酸有的是 DNA，有的是 RNA，呈线状或环状。DNA 噬菌体中多数是双链 DNA，仅少数是单链 DNA；RNA 噬菌体中多数是单链 RNA，少数是双链 RNA。

11.2.1　从形态结构分类

根据噬菌体的形态结构特点，可将其分为有尾噬菌体、无尾噬菌体和丝状噬菌体 3 种类型，目前观察到的大多数噬菌体是有尾噬菌体，约占 96%。

有尾噬菌体的核酸组成均为双链 DNA，其壳体结构差别较大，由头部和尾部组成，头部通常呈 20 面体对称，尾部呈螺旋对称。无尾噬菌体的核酸为环状单链 DNA 或线状单链 RNA。丝状噬菌体也称为杆状噬菌体，其核心部分由单链环状 DNA 构成。

噬菌体的模型图如图 11-1 所示。

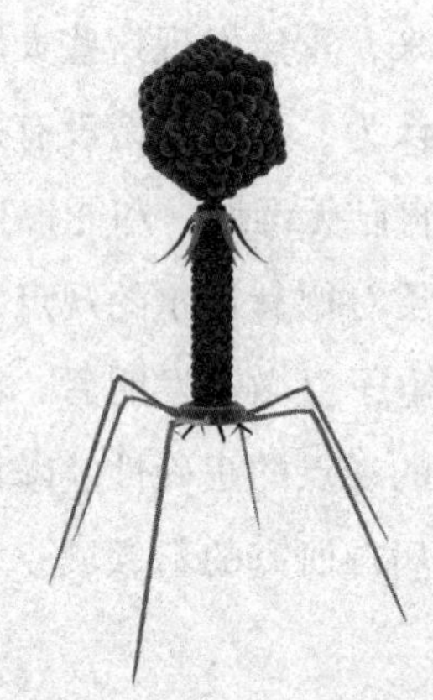

图 11-1　噬菌体的模型图

11.2.2　从寄主类型分类

噬菌体即原核生物病毒，包括噬细菌体、噬放线菌体和噬蓝细菌体等。也有人将噬菌体仅定义为“感染细菌的病毒”。其实，各种微生物都有病毒寄生。

11.2.2.1　细菌病毒

作为一种细菌病毒，噬菌体严格地专性寄生一种或几种细菌，通过溶菌杀死宿主。迄今为止，除了人们研究甚寡的细菌，现在已报道的细菌病毒已达数百种。噬菌体的寄主范围不会跨越细菌类群间的分类学界限。例如，伤寒菌的噬菌体不会在假单菌内增殖，小球菌的噬菌体不会在链球菌内增殖。这种界线不仅限制于“科”或“种”，就连“株”间也存在特异性。例如，武汉市武昌地区分离出来的痢疾菌病毒和长沙市所属地区的痢疾菌病毒不能交叉感染。

病毒也会感染线状的蓝绿藻，所有被研究过的蓝绿藻噬菌体均含有双链 DNA，有较大的基因组。对它们进行研究，是因为它们有抑制某些淡水湖内的蓝绿藻疯长而作为一种生物因子的潜在能力。

11.2.2.2　**放线菌病毒**

放线菌能被病毒所侵袭，株间的特异性也很明显。例如，病毒能感染产生链霉素的灰色放线菌，而不能感染不产生链霉素的放线菌。

科学家发现立克次体中也有病毒粒子，并且这种病毒粒子能使立克次体裂解。其实不仅原核细胞，真核细胞的真菌中也有病毒寄生。

11.2.2.3　**真菌病毒**

感染真菌的病毒非常普遍，迄今为止有报道的已超过 100 种，它们叫作真菌病毒，也被称为噬真菌体或噬酵母菌体。20 世纪 60 年代，科学家发现了酿酒酵母中的杀伤因子，它们可以使发酵时间大大延长，使酒出现异香，就是真菌病毒的作用。还有报道在下列真菌中已分离出病毒，而且对寄主都具致病作用：丝核菌、栗疫病菌、根前毛菌、燕麦孺孢菌、双孢蘑菇、小麦全蚀病菌、产黄青霉、玉米黑粉菌及啤酒酵母。现已发现的蘑菇病毒有 5 种，它们对蘑菇的商业生产造成了很大损失。

11.2.3　从寄生特点分类

根据噬菌体的寄生特点，可将其分为烈性噬菌体和温和性噬菌体。

T 系噬菌体（T_1 ～ T_7）都是烈性病毒品系，属于一类专门寄生在细菌体内的病毒，外貌一般呈蝌蚪状，头部含有双链 DNA 分子。英语字母 T 的意思是 type，即类型，奇数型的噬菌体和偶数型的噬菌体结构不同。T_1 和 T_3 都是 24 面体，具有短小的尾巴，T_2、T_4 和 T_6 都是 20 面体的头部，由蛋白质外壳以及复杂的基板、尾针和尾丝组成。科学家用 T 系噬菌体进行了各种侵染实验，确立了噬菌体遗传学的许多基本概念和规律，奠定了实验和理论基础。

温和性噬菌体如 λ 噬菌体和 P_1 噬菌体，λ 和 P_1 各代表一种略有不同的溶原性类型。P_1 噬菌体侵入后并不整合到细菌的 DNA 上，独立存在于细胞质内，λ 噬菌体通过交换整合到细菌 DNA 上。

11.3 噬菌体的增殖

噬菌体的增殖过程包括裂解循环和溶原循环，即包括溶菌周期和溶原周期这两个周期。

11.3.1 溶菌周期中的 DNA 是独立的

裂解循环时，噬菌体裸露的 DNA 直接导致子代噬菌体颗粒的复制和宿主菌的裂解，可以分为吸附—注入—合成—组装—释放 5 个步骤。首先，噬菌体通过尾丝吸附于菌体表面的特定位点，并感染特定的细菌；然后尾鞘收缩，并将头部的 DNA 通过中空的尾部注入菌体中；进而，噬菌体以自身 DNA 为模板复制，以细菌氨基酸为原料合成子代蛋白质，利用菌体自身的酶，在进入细菌后的很短时间内（有时仅为几分钟），病毒就能合成蛋白质；接着，这些病毒蛋白质有些在细菌细胞内组装成新的子代噬菌体，有些作为辅助蛋白帮助病毒体进行组装；最后，有些蛋白质在病毒产生的一些酶的作用下裂解细胞膜，它在宿主菌内增殖到一定数量后会使细菌裂解死亡，完成菌体细胞的裂解，释放子代噬菌体，再去侵染其他宿主。

一个病毒杀死宿主细胞，复制产生新的病毒的这个繁殖周期被称为溶菌周期。这个周期中的 DNA 是独立的。噬菌体的整个溶菌周期即感染过程非常迅速，T 系列的噬菌体都是烈性细菌，感染细菌使之裂解，T_4 噬菌体从注入病毒核酸到释放出超过 300 个新合成的子代，所需的时间仅为二十多分钟。

11.3.2　溶原周期中进行 DNA 的整合与重组

有时进入另一种循环的噬菌体核酸还可以与宿主菌的染色体整合，并随着细菌的繁殖而不断复制，这种循环既不产生新病毒颗粒也不造成宿主菌裂解，称为溶原循环。当温和噬菌体感染其宿主，将噬菌体基因带入寄生基因组时，后者获得新的性状的现象称为溶原转变。当寄生菌丧失该噬菌体时，所获得新性状亦消失。一个病毒从整合进细菌的基因组中，到脱离出来并开始病毒的繁殖的这个周期叫作溶原周期。

噬菌体在这个周期中的表现温和，处于“原噬菌体”阶段，并未进入病毒复制的裂解循环。噬菌体的基因组会随着细菌的生殖过程同时复制，就此将原噬菌体基因遗传给子代细菌。宿主的 RNA 聚合酶如同读取自己的基因一样读取病毒的基因，进而表达出其蛋白质，如果外源 DNA 来自噬菌体，则此过程称为噬菌体转化。但噬菌体依旧保持着裂解能力，如受到某些刺激可能会诱导其进入裂解循环。所以，噬菌体增殖过程的裂解循环和溶原循环可以交替进行。

11.3.3　噬菌体和细菌的微妙关系探讨

溶原周期中噬菌体和宿主的关系有些微妙，是否可以将两者完全定位为传统的“寄生”关系呢？

噬菌体发现者德赫雷尔说：“正是由于噬菌体的毒性和细菌的抗性之间达到了某种平衡状态，二者才能混合培养。此时的培养是一种真正的共生关系：寄生与抗感染相持平衡。”这是微生物学史上首次使用“共生”来解释病毒。他在书中特地做了一个脚注，将噬菌体与细菌之间的关系比作共生关系，类似于陆生植物的根与真菌之间的相互作用关系。德赫雷尔认为：“细菌和噬菌体的行为与兰花种子和真菌的行为完全相同。”

这份类比论述意味深长，虽然将两者的关系定位到互利共生并不恰当，但是此循环期两者不是严格残酷的“寄生”关系，是两者达到“平衡”状态。这是噬菌体与细菌的“生存智慧”，更是长期进化选择的智慧。

下面列举两个有关噬菌体和细菌的生存智慧的例子。

细菌防御噬菌体的主要方法是合成能够降解外来 DNA 的酶。这些酶称为限制性内切酶，它们能够剪切噬菌体注入细菌细胞的病毒 DNA。细菌还含有另一个防御系统，这一系统利用 CRISPR 序列来保留其过去曾经遇到过的病毒的基因组片段，从而使得它们能够通过 RNA 干扰的方式来阻断病毒的复制。这种遗传系统为细菌提供了一个类似于获得性免疫的机制来对抗病毒感染。

噬菌体 T_4 的 DNA 含有 5-羟甲基胞嘧啶，而不是胞嘧啶。通过噬菌体编码酶的作用，在它们被聚合为噬菌体基因组之前，胞嘧啶碱基被加上一个甲基，噬菌体编码的另一个酶来消化含有胞嘧啶而不是 HMC 的宿主 DNA。噬菌体 T_4 使用这些宿主的降解产物合成自身 DNA，通过胞嘧啶的甲基化，噬菌体 T_4 保护自己的 DNA 免于被用于消化宿主 DNA 的同一个酶所攻击。在噬菌体 DNA 复制以后，两个噬菌体酶把 HMC 碱基糖基化，从而保护噬菌体 DNA 免于被可攻击未修饰的 HMC 碱基的宿主限制性内切酶所消化。

11.4 噬菌体小组的贡献

11.4.1 噬菌体小组为分子遗传学的诞生奠定基础

1943 年，马克斯 · 德尔布吕克（Max Delbrück）和微生物学家萨尔瓦多 · 卢里亚（Salvador Luria）、生物学家艾尔弗雷德 · 德 · 赫尔希（Alfred Day Hershey）三人在美国纽约附近的冷泉港生物实验室组成了一个专门研究噬菌体的遗传学问题的小组。他们做了各种侵染实验，确立了噬菌体遗传学的许多基本概念和规律，为 20 世纪 50 年代分子遗传学的诞生奠定了实验和理论基础。而且，他们通过实验证实了德赫雷尔当初对噬菌体的生活史描述

（吸附—注入—合成—组装—释放）的设想。

在德尔布吕克的倡导下，噬菌体研究小组还通过了“噬菌体条约”，规范了噬菌体研究中的诸多事项，使各国的噬菌体研究能够高效研究和交流，形成了一个崭新的分子遗传学的信息学派。德尔布吕克作为这一学派的创始人，对现代遗传学的建立做出了重大贡献，被尊称为“噬菌体教皇”，并于1969 年获诺贝尔生理学或医学奖。

11.4.2 噬菌体侵染细菌实验探明遗传物质

在 1944 年艾弗里肺炎链球菌体外转化实验证明 DNA 是遗传物质的基础上，赫尔希及其助手蔡斯（Chase）等于 1952 年利用 T_2 噬菌体侵染实验证明了遗传物质是 DNA，但并没有证明遗传物质不是蛋白质。

赫尔希和蔡斯利用同位素标记法，分别标记 DNA 和蛋白质，两种生命大分子恰好是科学家争议遗传物质的聚焦点，仅蛋白质分子中含有 S 元素，P 元素几乎都存在于 DNA 分子中。利用这点化学组成的细微差别，他们用两种不同的放射性同位素 ^{32}P 和 ^{35}S 分别标记了噬菌体的 DNA 和蛋白质。当这种病毒入侵细菌增殖时，遗传因子就会进入它们后代的体内。可以推测，如果病毒后代带有 ^{32}P 的放射信号，那么 DNA 就更像遗传物质；反之，如果病毒颗粒带有 ^{35}S 的放射信号，那么蛋白质才更像遗传物质。赫尔希和蔡斯的实验结果表明，至少 80% 的病毒中的硫标记着噬菌体蛋白质留在感染细胞外面，将它们除掉不会改变感染的过程；大部分 ^{32}P 却与感染细菌紧紧地连在一起，可能渗入感染细胞（图 11–2）。从感染的结果而嗣生的噬菌体的后代中可回收到大量的放射性磷，而原用于感染的噬菌体的硫只有极少量（不到 1%）出现在其后代中。病毒后代体内 ^{32}P 的放射性要显著地超过 ^{35}S 的放射性。基于此，他们得到了以下结论：处于静止状态的噬菌体颗粒的含硫蛋白只是一种保护性外壳，它可用作向细胞注入噬菌体 DNA 的工具。这种蛋白质对细胞内噬菌体的生长并无作用，而对 DNA 具有某种功能。

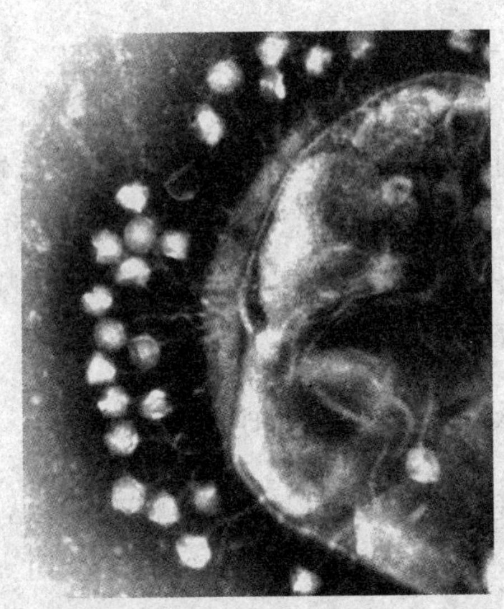

图 11-2　噬菌体贴在宿主细胞大肠杆菌表面

（引自 courtesy of Graham Colm）

相比蛋白质，DNA 才更具备在病毒亲子代间传递遗传信息的分子。两人所设计的噬菌体侵染细菌实验思路清晰，探究指向聚焦重点，直达核心，从此确认 DNA 就是那万般生命所传承不息的遗传物质，是多年来人们苦苦寻觅的那个基因！

最初，人们对噬菌体作为抗菌剂的研究充满热情，到 1928 年抗生素发现以后，此热情逐渐减退。到了 20 世纪 90 年代，随着耐药菌的出现，人们又重新聚焦对噬菌体的研究。

11.5　噬菌体的应用

如前所述，噬菌体在人们确定 DNA 是遗传物质的过程中扮演了非常重要的角色。

11.5.1　作为分子生物学研究的试验工具

噬菌体是遗传调控、复制、转录与翻译等方面的分子生物学基础研究的重要材料，也是基因工程的良好实验工具。遗传学中的转导作用就是以噬菌体为媒介，在两株细菌间传递遗传物质。T_4噬菌体可感染大肠杆菌，比较容易培养，是科学实验室中使用较广泛的模型生物之一，这种小病毒改变了全世界科学研究和基础科学的进程。1961 年，马默（Marmur）发现 DNA 分子两条链中只有一条具有转录功能，另一条无转录功能，基因不一定位于哪条链上，这个基因的有义链可能是另一个基因的反义链，进而提出“模板链或反义链”“编码链或有义链”的概念。人们对噬菌体的研究自 20 世纪中叶以来就不断加强，并基于此发现了分子生物学的许多基本原理以及这些病原体的进化特点。

11.5.2　用于基因工程的载体

在基因工程中，噬菌体可作为载体。例如，λ 噬菌体是一种温和噬菌体，将野生型的噬菌体的基因组 DNA 上多个限制性酶切位点中的多余位点消除后，才便于构建基因表达载体。

11.5.3　用于疫苗抗原的鉴定

噬菌体结构简单，在基因工程中噬菌体展示技术可用于筛选抗原表位。噬菌体展示技术的基本原理是将外源蛋白的基因克隆到噬菌体的基因组 DNA 中，从而在噬菌体的表面表达特定的外源蛋白。

11.5.4　用于对抗细菌感染的新方案

随着传统的抗生素的滥用，被选择的细菌不断进化，导致耐药性明显加强，而作为新抗菌制剂的噬菌体可谓细菌的天然控制因子，在细菌性感染的治疗方面具有抗生素难以比拟的优势。噬菌体的寄生具有严格的特异性，可以杀灭特定种类的细菌，这是一种有潜力的替代治疗路径。因此，在医学领域中，噬菌体已经被广泛应用于对抗细菌感染。噬菌体还可拓展到治理环境污染领域，选择性地杀灭清除水中的某些致病细菌，去除重金属等特定的有害污染物。

11.5.5 用于细菌的鉴定和分型

食品和环境中存在许多致病菌。研究表明，噬菌体在临床诊断和检测控制食品安全方面有着广泛的应用。这是因为噬菌体有高度选择性的宿主特异性，只寄居在易感宿主菌体内，所以可以利用噬菌体进行细菌的流行病学鉴定和分离，对环境中的致病菌、腐败菌进行检测和分型，以追查传染源。例如，可利用噬菌体对沙门菌、大肠杆菌和伤寒菌等进行分型。

病毒学发展史中有关噬菌体的关键成就如表 11-1 所示。

表 11-1 病毒学发展史中有关噬菌体的关键成就

年代	有关成就
1915 年	提出“病毒入侵细菌”推想，原因未做探究
1917 年	发现噬菌体，提出新概念
1934 年	十分纯的噬菌体的分离
1940 年	噬菌体复制周期的阐明
1950 年	溶原性噬菌体诱导的证实
1952 年	证明噬菌体 DNA 有感染性，即 DNA 是遗传物质
1952 年	溶原性噬菌体的发现
1962 年	RNA 噬菌体的体外转译的证实
1965 年	噬菌体（Qβ）RNA 在试管中复制的证实
1967 年	噬菌体 DNA 在试管中的复制的报道
1974 年	用限制性内切酶进行噬菌体 DNA 的研究
1976 年	RNA 噬菌体（MS2）的核糖核苷酸的排列顺序的证实
1977 年	人类解密第一个物种：单链 DNA 噬菌体的脱氧核糖核苷酸的序列（基因组共 5 400 个碱基），桑格因基因组测序贡献二度荣获诺贝尔奖
2018 年	诺贝尔奖授予“研究缩氨酸和抗体的噬菌体展示技术”

癌症自古在中国典籍中就有记述。在《周礼》中，癌症被记载为“肿疡”（韩日现在仍用此词）；宋代则称其为“嵒”（音 yán，古指“山岩、山崖”），“捻之如山岩，故名之”；“癌”字则是到明朝才开始使用。希波克拉底（Hippocrate）用“crab”（蟹）来称胃和子宫的肿瘤，19 世纪末，西方从这个拉丁词发展出“cancer”一词。癌病毒发现和癌基因概念的建立是肿瘤生物学和病毒学发展史中的一场伟大革命，对中心法则的拓展具有很大意义。

系列关联概念
中心法则 病毒癌基因 原癌基因和抑癌基因 细胞增殖和基因突变

12 癌病毒的发现与癌基因概念的建立历程

“科学创造如同艺术创造一样，都不可能通过精心组织而产生。”——1962 年诺贝尔化学奖得主马克斯·佩鲁茨（Max Perutz）感言；“同人类争夺地球统治权的唯一竞争者就是病毒。”——1958 年诺贝尔生理学或医学奖得主乔舒亚·莱德伯格（Joshua Lederberg）如是说。这两句话也许能作为癌病毒发现和癌基因概念建立历程中的智者感悟。这里的传奇故事，还要从劳斯肉瘤病毒说起。

12.1　一只鸡的出现，给致癌病毒概念以报晓曙光

20 世纪 30 年代，病毒概念建立后，科学家对此领域的研究更加深入。了解对病毒的认知拓展历程，需要从弗朗西斯·佩顿·劳斯（Francis Peyton Rous）说起。

劳斯于 1879 年 10 月 5 日生于美国，1900 年在约翰斯·霍普金斯大学获学士学位后进入该校医学院学习，毕业后任职于洛克菲勒研究所，任内科医生并从事医学研究。

1908 年，丹麦科学家威廉·艾勒曼（Vihelm Ellerman）和奥卢福·邦（Oluf Bang）发现，把患白血病的鸡的血液注射到一只健康鸡的体内，后者就会患白血病，这说明白血病可经血液中的某物质传染。但是，当时学界认为白血病只是白细胞增生，并非恶性肿瘤，又因是鸟类而非哺乳类动物实验，该发现并未引起重视。

1909 年，研究癌症的劳斯刚任职不久，一位长岛的农场主送来一只左胸长有巨大肉瘤的母鸡，这是一个珍贵的品种——普利茅斯洛克种鸡，他希望劳斯能帮助治愈。劳斯对接手的鸡进行了一系列经典的实验。他把肿瘤细胞从一只鸡注射到另一只鸡体内，发现癌症也随之传给后者，第一次证明动物的癌症可以传染。他又把鸡的肿瘤制备成无细胞提取液，用此滤液给几只健康的鸡重复注射，引起相同的肉瘤，证明了传播癌症的不是细胞，而是能通过滤网的极微颗粒。他还证明来源于该母鸡血管、骨或软骨等其他组织上的肿瘤也可以由无细胞滤液传播，他又进一步从滤液中分离出能引起肉瘤的“因子”。最终，他断定这些致癌因子是一种病毒。1911 年 1 月 21 日，劳斯发表了一份报告，在生命科学史上首次提出：癌性肿瘤是病毒所致。这种病毒因由劳斯发现，故

被命名为劳斯肉瘤病毒（Rous sarcoma virus, RSV）。

继劳斯的发现后，许多研究者又在小鼠和大鼠体内做了类似研究，但事与愿违，他们没有发现肿瘤的传染，劳斯自己也做了实验，同样以失败告终。

1932年，劳斯的同事理查德·肖普（Richard Shope）发现一种野生棉尾兔的皮肤肿瘤（乳头状瘤）可借助无细胞滤液传播（他也提出了流感的病原体不是流感杆菌而是一种病毒）。劳斯对此线索倍加关注，不久后他发现，这些肿瘤在接触了少量化学致病因子后会发生癌变。也就是说，正常细胞的癌变过程不是突变过程，而是经历若干步骤的缓慢渐变历程，他称之为“肿瘤进展”；在这一过程的初始阶段，原初的癌细胞处于“休眠状态”，当被病毒、化学因子或激素激发后，它们才畸变为脱缰失控的增殖方式。

年轻的劳斯构建的“病毒致癌理论”，否定了“体细胞突变学说”，也否定了“微生物传染致癌”推理。但是，这一天才般的创见，并未引起科学界重视，而是备受冷落。人们认为劳斯肉瘤病仅是鸟类疾病，而病毒致癌理论只适用于例外，对于了解哺乳动物肿瘤的成因并没有用处。1926年的诺贝尔奖甚至颁发给了提出“寄生虫致癌”理论的约翰尼斯·菲比格（Johannes Fibiger），这成了诺贝尔奖历史上的乌龙与笑谈。19世纪40年代，一位科学家发现了一种能引起乳腺肿瘤的病毒，他特地表述为“乳因子”，隐藏了病毒概念。若干年后有人问其原因，他竟说是为了避免在申请拨款时称病毒而被低估价值。

第二次世界大战期间，波兰科学家路德维希·格罗斯（Ludwig Gross）来到美国深入研究病毒致癌现象，他从小鼠白血病细胞中分离出一种病毒，注入正常小鼠体内后引起了白血病，由此确认病毒可以引起癌症。第二次世界大战之后，电子显微镜的应用使科学家不断确认哺乳动物中存在恶性肿瘤病毒。20世纪60年代，在雷纳托·杜尔贝科（Renato Dulbecco）实验室，博士后哈瑞·鲁宾（Harry Rubin）发现向培养中的鸡胚胎成纤维细胞培养皿中加入RSV时，被感染细胞不仅存活了下来，并且稳定地产生了子代病毒颗粒，呈现出许多与癌细胞相似的特征。这种体外实验强有力地证明了“病毒致癌”理论。体外培养实验表明，病毒在试管内与健康细胞短时间接触后即可使后者转变为肿瘤细胞；后来证明，鸡的 RSV 在某些条件下也可以引起许多哺乳动物癌变。

1965 年，加州大学伯克利分校的彼得·杜斯伯格（Peter Duesberg）和威廉·罗宾逊（William Robinson）从 RSV 中分离出完整 RNA。1966 年，迟到的诺贝尔生理学或医学奖终于授予了勤奋高寿的劳斯，而这时距离他发现成果已过了漫长的 55 年。但是劳斯一直积极研究，据说直到过 90 岁生日时，他依然在工作。获得诺贝尔奖后的第 4 年，劳斯去世。

值得一提的是，劳斯与妻子 1915 年结婚，他们的大女儿玛尼·劳斯（Marni Rous）后来嫁给了艾伦·霍奇金（Alan Hodgkin），霍奇金因对神经细胞电兴奋的开创性研究、发现神经冲动的化学传递过程获得 1963 年诺贝尔生理学或医学奖，比岳父劳斯早了 3 年。

而在劳斯获奖之前和之后的几十年，科学家发现了多种肿瘤病毒与癌症的相关性（表 12-1）。现在已知约 200 种肿瘤病毒，有 DNA 病毒，也有 RNA 病毒，15% ～ 20% 的癌症是由病毒感染而引起的。

表 12-1　多种肿瘤病毒与癌症的相关性

病毒名称	核酸	实验与发现	癌变效应与获奖
类疱疹病毒 EBV	DNA	1965 年，安东尼·爱泼斯坦（Anthony Epstein）和伊冯娜·巴尔（Yvonne Barr）发现第一个人类肿瘤（伯基特淋巴瘤）病毒，这也是最早发现的一组特定染色体易位的相关人体肿瘤	与鼻咽癌、胃癌、霍奇金病有关
乙肝病毒 HBV	DNA	1965 年，巴鲁克·布隆伯格（Baruch Blumberg）从一名血清肝炎患者血液中分离出嗜肝性 DNA 病毒，即乙肝病毒 HBV 的表面抗原	致肝细胞癌，布隆伯格获 1976 年诺贝尔奖
人乳头状瘤病毒 HPV	DNA	1972 年，哈拉尔德·豪森（Harald Hausen）实验发现疣状乳头状瘤无细胞提取物能诱导皮肤癌发生，提示 HPV 感染可能与肿瘤发生有关。后发现 130 多种亚型	与皮肤癌、宫颈癌有关，豪森于 2008 年获诺贝尔奖

续 表

病毒名称	核酸	实验与发现	癌变效应与获奖
人T细胞白血病病毒HTLV-1	RNA	1980年，罗伯特·盖洛（Robert Gallo）等在人T细胞淋巴瘤细胞中分离出一种逆转录病毒，与1976年，弥由石（Miyoshi）等在日本成年人中发现的一种变异T细胞白血病病毒为同种病毒	T细胞白血病
丙型肝炎病毒HCV	RNA	1989年，迈克尔·侯顿（Michael Houghton）等鉴定出一种有包膜肝炎病毒（非甲非乙型），即丙型肝炎病毒，并在同年发现HCV与肝癌及慢性肝疾病的关系	可致肝癌，获2020年诺贝尔奖
卡波西肉瘤病毒KSHV	DNA	1994年，张远和帕特里克·摩尔（Patrick Moore）夫妻从卡波西肉瘤（KS）中克隆出两段人疱疹病毒（HHV）同源片段，首次描述KS为多发性色素性肉瘤	促使内皮细胞恶性转化，获2017年引文桂冠奖

12.2　逆转录过程的发现，修正了中心法则的概念

RSV的研究为第一个致癌基因与分子机制的发现奠定了基础。20世纪50年代末，癌病毒研究成了一个极具前景与想象力的研究领域，吸引了很多主流科学家投入其中；到了20世纪60年代初，病毒致癌研究已成学界热潮，医学界都自信满满，尤其美国国家癌症研究所雄心勃勃地提出了“病毒癌计划”，获得了国家巨额拨款。

霍华德·马丁·特明（Howard Martin Temin）在加州理工学院时，听从来访的沃森詹姆斯·杜威·沃森（James Dewey Watson）建议而师从杜尔贝科。特明初始研究就聚焦到劳斯肉瘤病毒，他发现劳斯肉瘤病毒有不同的亚型，每种亚型的RSV都可以使正常细胞发生转化（通过病毒诱导，正常细

胞转化为肿瘤细胞的现象），并具有稳定的肿瘤细胞性状；而且，不同亚型RSV转化的癌细胞的性状各有其特异性。

特明的推理是，劳斯肉瘤病毒诱导转化细胞癌变时，将自己的遗传信息传递给了正常细胞。不同亚型的RSV遗传信息各异，转化的肿瘤细胞性状就各有差异，也就是说，RNA病毒的遗传信息能够引起转化，逆转成了DNA，再整合到细胞统一的基因组中——这是转录的逆向过程。这不遵循当时流行的著名的中心法则，那是弗朗西斯·克里克（Francis Crick）考查了很多生物的遗传信息流动路径后，提出的遗传信息必经的标志性“单行大道”——DNA将遗传信息转录到mRNA，mRNA再经翻译指导合成蛋白质。中心法则以其极简洁的概括和优美的形式，统一了动植物及细菌真菌等遗传信息的流动规则，一致被认为生物学领域里程碑式的概念建构。在很长时间内，中心法则引领着分子生物学的研究思路，克里克也差点因此再夺诺贝尔奖。面对着这个制衡整个生物圈的“无上真理”，人们不禁要问：遗传信息可以从RNA反方向传到DNA吗？如果有，必然存在着一种相应的以RNA为模板的特殊DNA聚合酶，但是这种酶未现真身。

1960年，为了静心研究，特明把实验室搬到寒冷偏远的威斯康星州。1963年，特明用放线菌D阻止转录，病毒的复制就停摆，而已经转化的细胞则继续制造病毒，这就表明该病毒的增殖方式与转录过程有关。1964年，特明又发现，病毒感染细胞的DNA与病毒RNA互补，未感染细胞则无此现象。这是逆转录过程的极佳佐证，但他的成果却被很多人质疑。特明提出：在RSV感染宿主细胞后，RNA合成了DNA形态的病毒（称为前病毒），DNA的中间物含有RNA基因组的全部信息，可以合成子代病毒，这就是“前病毒假说”。此假说解释了RNA病毒因何引起细胞癌变，解释了长久难解的RSV如何整合到寄主染色体中的现象。

接下来的问题就是逆向转录的酶在哪里，在此后的10年中，特明坚持用实验证明自己的理论。

1969年，特明按他的设计思路与助手一道寻找证据。他们将A、G、C、T这4种脱氧核苷酸（DNA合成所需原料）与破坏了外壳的RSV一起给予适宜温度，获得的生成物未能被 RNA 酶水解，可被 DNA 酶水解；如果用 RNA 酶预先破坏 RSV 的 RNA，再重复上述实验，则不能获得这种大分子，证明这种大分子是 DNA。这个实验简洁而巧妙地证明：DNA 是以 RSV 的 RNA 为模板合成，RSV 中存在着“逆转录酶”。

1970 年 5 月 27 日，实验新结论被发现的几周后，特明在第十届国际肿瘤会议上呈交了自己的成果，并做了演讲。有位研究员回忆道：“听众忽然意识到低调的特明不仅仅是在讨论病毒，而是在废除一项基本法则，听众开始鼓噪不安……直到特明讲解过半时，全场肃然起敬，鸦雀无声。”第二天清晨，特明的实验室被电话留言淹没，其中也包括麻省理工学院微生物学家戴维·巴尔的摩（David Baltimore）的来电。因为与此同时，巴尔的摩由小白鼠白血病病毒独立地证明了逆转录酶的存在。

1970 年夏，特明和巴尔的摩的研究成果论文在同一期《自然》杂志上背靠背刊出。1975 年，特明、巴尔的摩和杜尔贝科一起获得诺贝尔生理学或医学奖。那年特明 36 岁，巴尔的摩 32 岁。

其实，当年中国生物学家童第周在用核酸诱导产生单尾鳍金鱼的实验中，也发现了真核细胞中存在着逆转录现象。凭着这一发现，他本可问鼎诺贝尔奖，但由于种种历史原因，童第周与之擦肩而过。

逆转录过程的发现，补充修正了中心法则，不仅是对传统理论的重大突破，还对于癌症的深度研究与技术推广具有革命性意义。后来发现，逆转录酶不仅存在于某些病毒中，还存在于哺乳动物的胚胎细胞和正在分裂的淋巴细胞中。

12.3 寻找致病根源癌基因，据此创建癌基因理论

但是，特明也无法解释病毒的致癌原因。20 世纪 70 年代，病毒学家彼得·沃格特（Peter Vogt）和彼得·迪斯伯格（Peter Duesberg）等由培养的 RSV 突变体发现，缺乏基因 *scr* 的病毒既不会诱导细胞增殖，也不会引发转录，它对病毒本身的增殖并非必需，继而发现了 RSV 的致癌能力来源于一个基因 *src*，这一基因被称为“病毒癌基因（viral oncogene）”。

20 世纪 70 年代，雷蒙德·埃里克森（Raymond Erikson）发现，*src* 是一种非同寻常的基因，它编码的蛋白质产物“酪氨酸激酶”能使酪氨酸磷酸化，导致蛋白质构型和功能改变，就如同分子总开关，激活了蛋白质的功能后，链式反应般地不断打开下一种激酶，直到许多分子开关被大量开启，极富推进力地使细胞转入分裂状态，其作用强大且极度活跃，最后加速诱导了有丝分裂，使正常细胞发生癌变。

美国加州大学的病毒学家迈克尔·毕晓普（Michael Bishop）和哈罗德·瓦慕斯（Harold Varmus）一见如故，沿着揭示 RSV 对正常细胞的致癌机理这条路，将 *src* 基因的进化起源作为二人共同的研究方向。1974 年，经过数年寻找，他们从鸡的正常细胞中发现了与 *scr* 同源性很强的基因。后来该基因又在一只鸸鹋中被发现，不久又证明鼠、兔、牛、羊和鱼类体内也含 *scr* 基因，人细胞中也存在该基因。目标逐渐明晰，他们实验发现，脊椎动物细胞中几乎都存在 *src* 基因——它并非起源于病毒，它本就属于动物染色体上的正常基因。*scr* 的表达产物不具致癌能力，它是病毒增殖时从宿主细胞中“劫持”、经重组成为病毒基因组的一部分。因为病毒癌基因发生了显著突变而具有了促使细胞癌变的能力，因此产生了“致癌病毒”。20 世纪

70年代末和80年代初，毕晓普和瓦慕斯又用基因工程方法，直接分离出致癌基因并分离出*src*编码的这种酪氨酸激酶，由此解释RSV引发鸡的肿瘤，是因为*src*进入细胞，编码出这类“激酶”，启动了细胞过度分裂的信号。

毕晓普和瓦穆斯发现了原癌基因（细胞癌基因），创立了癌症发生的癌基因理论。1989年，因发现逆转录病毒致癌基因的细胞起源，二人荣获诺贝尔生理学或医学奖。根据二人的发现，研究者识别出了许多细胞基因，它们通常控制生长发育，但也可以产生突变，导致癌症。

现在将这种正常存在于动物中的基因称为“原癌基因”，它与细胞调控有关。原癌基因编码激酶、生长因子及受体细胞周期调控蛋白等多种蛋白，刺激细胞生长及分裂。细胞中还存在一种“抑癌基因”，它编码的蛋白质能抑制细胞分裂，阻止细胞癌变失控。原癌基因突变后，异常DNA进入正常细胞的染色体，改变其活性，可能导致细胞增殖失控；而抑癌基因突变可能打开控制细胞生长的闸门，两种基因中任何一类发生突变都可能致癌。在细胞周期中，基因损坏的DNA一般会被修复或分解，这种机制如果失效，突变就会累积，受损基因被传递给子细胞，就有了癌变风险。

生物体间的差异性，取决于各自基因的碱基序列（即遗传信息）的不同，因此遗传信息可谓生物体内的第一道编码遗传的密钥。而相同的遗传信息的表达出现差异，是源于基因序列上有某些修饰或开关，这就是表观遗传。

系列关联概念
基因的表达 经典遗传学 基因组印记 基因突变 遗传调控机制

13　表观遗传：第二道基因表达的密钥

随着生命科学研究的不断发展，很多生命现象已经无法用经典遗传学来解释。表观遗传可以解释许多与经典孟德尔定律不相符的生命现象，由此表观遗传学也成为一个与时俱进的新概念。

13.1　表观遗传学的发展历史

1958 年，沃丁顿（Waddington）首先使用表观遗传学（epigenetics）这一名词。同年，南尼（Nanney）用表观遗传学解释了为何具有相同基因型的细胞可以有不同的表型，且这一现象可以持续许多代。1998 年，欧盟启动“表观基因组学计划”和“基因组的表观遗传可塑性”研究计划。2001 年，国际著名学术期刊《自然》杂志专门开设一期来讨论表观遗传学。德国于 2012 年启动人类表观遗传学研究计划（DEP），其发展目标是标记测量健康细胞和疾病细胞的表观遗传基因开关。我国科技部也于 2005 年启动了“肿瘤和神经系统疾病的表观遗传机制”的“973”重大专项研究。随着人们对真核基因表达调控分子机制研究的深入，表观遗传学的定义不断更新。目前，学界对表观遗传内容的概述为生物体基因的碱基序列保持不变，但基因表达和表型发生可遗传变化的现象。

13.2　表观遗传学的调控机制

表观遗传学认为，生物体内发生的 DNA 甲基化、组蛋白修饰、非编码 RNA 修饰、X 染色体失活、基因印记、染色体重塑等修饰对基因表达有调控作用。这些修饰可以通过细胞分裂、生殖传递等方式在母代与子代间进行传递。目前，表观遗传学的重点研究领域有 DNA 甲基化、组蛋白修饰、X 染色体失活、基因组印记等。

13.2.1　DNA 甲基化

DNA 甲基化是最早被鉴定出来的表观遗传学修饰。DNA 序列上特定的碱基在 DNA 甲基转移酶（DNMT）的催化作用下，以 S–腺苷甲硫氨酸（SAM）为甲基供体，通过共价结合的方式获得一个甲基基团的化学修饰过程。最常见能够被甲基化的碱基是胞嘧啶（C），在 SAM 提供甲基的情况下与 DNMT（DNA 甲基转移酶）的作用下，甲基从 SAM 转移到胞嘧啶的 5 位上，成了 5–甲基胞嘧啶，如图 13–1 所示。

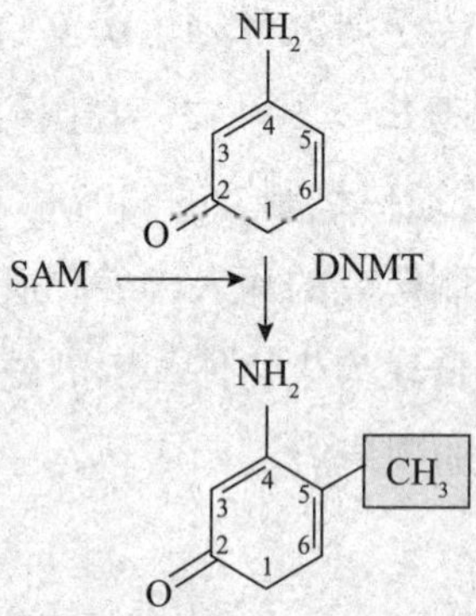

图 13-1 DNA 甲基化的过程

依据实验的结果，科学家曾提出过一种模型来解释 DNA 甲基化的作用机制。当启动子区域未被甲基化时，与转录相关的蛋白质（如 RNA 聚合酶）结合到启动子上，基因可以进行正常的转录和翻译，进而实现对性状的控制，完成表达过程。当启动子区域的甲基化程度较高时，基因则处于“关闭”状态，即与转录相关的蛋白质无法结合到启动子上，基因不能完成正常的转录。

13.2.2 组蛋白修饰

在真核细胞中，核 DNA 会与组蛋白结合成核小体，核小体是染色体的基本单位，基因转录需要解开组蛋白和 DNA 的结合，所以对组蛋白的修饰可以影响基因的表达。组蛋白修饰包括乙酰化、甲基化、磷酸化以及泛素化，不同的修饰对基因的活性产生不同的影响，如表 13-1 所示。

表 13-1 不同修饰类型组合可以产生不同的生物学效应

组蛋白修饰类型	对转录的作用	组蛋白修饰位点
乙酰化	激活	H3、H4、H2A、H2B
甲基化	激活	H3
	抑制	H3、H4

续　表

组蛋白修饰类型	对转录的作用	组蛋白修饰位点
磷酸化	激活	H3
	抑制	H2A
泛素化	激活	H2B
	抑制	H2A

13.2.3　X 染色体失活

X 染色体失活假说由英国遗传学家玛莉·里昂（Mary Lyon）提出，指表观遗传学中由 RNA 引导的 DNA 甲基化和组蛋白修饰共同参与的一个复杂的过程。哺乳动物的雌性个体在胚胎发育的早期，仅有随机的一条 X 染色体有活性，而失活的 X 染色体是由自身的一个失活中心调控。在雌性哺乳动物中，两条 X 染色体有一个是失活的，称为 X 染色体的剂量补偿。现以三色猫为例，简要说明 X 染色体失活在毛色建成中的作用。三色猫的毛色有黄色、棕色、白色 3 种，受到位于 X 染色体上一对等位基因 X^A（黄色）与 X^a（棕色）的控制，同时受常染色体上的白化基因影响。在杂合雌性个体（X^AX^a）的发育过程中，由于 X 染色体的随机失活，一个细胞要么只表达 A 基因，要么只表达 a 基因，同时由于白化基因的作用，猫的毛色呈现黄、棕、白三色相间的花斑状态。

13.2.4　基因组印记

经典遗传学认为，来自父系及母系的等位基因表达机会均等，但随着对遗传学研究的深入，人们发现了一种不遵循孟德尔定律的基因印记现象。在形成配子或受精形成合子的发生期间，来自父本（母本）的等位基因或染色体在发育过程中发生了甲基化等专一性的加工修饰，导致后代体细胞中仅父本来源的同源基因表达，而来自母本的同源基因不表达（沉默），或者只母本来源的同源基因表达，父本来源的同源基因不表达，这一现象称为遗传印记或配子印记。它是一种伴有基因组改变的非孟德尔遗传形式，可遗传给子代细胞，但并不包括 DNA 序列的改变。例如，马骡是公驴与母马杂交的后代，体大、耳小而尾部蓬松；驴骡是公马与母驴杂交的后代，体小、耳大而尾毛较少。其原因是来自父本和母本的等位基因传递给子代时发生了某种修饰，使子代只表现出父方或母方的一种基因。

13.3　表观遗传学的基本特征

（1）DNA 序列不变。表观遗传学不涉及细胞核中 DNA 序列即遗传物质的变化，只是通过对 DNA 和蛋白质进行修饰或利用非编码 RNA 或影响染色质的结构来调控基因的功能。

（2）具有可遗传性。基因组的遗传信息可以通过有丝分裂和减数分裂遗传给子代细胞或子代个体。哺乳动物某些基因的 DNA 甲基化标记在减数分裂过程中没有完全被清除，从而使之能传递给子代。另外，某些基因是通过非依赖复制的方式来继续保持其在子代中原有的状态。

（3）具有可逆性。DNA 的甲基化修饰可以通过去甲基化酶的作用去除，同样，其他的修饰也具有类似的可逆机制。因此，表观遗传的修饰是可逆的，这一点对人类相关疾病的防治研究具有十分重要的意义。

（4）受环境因素影响。一些环境因素可以通过改变生物的遗传物质来改变遗传信息，从而影响细胞和个体的表现型。同样，很多环境因素也可以引起表观遗传信息的改变，如饮食习惯、压力因素、吸烟等会改变表观基因组（特别是 DNA 甲基化）。

13.4　表观遗传学的经典案例

一个蜂群中，蜂王和工蜂都是由受精卵发育而来的，但它们在形态、结构、生理和行为等方面截然不同，表观遗传也在其中发挥了重要作用。蜂王和工蜂的差别极大：蜂王有旺盛的生育力，产卵是它唯一的工作，它一天能产几千个卵，而工蜂却丧失了生育力；蜂王能活几年，而工蜂只能活几个月。所有蜜蜂幼虫一开始吃的都是蜂王浆。3 d 以后，大部分雌幼虫改吃蜂蜜和花粉，它们发育成工蜂，个别的雌幼虫继续吃蜂王浆，它们发育成蜂王。同一只雌蜜蜂如果按蜂王来喂，就成为蜂王，否则就成为工蜂。为什么蜂王和工蜂有着相同的基因，结局却如此不同呢？最近的研究表明，这和"DNA 甲基化"有关。基因是有遗传效应的 DNA 片段，如果它的某个地方被加上一个甲基（叫作甲基化），这个基因的功能就被抑制住了。对蜂王和工蜂的大脑细胞中的基因进行比较，发现有近 600 个基因在工蜂中被甲基化了，而在蜂王中没有。DNA 的甲基化是由一种酶来控制的，如果让蜜蜂幼虫中的这种酶失去作用，蜜蜂幼虫就发育成了蜂王，和喂其蜂王浆的效果是一样的。由此可知，蜂王浆的作用就是让控制 DNA 甲基化的酶不起作用。

依据经典遗传学的观点，同卵双生的孪生子具有完全相同的基因组，如果他们的生活环境也完全相同，那么他们应该在性格或体质方面非常相似，但一些相关的研究表明他们在性格、脾气、体质、健康等各个方面都存在较大差异。科学家发现，DNA 序列不变情况下的基因组修饰变化既可以影响个体的发育，也可以遗传下去，这类"表观遗传修饰"被认为是导致遗传物质一致的同卵双生子出现个体差异的主要原因。例如，一对同卵双胞胎一个正常，另一个患有乳腺癌。通过 DNA 测序，这对同卵双胞胎的 DNA 序列一样。

研究人员将研究聚焦在一个抑癌基因 BRCA1 基因上，发现这对同卵双胞胎的 BRCA1 基因序列虽然一样，但其蛋白质的表达量差异比较大，患有乳腺癌的 BRCA1 蛋白量明显低于正常人。经研究表明，该乳腺癌患者的 BRCA1 基因启动子上碱基 C 被甲基化，导致转录不能正常进行，该基因就会关闭。也就是说，这个基因能够在不改变基因蓝图的前提下被失活。

巴西红耳龟是一种典型的温度依赖型性别决定动物，26 ℃为雄性孵化温度，32 ℃为雌性孵化温度。这说明不同温度下 DNA 甲基化程度不同，导致蛋白质的表达出现差异，从而影响性别决定。

13.5 表观遗传学的应用前景

越来越多的证据表明，DNA 并不是亲代将遗传信息传递到子代的唯一载体。分析 DNA 甲基化等表观遗传学现象，能够在疾病发生发展、环境因素安全评价、农作物增产和抗病研究等领域挖掘表观遗传学的应用价值。

13.5.1 疾病预测和治疗

近年来，随着人们饮食习惯改变、环境污染和工作与生活压力的增高，患癌症、糖尿病、老年痴呆症（阿尔茨海默病）、精神疾病等的人数日益增多。科研人员在表观遗传学方面对疾病发生机理的探索和发现，有利于相应疾病的预测与治疗。记忆形成可能伴随着 DNA 甲基化的表观遗传修饰，对这一现象进行研究也许可以为找到对抗阿尔茨海默病潜在靶向目标和预防、治疗阿尔茨海默病提供依据。在癌症的预测与治疗方面，表观遗传机制的研究也发挥了一定的作用。例如，乳腺肿瘤 DNA 甲基转移酶（DNMT1）的靶基因 ISL1 会发生高度甲基化，并且其表达水平在乳腺肿瘤和癌症干细胞中显著下调。在乳腺癌细胞中抑制 DNMT1 或过表达 ISL1 会限制癌症干细胞群体生长。DNMT1—ISL1 途径作为乳腺癌治疗的潜在治疗靶点，可能具有重要应用价值。

13.5.2 衰老的预测及延缓

衰老是一个非常复杂的过程，阐明衰老相关的表观遗传机制有助于人们更加有效地对抗衰老。科学家比较了年轻人和老年人的成纤维细胞系线粒体呼吸和 DNA 损伤情况后发现，线粒体的衰老不是线粒体的 DNA 突变积累，而是由表观遗传调控。此外，科学家还确认了两个调节线粒体甘氨酸生产的特殊基因 CGAT 和 SHMT2，指出通过甘氨酸治疗可能逆转与老年人成纤维细胞年龄相关的线粒体呼吸缺陷。甘氨酸补充剂或将能改变老年人的生活。另外，测量全基因组甲基化标记物能够精确量化实际老龄速率，预测机体衰老程度。

13.5.3 环境因素安全评价

环境和遗传因素对于个体特性差异的影响各占一半。有些特性甚至更多地由环境影响，如人们的社会价值观就有 70% 受环境影响。环境中的化学因素、物理因素、生物因素和精神心理、营养饮食等表观遗传学改变，已被证实与疾病密切相关。相关研究还发现，X 染色体失活可能是试管婴儿男孩多于女孩的真正原因；研究人员通过在胚胎植入前的培养环境中添加视黄酸有效扭转了体外受精小鼠的性别比例。这提示我们，也许可以通过改变胚胎植入前体外受精胚胎的生长环境，来逆转人口性别比例失调的现象。

13.6　经典遗传学的有力补充

尽管近年来表观遗传学领域绽放异彩，但毋庸置疑的是，科学家在20世纪所构建的经典遗传概念体系依然非常重要。表观遗传机制的阐明是对经典遗传学的完善和补充，表观遗传学与经典遗传学的联系会愈发紧密，共同揭示令人着迷的遗传奥秘。表观遗传与生物性状的关系如图13-2所示。

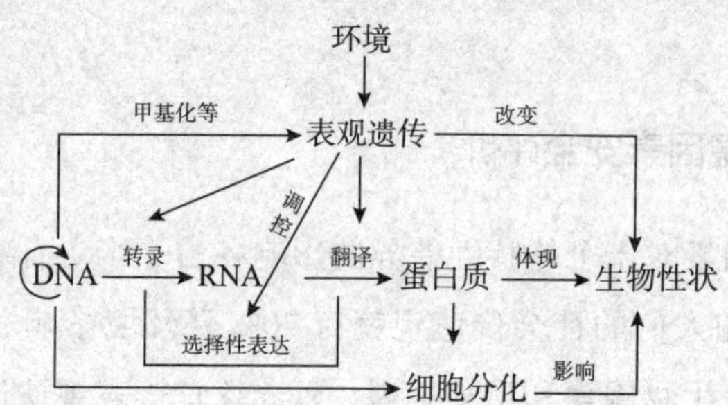

图13-2　表观遗传与生物性状的关系

表观遗传学从分子水平揭示了传统遗传学所不能解释的复杂的生物遗传现象。随着对表观遗传学研究的不断深入，未来必将进一步揭示生长发育、杂种优势、作物抗逆和人类疾病等许多生命现象的本质。

在古希腊的阿波罗神殿大门上，写着一句闻名遐迩的箴言："认识你自己。"可见认识自己非常重要。

多年以来，人们一直陶醉于信息化时代展现在面前的累累硕果，在缤纷的生活中忙碌。但是，人类对自己的认知实在太浅薄了——面对生老病死，我们四顾茫然；面对渺小的生命，我们如此脆弱……

系列关联概念
人类基因组 基因组图谱 生物伦理学 基因的表达 核苷酸序列遗传信息

14 人类基因组计划：伟大的科学工程

是谁握着我们生命之门的钥匙？从人类最初的怀疑与追问开始，这个问题就萦绕于有志之士的心间，20 世纪末的生物科学家更是在无数次问询后，不断通过实践来寻找答案。

14.1 石破天惊！人类基因组计划的诞生

——"这是生物学的圣杯！"（吉尔伯特）

人类基因组计划提出是从研究辐射的遗传学效应开始的。科学家一致认为：要破译癌症之谜和生命之谜，就要先破译基因之谜。

1984 年 12 月，美国召开环境诱变物和致癌物防护国际会议，并在会议上提出要测定人类基因组序列。

1985 年 5 月，美国科学家罗伯特 · 辛色默（Robert Sinsheimer）首先倡导应该立即测序人类基因组。1986 年 3 月，诺贝尔奖获得者杜尔贝克（Dulbecco）在《科学》杂志发表论文《癌症研究的转折点——测定人类基因组序列》，指出癌症和大多疾病的发生与基因有关以及测定人类整个基因组序列的途径和重要意义。春天，美国能源部撰写了基因组测序计划报告。许多著名学者大加支持，沃森积极支持并提出建议。经长达 14 个月的评议，一份不同寻常的报告《人类基因组的绘图与测序》诞生了。1988 年，美国能源部和国家卫生研究院（NIH）批准实施此项计划，并准备花 15 年时间，耗资 30 亿美元来完成这项跨世纪的生命科学史上最宏伟巨大的科学工程——人类基因组计划（human genome project, HGP）。这是首次把“大科学模式”引入生命科学中的空前宏大的计划。

美国 NIH 成立了国家人类基因组研究中心（NCHGR）负责实施，本中心第一届主任是 DNA 双螺旋模型创始人沃森，后来还成立了国际人类基因组组织（HUGO）。1990 年起，人类基因组计划正式启动。

至此，一项人类科学史乃至人类文明史上意义深远、规模浩大的工程拉开帷幕。

14.2 人类基因组计划的内容

——“我们有一个浪漫的想法，只要人类还在这个宇宙里生存，这张图对人类是最重要的，基本数据不会变。”（杨焕明）

20 世纪，人类自然科学史历程中的三大计划给人类留下了深刻的印象：20 世纪 90 年代的人类基因组计划、20 世纪 60 年代的阿波罗登月计划和 20 世纪 40 年代的曼哈顿原子弹计划。

14.2.1　人类基因组

所谓人类基因组（图 14-1），是指包含着人的遗传信息的整套染色体。基因是储存着生物遗传信息有遗传效应的 DNA 片段；人的基因通过控制蛋白质的合成，而决定着各种性状乃至生长发育、健康疾病以及思维性格等深邃无穷的生命奥秘。

美国科学家估测，人细胞核 23 对染色体有 3.8 万～ 12 万个基因，人类基因组计划旨在通过测定人类基因组 DNA 约 30 亿个核苷酸对的序列，探寻所有人类基因并确定它们在染色体上的位置，明确所有人类基因的结构和功能，解读人类全部的遗传信息，使得人类第一次在分子水平上全面认识自身，洞察自我。这等于编写“人类基因的百科全书”。

图 14-1　人类基因组计划成果作为《自然》杂志封面文章刊登

14.2.2　人类基因组计划的任务

HGP 的主要任务有两项：第一，读出人类基因组全部核苷酸语言，即对 DNA 上 A、C、G、T 碱基对进行顺序分析；第二，读懂人类基因组全部核苷酸语言，即研究全部基因在染色体上的位置及功能。

HGP的战略构想是将人类整个基因组一步步由粗到细地进行有序划分，最后得到可用于测序的重叠度最小的连续克隆系，将基因分解成较易操作的较小的结构区域。

14.2.3 人类基因组计划的内容

HGP的主要内容包括以下几个方面。

（1）建构遗传图谱。即绘制人类基因连锁图，确定基因在24条染色体上所处的不同位置。

（2）绘制物理图谱。即以已知核苷酸序列的DNA为界标，以碱基对为图距单位，标明其在DNA分子上所处正确位置的图谱；物理图与遗传图相互参照就可以把遗传学的信息转化为物理学信息。人类基因组物理图的问世是基因组计划中的一个重要里程碑，被遗传学家誉为20世纪的“生命（生物学）周期表”。

（3）测绘序列图谱。即人类基因组测序，也就是测定核苷酸的排列次序，可以说它是人类基因组在分子水平上最高层次、最为详尽的物理图。测定总长为1 m、由30亿对核苷酸组成的基因组全部DNA序列，是基因组计划中最为明确、最为艰巨的定时、定量、定质的硬任务。

（4）破译转录图谱。生物性状是由结构或功能蛋白决定的，功能蛋白是由信使RNA（mRNA）编码的，mRNA又是由编码蛋白功能基因转录而来的。转录图就是测定这些可表达片段（EST）的标记图。

（5）其他物种的基因组分析。包括对酵母、拟南芥、线虫、大肠杆菌、果蝇和小鼠等“模式生物”基因组的比较分析研究。

1933年，美国NCHGR1在马里兰州会议上对全球HGP作了修订，修订后的计划与研究内容包括九项：人类基因组绘制图谱；基因的鉴定；基因组研究技术的建立、创新和改进；模式生物基因组的作图和测序；信息系统的建立、储存处理及相应软件开发；HGP的伦理、法律和社会问题研究；研究人员的培训；技术转让及产业开发；研究计划的外延。

14.3　人类基因组计划的进展与成果

——“能看到自己的基因组图谱，我感到非常兴奋。”（沃森）

14.3.1　从启动开始，每一关键步骤都掷地有声

1990 年 10 月，被誉为生命科学的“阿波罗登月计划”的国际人类基因组计划正式启动。

1990 年 8 月，NIH 对大肠杆菌、酵母、线虫进行大规模测序。

1993 年 4 月，柯林斯（Collins）出任“国家人类基因组研究中心”主任。

1994 年 9 月，美国完成人体基因组完整遗传连锁图。

1995 年 12 月，科学家公布一张含有 1.5 万个标记的人体基因物理图。

1996 年 3 月，法国的研究小组基本完成人类基因组遗传图谱的绘制工作，该图谱找出 5 264 个遗传标志，第一阶段标志完成。

14.3.2　国际 HGP 与塞莱拉公司的竞赛，高速推进了进程

1998 年，生产 DNA 测序仪的最大厂家 PE 公司与生物学怪杰克雷格·文特尔（Craig Venter）领导的基因研究所合作成立了塞莱拉遗传信息公司（Celera），文特尔和他的妻子弗雷泽（Frazer）都是工作狂，他们宣布将利用最新技术在 3 年内（2001 年）完成人类基因组的测序工作。这是一家来自美国马里兰州的私营企业，其全面开动基因工程，短期内的研究速度惊人，大有后来居上之势，这使得该计划处于一种公私竞争状态，从而大大加速了 HGP 的研究步伐。据说塞莱拉每年电费高达 100 万美元，至少有 300 台自动测序仪高效率昼夜运转，因此其测序进度非常快。

1999 年 12 月，国际 HGP 联合小组宣布已经完整破译出人体第 22 对染色体的遗传密码。通过对该染色体上 3.35×10^7 个碱基对的测序，发现 679 个基因，这些基因与人的先天性心脏病、免疫功能低下、精神分裂症、智力低下及许多恶性肿瘤有关（如白血病）。这一成果被一致评为当年世界重点科技十大新闻之一。通过对第 22 号染色体上的基因统计分析，科学家开始对原来估计的 10 万个基因的数目产生了怀疑。

2000 年 5 月，德日科学家宣布已基本绘出了人类最小的染色体（第 21 号染色体）基因图谱，同时发现白血病、唐氏综合征（先天性痴呆）、肌肉萎缩性侧索、早老性痴呆症、躁狂性抑郁症及部分癌症都与第 21 号染色体有关，并确定其上含有基因数为 225 个。

14.3.3　历史性的结晶与成果

2000 年 6 月 26 日应该是历史上里程碑式的意义非凡的日子，历经 10 年艰辛后，人类认识自我跨出历史性一步——人类基因组工作草图绘制成功。这是世界多国科学家通力合作而超前竣工的结晶，全球性 HGP 有六国 16 个中心、上千名科学家参加，其中美国承担了全部任务的 54%，英国承担全部任务的 33%，日本承担全部任务的 7%，法国承担全部任务的 2.8%，德国承担全部任务的 2.2%，中国承担全部任务的 1%。

2001 年 2 月 15 日，HGP 联合体在《自然》发表公布人类基因组精细图，第二天塞莱拉公司在《科学》杂志也发表测序结果。研究又一步取得重大发现。精细图覆盖率为 98%，准确率达 99.99%，同时发现人类基因组由 31.647 亿个碱基对组成，人类基因总数为 3.0 万～ 3.5 万，低于原估计数字的一半。科学家还发现，与蛋白质合成有关的基因只占整个基因组的 2%，这说明人类使用基因比其他物种更高效。

2003 年 4 月，美英日法德和中国宣布共同绘制完成人类基因组序列图。

2004 年 10 月，人类基因组测序完成图公布，联合体宣布已经测定了 99% 的序列，其精确程度为 1/10 万，人类基因组拥有编码蛋白质的基因数目在 2.0 万～ 2.5 万。

2006 年 5 月，人类最长的 1 号染色体序列公布：含有多达 2.23 亿个碱基对，约占人单倍染色体 31.647 亿个核苷酸的 7%，同时确定了 3 141 个基因，牵涉疾病多达 350 种，其中包括帕金森症、阿尔茨海默病、高胆固醇、精神迟钝等神经系统疾病。这一成果为诊断和治疗许多遗传疾病开辟了全新的原型诊疗手段。

2007 年 5 月，79 岁的沃森获得了一张储存着自己全部基因组序列的 DVD 光盘，成为完全破译的世界首份“个人版”基因组图谱的拥有者。

2007 年 9 月，文特尔的详细基因组序列被公布，这是世界上第一个二倍体基因组序列。文特尔的两组染色体序列存在 0.5% 的较大差异。他的 APOE 序列和 SORL1 基因均表明他存在较高的患心血管病和早老性痴呆病的风险。

14.4　人类基因组计划的测序分析与引发的思考

——“基因是科学史上最具挑战与危险的概念。人们只有在充分理解基因概念的基础上，才可能领悟有机体与细胞的生物学特性或演化规律，并且对人类病理、行为、性格、疾病、种族、身份或者命运做出判别。”（悉达多·穆克吉）

人类基因组加护测到的有关主要数据如表 14–1 所示。

表 14–1　人类基因组计划测到的有关主要数据

基因数量	约为 25 000
平均基因大小	2.7×10^4 个核苷酸对
最大的基因	2.4×10^6 个核苷酸对

续 表

每个基因中包含平均外显子的数量	10.4
每个基因中包含最少 / 最多外显子的数量	1/178
平均（最大）外显子的大小	145（17 106）个核苷酸对
假基因的数量	大于 20 000 个
外显子 DNA 序列的比例	1.5%
其他高度保守的 DNA 序列的比例	3.5%

注：1. 已经 28.5 亿个核苷酸对序列（其错误率是 1/10 万）新余部分 DNA 序列主要是一些重复的短 DNA 序列，这些 DNA 序列随机发生重复，不同个体中重复数量不同。

2. 假基因是指基因组中存在的一段 DNA 序列与另一功能基因序列非常相似，但其中存在着大量突变，导致这段序列不能表达的 DNA 序列。假基因源于功能基因的重复，此重复随之积累了很多有害变异。

根据表 14–1，可总结出如下几项重要问题。

（1）基因组中存在着基因密度较高的热点区域和大片不携带基因的荒漠区域，其中基因密度在第 17、19、22 号染色体最高，第 4、18 号和 X、Y 染色体上最小。Y 染色体宛如一片森林中的一个小树桩，是基因组中最小的一条。

（2）基因外 DNA 的组成序列不是基因的一部分，也不是基因的相关序列，更非假基因和基因片段。大多数基因外 DNA 是以只出现一次的单一序列形式存在的（非重复），其余是以重复序列出现的（20% ～ 30%）。重复序列在基因组中的形式，分成分散重复序列和串联重复序列两类。

（3）所有人具有 99.99% 相同的基因，而且不同人种的人比同一人种的人在基因上更为相似，任何两个不同个体之间大约每千个核苷酸序列中就有一个不同，这一现象叫作“单核苷酸多态性”（SNP），每人都有自己的一套 SNP，它决定着人的“个性”。科学家发现了大约 140 万个单核苷酸多态性，并进行了精确的定位。

（4）相对较小的基因数量是人类基因组的另一个特点。人类蛋白质的种类数量和生命的复杂性远高于其他模式动植物，但是为什么我们的基因更加接近果蝇和线虫等多细胞动物呢？这给人们留下了很多的思考。

人的 23 对染色体如图 14-2 所示。

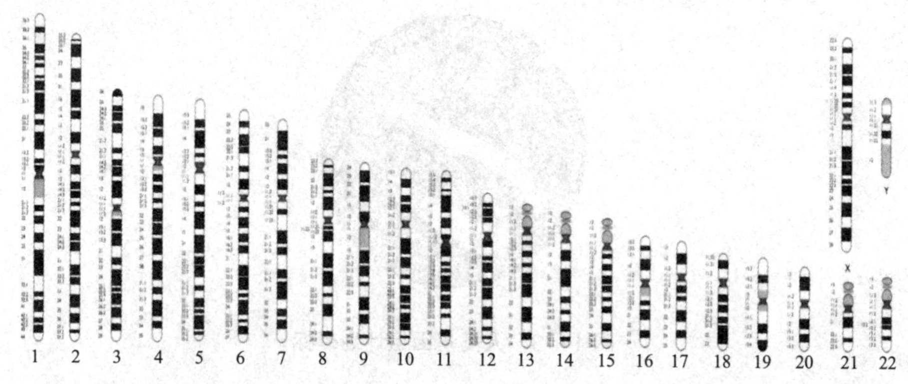

图 14-2　人的 23 对染色体

HGP 另外的细节研究成果如下：目前已经发现和定位了 26 000 多个功能基因；男性的基因突变率是女性的两倍；人类基因组中大约有 200 个基因是来自插入人类祖先基因组的细菌基因；初步确定了 30 多种致病基因；人类基因组编码的全套蛋白质（蛋白质组）比无脊椎动物编码的蛋白质组更复杂。

14.5　人类基因组计划的合作精神与宣言

——“人类基因组意味着人类家庭所有成员在根本上是统一的，也意味着对其固有的尊严和多样性的承认。象征性地说，它是人类的遗产。”（联合国教科文组织《世界人类基因组与人权宣言》）

人类基因组计划的各国合作中产生的 HGP 精神，即“百慕大原则”：合作、共享。原则要求：工作草图中的序列信息每天都得到更新，24 h 内递交给公众基因数据库，上网公布，供公众直接免费享用。这表明，HGP 研究结果是全人类的共同财富，不再为少数人或公司垄断。人类基因组计划徽标如图 14–3 所示。

图 14–3　人类基因组计划徽标

联合国教科文组织于 1995 年成立了“国际生物伦理委员会”。经 3 年反复讨论修改，起草了《世界人类基因组与人权宣言》(以下简称《基因组宣言》)，于 1997 年 11 月 29 届联合国教科文大会通过。《基因组宣言》是历史上第一个有关科学研究的宣言。它的发表，充分反映了“人类基因组计划”可能对科学、经济、伦理、法律及社会方方面面的影响，《基因组宣言》的宗旨是保护人类的基因组。

《基因组宣言》有 4 条基本原则：人类的尊严与平等，科学家的研究自由，人类和谐，国际合作。为保护发展中国家的权益，《基因组宣言》在历史上第一次提出与发展中国家进行国际合作、“南北合作四大原则”。

《基因组宣言》强调许多问题，具有规范性、前瞻性和科学性，突出了人的尊严和伦理，强调了团结与合作，具有代表性的几条如下。①全面解释人类基因组研究的风险与利益，防止滥用。人类基因组的研究是把“双刃剑”，由于科学认识暂时的局限性以及对技术的渴望，发展中国家的决策者与民众有可能忽视风险，在立法方面滞后。②以提高发展中国家进行人类生物学与遗传学的研究能力为宗旨。③国际合作应有利于发展中国家对科学技术成果的分享。④促进发展中国家与发达国家自由交换科学知识与信息。

14.6 人类基因组计划的重大意义

——“人类的DNA序列是人类的真谛，这个世界上发生的一切事情都与这一序列息息相关。”（杜尔贝克）

人类基因组计划是人类自然科学史重要的科研项目之一，它的研究起点极高，是20世纪90年代乃至21世纪初生命科学、医学界中影响最大、进展最快、竞争最激烈、最前沿的大科学。共有6个国家16个实验室的超过1 100名生物学家和计算机专家参与这一庞大的科学计划，犹如形成了科学世界大联盟。由于人类基因组计划的目标是破译解构人类全套遗传信息，研究基因的多态性，构建完整的遗传信息数据库，因此它对于生命科学的研究、医学理论技术与理念甚至生物产业和其他学科的推动都具有重大的意义，可以说它给人类社会带来的影响是无法估量的，发展前景也是无限的。

14.6.1 破译遗传信息，是人类深入认识自身、本质认知生命的“金钥匙”

有人将HGP比作生命周期表，因为它不再是从研究个别基因入手，而是在细胞水平解决基因组问题，同时探究基因及其调控表达的产物，从而建立对生命现象的整体认识。弗兰西斯·柯林斯则说：“毫无疑问，人类对自身的认识正经历着自维萨里（现代医学创始人）时代以来最伟大的革命。”人体内生命活动的承担者是蛋白质，而其决定者和指挥者是DNA或具体的基因，人类功能基因组学便是应用基因组学知识和工具去了解影响生命特定序列的表达谱。一个人完整的遗传序列，将成为生命档案中如同血型、指纹或身份证等独一无二的资料。建立个人基因组遗传信息数据库后，个人或医生可以轻而易举地通过电话或计算机终端了解到这份特定的资料。

14.6.2 HGP 引发新的生物医学革命，21 世纪逐渐走向“预防医学”

通过 HGP 获得全部基因序列将对医学攻克难关、推动发展、更新理念起重大作用。人类遗传病约 5 000 种，掌握了人类基因组全部序列，就如同拥有了一部基因词典，可分析鉴定基因缺陷，寻找突变基因，以分子水平进行早期诊断，预测基因疗法。21 世纪的医学将成为“预防医学”，相信人们对癌症、糖尿病、白血病、精神分裂症等顽性疾病的攻克指日可待，同时对药物开发得到实质性突破。

柯林斯在书中记述了搜索引擎 Google 的创始人之一谢尔盖 · 布林（Sergey Brin）的故事：他的妻子安妮 · 沃西基（Anne Wojcicki）成立了基因组测序新公司：23 and Me（23 和我，以人类 23 对染色体命名），意在提醒潜在客户去了解自己的奥秘。沃西基鼓动丈夫进行第一批全基因组测试，疾病风险预测结果显示，布林患某些疾病的风险略高于普通人，他对此不以为然。但当接受了分析 LRRK2 基因的某种特定变异之后，他发现一个不常见的突变会提高帕金森病的患病风险。布林对 23 and Me 用于遗传测试的 DNA 芯片（DNA-chip）结果进行了仔细分析后，发现自己与母亲（早年已确诊患帕金森病）均为这一基因突变的携带者，由此预测到 80 岁时，自己患上帕金森病的风险高达 74%。布林在博客中写道：“我所处的位置非常特殊，早早知道了在我的一生中对什么疾病最为易感。我有幸得到这样的机会，调整我的生活方式，降低我的这些风险。”每个人都有患数 10 种疾病的风险，这大多与遗传因子有关，也是和环境互作的结果，先知与预防是对生命的养护。

14.6.3 HGP 推动了“大科学模式”的建立

HGP 将使生命科学的各分支学科出现崭新的飞跃，也将促进其他科学的进展。例如，HGP 研究促进了一门新学科——基因组信息学的形成，基因芯片技术与应用得以发展，利用比较基因组学揭示了进化奥秘和人类起为神经生物学、人体生理学的发展提供依据，等等。

14.6.4　HGP：双刃剑的另一面——弊与忧

HGP 进展的加快，必然会带来一系列问题，如在伦理学、个人隐私权、商业经济、法律制定、种族歧视、犯罪判决、婚姻教育方面等。例如，对某人基因图谱的分析是否涉及个人隐私、是否需要保密、是否有个人所有权？种族歧视和犯罪是否因为基因组图谱的遗传决定色彩而为其罩上天然的保护伞？人类基因组的研究是把“双刃剑”，利弊之争难以裁定，须各界人士长久探讨。

方舟子在《叩问生命：基因时代的争论》一书中说：“人类基因组序列的获得，只是全面破译人类遗传奥秘的起点，而不是结束。但是，人类基因组序列所起的作用是相当有限的。就像一张地图，它能给旅行者带来很大的便利，却不能保证就能到达目的地。何况还存在着无数不尽相同的地图。”

人类基因组图谱的绘就，人类遗传密码的破译，不仅被认为是达尔文时代以来生物学领域最重大的事件，同时被认为是生命科学史，乃至人类发展史上最重要的科研工程。但是，在探索人类自身无穷尽奥秘的科学进程中，它仅仅是一个开始，未来之路不免曲折，潜在挑战依然存在，可人类探索的脚步一直在前行。

基因资源的世纪之争，究竟争在哪里？谈家桢、杨焕明等一批深谋远虑的中国科学家，勇于担当，一直在为国家科学发展奋力前行。人类基因组计划中的“中国卷”，是精华之启动，是精彩之华章。

15 人类基因组计划之中国画卷

系列关联概念
遗传家系 基因组图谱 人类基因组工作草图

1988年，美国能源部和国家卫生研究院（NIH）批准实施人类基因组计划（简称HGP）。英、苏、意、日、法、澳等各国纷纷响应。1990年10月，人类科学史上宏大的科学工程人类基因组计划正式启动。

2000年6月26日，人类基因组工作草图绘制成功。2001年2月15日，HGP联合体在《自然》发表公布人类基因组精细图，16日塞莱拉公司在《科学》杂志也发表测序结果。这些人类科学史册中的大成就中有中国科学的力量。

而这个历程，中国科学家走得扎实用力，也不容易。

15.1 基因资源的世纪之争

基因究竟有何价值？如此激烈的竞争争在哪里？下面让我们共同揭示这些问题的答案。

15.1.1　双重价值：具有科学意义与经济利益的基因资源

人类基因分离与研究的最终价值是人类疾病的预测、诊断与治疗；基因功能的鉴定，关键是与疾病等表型的联系。不同人种的种族差异称为“种族多样性”，民族的差异称为“族群多样性”。人的免疫性、药物的药效与副作用等很多方面都与人的基因组密切相关，可以说基因组为设计疾病诊断治疗新途径提供了无限可能性，也为拥有专利的公司、药厂提供了发展前景，于是许多涉及重要疾病的基因和病原微生物的测序，便成为争夺焦点。

15.1.2　价值非常：中国人类遗传资源丰富又面临严峻形势

中国是个人口大国，有 56 个民族，许多民族有各自的聚居地，有些群体处于与外隔绝状态，多在群落范围内通婚。这些群体存在着异于其他群体的特异性易感疾病，其症状特征与发病率，以及对药物的敏感性，都是可研究遗传病基因难得的丰富遗传资源。这些中国人类遗传资源保存和开发工作具有巨大重要价值，较受国际同行的聚焦关注，也是中国基因组研究中比较有特色和具有多元意义的部分。随着社会发展和交通改善，因各种族群与外界通婚、多方迁移等因素，偏远地区相对隔离状态有很多改变，相对纯净的基因组面临消失的危险，保存中国不同民族群体基因组成为一项刻不容缓的工作。

早在 1993 年，国家自然科学基金重大项目“中华民族基因组中若干位点基因结构的研究”就将“中国不同民族基因组的保存”列为第一分题，该项目延续至今，研究者踏遍全国偏远省份和少数民族地区，研究中华民族基因组的保存及遗传多样性，已建立 85 个民族群体的 6 000 多细胞株，保存了 7 000 多份 DNA 样本。

20 世纪末，中国科学家在此领域取得了世界瞩目的成就。1998 年，夏家辉课题组首次在国内克隆出遗传病致病基因——人类遗传性神经性高频性耳聋疾病基因。这年，贺林团队揭开了备受世人关注的遗传界百年之谜——第一例孟德尔常染色体遗传病，率先完成 A-1 型短指（趾）症致病基因的精确定位和克隆检测。

遗传资源是国家重要的战略资源。各发展中国家已越来越深刻地意识到遗传资源的重要性。在联合国《生物多样性公约》谈判中，发展中国家经多方努力，终将“生物遗传资源的国家主权原则”写入公约，主权主要包括对遗传资源的所有权，对研发成果、知识产权和经济利益的分享权。

15.2 中国在宏大的世界工程面前，应该有阔步向前的行动和力量

15.2.1 志在家国：铁肩担道义

中国是一个人口大国，要积极参与国际 HGP。HGP 因为投入巨大、技术复杂，已经成为一个国家综合国力的象征，中国应有信心和能力攀登这座科学高峰。

1987 年，在以谈家桢、洪国藩等为首的一批中国生物学家的积极倡导下，我国在“863 计划”中开始设立了“人类基因组研究”课题。

1993 年 7 月，经以谈家桢院士为首的专家组论证，中华人民共和国国家自然科学基金委员会正式批准了“中华民族基因组若干位点基因结构比较研究”的重大项目，由 15 个实验室共同协作。

1994 年，在吴旻、强伯勤、陈竺、杨焕明等院士的积极倡议下，我国人类基因组计划正式启动。

1997 年 7 月，中国遗传学泰斗谈家桢致函国家领导人，呼吁控制我国基因外流。

1998 年 3 月，由陈竺院士挂帅成立“上海基因中心”（同年 10 月改名“南

方基因中心”），同时由卫生部（今国家卫生健康委员会）牵头成立若干“中国人类遗传资源保护中心”。1998 年 8 月，“北京人类基因中心暨北京华大基因研究中心”和“北方人类基因组中心”先后挂牌。

15.2.2 全力拼搏：妙手著华章

1999 年 2 月，基因组中心决定进行人类基因组测序，创造加入国际人类基因组的条件，中国试测的 4 个 DNA 片段 62.8 万个碱基对完成得非常好，取得了加入国际 HGP 的考查资格；1999 年 9 月 1 日，在伦敦举行的 HGP 测序战略第五次会议上，国际 HGP 中国联系人杨焕明用短短几分钟陈述打动了国际同行：中国已经掌握了基因测序的全部技术关键和细节。我国被正式接纳为“国际测序俱乐部”成员，获准参加 HGP，承担其中 1% 的测序任务，即中国卷是第 3 号染色体短臂上 3 000 万个碱基对的测序（该区域称为“北京区域”）。3 号染色体是第三大人类染色体，跨越 1.98 亿个碱基对，占细胞总 DNA 的 6.5%，和人的嗅觉、炎症过程及肾脏癌症中最高发的肾透明细胞癌密切相关。中国为第六个加入人类基因组测序的成员国。

为了按时完成 1% 的工作量，科学家夜以继日地工作，付出了艰辛的劳动，终于提前高质量完成任务。2000 年，中国的工作曾在“国际工作草图”验收会上赢得了国际同行的全场热烈鼓掌。工作草图误差率要求是 1%，而我们的误差是 $6/10^6$，创造了当时的世界纪录。经过分析，我国科学家承担的“北京区域”共识别出 122 个基因，其中 36 个为新发现基因，而在 86 个已知的基因中，有 8 个与贫血、肌肉萎缩和肾细胞癌直接相关，并发现了 42 607 个单核苷酸碱基多态性位点。

杨焕明说：现在的专利之争背后有一个巨大的 21 世纪产业。我一直觉得中国这次参与 1% 不简单。在科学上，1% 同 99% 是一样的，道义上我们也是捍卫正义的全世界努力力量的一部分。

2002 年 10 月，由包括中国（10% 任务）在内的，以及美、英、加、日和尼日利亚科学家共同承担的国际人类基因组单体型图计划正式启动，2005 年 12 月顺利完成。

2002年12月，中国科学家又对袁隆平院士的超级杂交稻进行测序，在美国《科学》杂志上发表测序成果（图15–1），被国际生物学界界定为一个里程碑式的成就。

图15–1　中国科学家的水稻基因组测序成果在《科学》杂志封面文章发表

2002年被《科学美国人》（*Scientific American*）评为年度科研领袖人物的杨焕明当时自信地说：“我国的基因测序能力已进入世界四强，基因研究中心已成为国际第七大基因研究中心。”这是值得所有中国人高兴的事情。

15.3　更精细的蓝图绘制：中外各国共同追求对生命的预测

2006年8月，澳、加、中、印、美等国及欧盟组织发起的国际CGAP（“肿瘤基因组解剖学计划”）在美国启动，这个计划将有助于人类真正破解癌症致病的机理。负责人斯特拉顿说：“新技术大规模测序使科学家可以系统地分析一个肿瘤细胞中所有的基因。”中国作为HGP成员，已积极参与癌症基因组计划工作。

2012年12月，英国政府宣布启动针对癌症和罕见病患者的英国10万人基因组计划。2015年1月，美国宣布启动精准医疗计划，旨在搜集100万人的健康信息及其基因组序列测序。2015年，韩国政府宣布启动万人基因组计划，旨在绘制韩国人基因组图谱，建立韩国标准化的基因数据库。2017年，法国政府宣布投资6.7亿欧元启动法国基因组医疗2025计划，旨在打造世界基因组医疗领先的国家。

2017年12月，我国启动“中国十万人基因组计划”，这是我国在人类基因组研究领域实施的首个重大国家计划，也是目前世界最大规模的人类基因组计划。这次启动计划，就是要绘制中国人精细基因组图谱。一旦图谱绘制完成，就等于彻底破译了中国人体内25 000个基因的密码，中国人的疾病健康和基因遗传的关系将一览无余。中国这个计划，是当前世界上推进速度最快的基因组工程：4年内全部完成！第一步：人工智能、基因检测和深度检查结合，成千上万人将在患病之前接受深度检查，由人工智能给出生命预测。第二步：人工智能医生将逐渐取代目前最优秀的医生，用基因治疗的方法，重塑体内一切组织和器官的活性。第三步：人工智能开始大规模改造人类体内的“生命软件”，即人体内被称为基因的23 000个“小程序”，通过重新编程，帮助人类远离疾病和衰老。

“科学的发展历程往往不是线性的，一般都有个关键突破，然后带动一系列的新发现，导致飞跃性的进步。DNA测序技术给生命科学带来的一系列创造性发展就是最好的例证。”于军说。

中国华章，书写于世纪之交；中国画卷，书写着变革未来。

风起于青萍之末，浪成于微澜之间。对于科学家或公众而言，现代生物技术或如诱人的苹果，或是潘多拉魔盒开启。那么，对工程时代的人类而言，基因组编辑技术意味着什么？

16 基因组编辑：后基因组时代重塑生命的魔剪

系列关联概念
转基因技术
基因治疗
核酸内切酶
RNA 编辑技术
科学伦理

如果说信息和通信技术（IT）已经在高速公路上行驶了几十年，那么生命科技也即将进入这条高速公路。

——亓磊 2016 年腾讯 WE 大会“编程生命”演讲词

2020 年，斯德哥尔摩的市政厅首度迎来了女性科学家联合斩获诺奖，两朵铿锵玫瑰埃曼纽尔·卡彭蒂耶（Emmanuelle Charpentier）和珍妮弗·杜德纳（Jennifer Doudna）因第三代基因编辑技术——CRISPR/Cas9 系统的发现而获诺贝尔化学奖，她们是第 6 位和第 7 位获得诺贝尔化学奖的女性。

卡彭蒂耶 1968 年生于法国奥尔维河畔尤维斯，素有“基因编辑之母”之称；杜德纳 1964 年生于美国华盛顿，素有“CRISPR 女神”之称。之前，CRISPR 相关技术在 2013 年、2015 年、2017 年先后被《科学》杂志评为十大科技突破之一，她们的研究成果被誉为后基因组工程时代的革命。

瑞典皇家科学院院长在宣布获奖者时说：“今年的诺贝尔化学奖与重写生命密码有关，这些基因剪刀将生命科学带入了新时代。”基因工具有着巨大的力量，它不仅彻底改变了基础科学，还产生了创新作物，突破性的新型医学疗法将应运而生。

16.1 缘起生命智慧：何为基因组编辑技术

基因编辑（gene editing），又称基因组编辑（genome editing），是对生物体特定的目标基因进行定点编辑，进行精确的敲除、替换、加入等操作，是在转录水平上对目的基因的表达进行调控的分子生物学工程技术，实现对特定 DNA 片段的修饰，以获得新的功能或表型，甚至创造新的物种。

16.1.1 基因组编辑技术的几种工具

人类进行基因编辑技术的研究已达数十年，目前已知的技术工具主要有锌指核酸内切酶（zinc finger nucleases, ZFNs）、类转录激活因子核酸酶（transcription activator-like effector nucle-ases, TALEN）、归巢核酸内切酶（mega nucleases）和成簇的规律间隔短回文重复序列（CRISPR），这些工具均可对基因组进行定点的编辑。

首创基因编辑之风的锌手指蛋白，是第一代人工编辑技术，来自罗伯特·里德（Robert Reid）实验室对 DNA 转录的研究。这一研究发现了一类能够结合 DNA 特定位置，并启动 RNA 合成的蛋白质分子——转录因子。而针对转录因子 TFIIIA 的研究找到了一种“黄金手指”——锌手指蛋白。锌手指蛋白在基因治疗中的亮相完全是意外之喜。“神话”蛋白也一样。它脱胎于德国细菌学家乌拉·伯纳斯（Ulla Bonas）对黄单胞菌的研究——这本是一个和基因治疗、基因编辑毫不相关的研究领域。

16.1.2 高级导弹系统——CRISPR/Cas9 基因编辑技术的原理

CRISPR 的意思是“成簇的规律间隔短回文重复序列”（clustered regularly

interspaced short palindromic repeats），源自古细菌及细菌中广泛存在的后天免疫系统，能帮助细菌有效抵抗病毒等入侵造成的损伤。CRISPR 编码的蛋白家族中均含有可与核酸作用的功能域（缩写为 Cas），是一种核酸内切酶。其中，CRISPR associated sequence（Cas）与其所编码的 Cas 蛋白共同组成的 CRISPR/Cas9 系统技术，也叫作 RNA 引导的核酸内切酶（RNA-guided endonuclease，RGEN）系统。这些功能域与 CRISPR 区域共同发挥剪切 DNA 作用。

研究者在细菌中发现三类 CRISPR/Cas 系统，Ⅰ型和Ⅲ型系统需众多蛋白参与不宜操作，Ⅱ型系统也称 CRISPR/Cas9 系统，一个 Cas9 核酸酶利用向导 RNA 就可以完成识别和切割，是目前公认的炙手可热的基因编辑技术。

一旦病毒入侵细菌，CRISPR 就会转录出与病毒序列相匹配的两条非编码性的短链 RNA 分子（crRNA 与 tracrRNA），两者相嵌，合称为向导 RNA（sgRNA）。两相结合后会转码出 Cas9 蛋白，在向导 RNA 的引导下，识别并定位切割能与 crRNA 互补配对的特定外源 DNA。也就是说，向导 RNA 一旦捕获到一段能与之完美契合的 DNA 序列，就会激活 cas9 蛋白，实现 DNA 切割使命。

细菌的一系列操作包括发现隔离病毒序列→阻断病毒增殖→消灭病毒入侵→保护自身安全。在细菌的这套免疫防御系统的基础上，科学家发明了一种 CRISPR 基因组编辑新技术，通过修饰 Cas 酶与设计向导 RNA，促使二者的联合体与 DNA 匹配，进而在其目标位点进行诱导切割，达成修复 DNA 目的（图 16-1）。

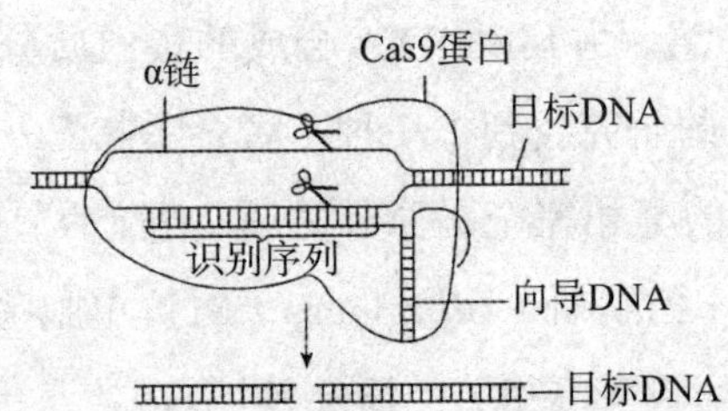

图 16-1　CRISRP/Cas9 基因编辑系统示意图

概言之，智慧细菌在漫长的进化历程中升级的全套免疫系统包括重复序列内储存了平日采集刻记的“黑名单”，“培训”出高级识别鹰眼向导 RNA，执行精准攻击的“狙击手”Cas 酶——这一套分工明确的高级“导弹系统”，对于细菌自我防御消除病毒隐患的意义重大。

16.1.3 与传统转基因技术相比的优势

1970 年，DNA 重组技术（基因工程）的发现标志着生物学跨入新工程阶段。基因工程是将外源基因导入原基因组的 DNA 序列中进行基因重组改良，修改结果可被检测到。但是，基因工程只能将外源基因随机导入宿主基因组中，可能引起生物安全性问题，而基因编辑是具体定向修改现有的基因组序列，可避免随机性导致的隐患。相比传统基因编辑技术，CRISPR/Cas9 系统具有典型优势：载体构建操作简单，所用 Cas9 蛋白相同，只需设计特异的向导 RNA；修饰准确，作用高效，可实现多个靶位点的基因编辑；实验周期短，花费成本低。

16.2 山重水复之旅：基因组编辑研究发展溯源

16.2.1 CRISPR 序列发现之初

1987 年，日本大阪大学的分子生物学家石野良纯（Yoshizumi Ishino）在研究大肠埃希菌中编码一种酶的基因时发现，该基因两侧存在重复序列，这段 29 个碱基长度的古怪 DNA 序列两两之间都被 32 个碱基形成的杂乱无章序列分隔为单个重复序列，而且出现重复 5 次。但这一发现当时并未引起重视。

1993 年，西班牙微生物学家弗朗西斯科 · 莫西卡（Francisco Mojica）在另一种地中海嗜盐菌中又发现了这种类似的特殊重复序列，但是两种细菌在进化上并无关联。后来，重复序列在数种细菌（包括结核分枝杆菌）中被多个研究团队发现。

2000 年，莫西卡利用当时刚刚兴起的生物信息学工具在浩瀚的 DNA 数据库中，统计分析出 20 种微生物基因组中普遍存在这类重复序列，他将此定义为一类独特家族。

2001 年，莫西卡和吕德 · 詹森（Ruud Jansen）一起，将这种微生物基因组的重复序列统一命名为 CRISPR（首字母缩略词）。

2002 年，詹森团队发现这些 CRISPR 区段周围总是伴随着一系列同源基因，他们将这些基因命名为 cas 基因（CRISPR-associated system），称它们编码的蛋白为 Cas 蛋白。至此，CRISPR 和 Cas 被联系起来，正式命名为"CRISPR/Cas"，随后发现这种成簇的规律间隔短回文重复序列仅存在于古细菌和细菌中。

16.2.2 CRISPR/Cas9 免疫系统解读与验证

直到 2005 年，3 个研究团队（包括莫西卡团队）独立发文解读，夹在重复序列中的看似杂乱无章的部分来自外源噬菌体或质粒，并证实病毒无法感染携带与病毒同源序列的细胞。由此充分说明，这些序列的存在绝非随意和偶然。这一发现，又激发了美国国立生物技术信息中心的进化生物学家库宁（Koonin）的思考，他们大胆地推理假设：噬菌体基因组 DNA 的特定片段可以整合到细菌基因组原重复序列中，形成新的 CRISPR 序列，由此 CRISPR 序列 CRISPR/Cas 极有可能是细菌抵御病毒入侵的免疫系统。细菌被病毒感染后，会把病毒的特征序列处理储存在自己基因池中，被二次感染时可快速读取，并以此为模板转录出 RNA 与入侵 DNA 结合，进行抵御。库克提出 CIRPSR 是细菌的免疫系统假说，并将其和 1998 年发现的 RNA 干扰现象结合在一起，提出了 CRISPR 干扰假说。

2007 年，法鲁道夫 · 巴兰古（Rodolphe Barrangou）在研究嗜热链球菌受噬菌体感染大量死亡的问题时在侵染后存活菌株 CRISPR 序列中发现了噬菌体片段，这成功验证了 CRISPR 的免疫假说。巴兰古等人的发现是一个重要转折点，科学家意识到免疫系统的重要性，也推进了其快速进步。

这里的曲折是，作为CRISPR重大线索的第一发现者，莫西卡2003年的这篇研究论文被多个顶级期刊拒稿，直到2005年才被《分子演化杂志》接收。可能当时的编辑对于单细胞的细菌和古菌竟能有这种高级复杂的免疫也难以置信。

绝大多数CRISPR系统的靶向性还有一定的限制，那就是原间隔相邻序列（protospacer adjacent motif, PAM），只有Cas酶与PAM结合后，其核酸酶活性才能开启。

这一年，美国结构生物学家杜德纳也偶然从同事吉利恩·班菲尔德（Jillian Banfeld）那里听说他的实验室发现的许多细菌也带有神奇的CRISPR序列。

2008年，美国洛克菲勒大学马拉菲尼（Marraffini）等进一步发现了Cas酶的DNA靶点活性，首次利用实验验证了CRISPR系统的功能与作用机制。

2010年，通过对天然Ⅱ型CRISPR系统功能和机制的研究，加诺（Garneau）等首次发现Cas9是Cas中独特的由酶介导切割目标DNA序列的基因簇。

16.2.3 CRISPR/Cas9技术的历史性突破与开拓

2011年，卡彭蒂耶将研究成果公开后与杜德纳相遇，从此开启了一位RNA专家（卡彭蒂耶）和酶学专家（杜德纳）的默契合作，她们的优势互补开启了基因编辑史的新篇章：人工设计的向导RNA可引导Cas9蛋白精准切割随意指定的DNA序列。

2012年，卡彭蒂耶和杜德纳在顶级学术期刊*Science*上发表了基因编辑史上的里程碑论文，开创性地阐释了CRISPR/Cas9系统切割目标DNA的生化机理，证明CRISPR/Cas9系统可以在体外切割双链DNA。这一次彻底震撼了基因编辑领域。

2013年，胡昂（Hwang）首次将CRISPR/Cas9技术成功用于斑马鱼线虫和烟草的基因改造，并于同年将该技术用于改造人体细胞，用于研究治疗

HIV-1 的感染。

2013 年初，美国哈佛大学医学院的基因组技术先驱乔治·丘奇（George Church）、麻省理工学院博德研究所的张锋、加州大学伯克利分校的亓磊分别在《科学》和《细胞》杂志上发表针对 CRISPR/Cas9 系统改造研究的论文，并成功地将 CRISPR/Cas9 系统运用到哺乳动物（真核生物）细胞中。张锋将 Cas9 改造成缺口酶，成为后来定点突变的最通用体系。至此，近年来生命科学领域最耀眼的通用技术体系正式宣告诞生。

16.2.4 后 CRISPR/Cas9 时代的多元化发展

2014 年，等科学家证明 SpCas9 可以切割单链 RNA（ssRNA）。而此前，大多学者认为 Cas9 只能靶向 DNA。

2018 年 3 月，《细胞》发表美国索尔克（Salk）研究所的 RNA 编辑技术的重磅成果，科学家利用全新的 CRISPR 家族酶扩展了 RNA 编辑能力，命名为新系统“CasRx”，RNA 编辑技术迎来新飞跃。

2019 年，张锋团队开发了第 3 种基因编辑工具 CRISPR/Cas12b。除了对 DNA 进行编辑，张锋团队还发现 CRISPR 蛋白家族的 C2c2（现称 Cas13a）可以靶向切割 RNA，随后他们证实 Cas13a 可在哺乳动物细胞中靶向降低 RNA 的水平。CRISPR/Cas13a 系统被开发为 RNA 检测器用于疾病诊断。张锋团队后续又发现了 Cas13b、Cas13c 和 Cas13d，它们同样具有 RNA 靶向和编辑功能。RNA 编辑技术的建立，进一步拓展了 CRISPR/Cas 基因编辑技术的应用范围。

RNA 编辑技术是基于 CRISPR/Cas9 系统的衍生技术，是在 RNA 成熟加工过程中出现的修饰现象。此时 mRNA 因核苷酸的插入、缺失和替换，改变了源自 DNA 模板的遗传信息，翻译出不同于原基因编码的多肽链。在真核生物的 tRNA、rRNA 和 mRNA 中都发现了 RNA 编辑现象。

毕业于清华大学的亓磊师从华人诺贝尔物理学奖得主朱棣文，在朱棣文教授的建议下，亓磊跨专业进入生物工程领域，跟随 CRISPR 先驱杜德纳。他首次通过突变掉 Cas9 的核酸内切酶形成 dCas9，可用于靶向 DNA 序列，并在此基础上研发出一种基因转录激活的调控方法，亓磊的这些研究将CRISPR基因编辑扩展到了表观遗传领域。亓磊是CRISPR基因编辑技术在中国和欧盟的共同发明人，也是CRISPR工具箱的主要发明人，手持20余项专利。2024年2月，亓磊团队又在著名期刊《细胞》上发表研究论文，开发了一种基于CRISPR/Cas13d的多重RNA编辑平台，用于T细胞的多重转录调控和代谢工程。

2024年春，杜德纳团队在CRISPR基因编辑领域再获突破，找到了一种改进CRISPR/Cas基因编辑活性的通用方法。

Cas2核酸内切酶随机低效切断入侵的噬菌体DNA双链，并将切下的DNA片段插入CRISPR位点，形成“免疫记忆”，当再次遭遇同种噬菌体时，细菌则会将其“免疫杀灭”，如图16-2所示。

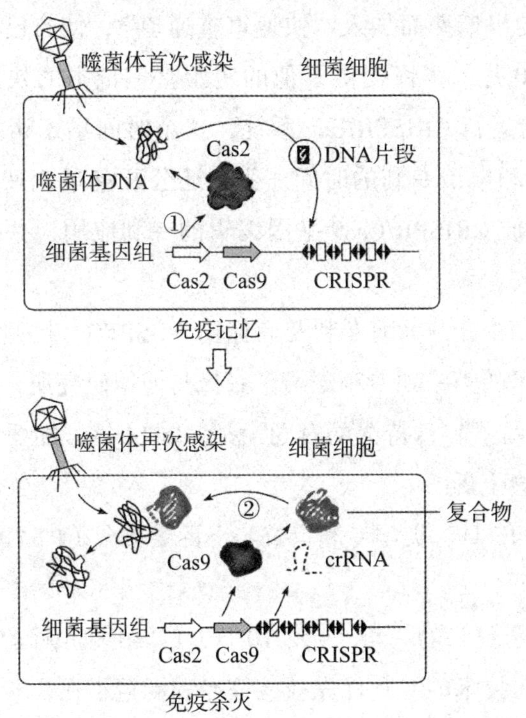

图16-2　CRISRP/Cas9基因编辑系统示意图

16.3 试锋谁为王者：激烈的技术专利竞争

2013 年是 CRISPR 技术爆发的一年，也是对 CRISPR 技术的专利进行激烈争夺的开始。杜德纳和卡彭蒂耶发表论文，并于 2012 年 5 月就已申请专利，而张锋 12 月才申请专利。

表面上来看，前者的学术与专利都捷足在先。可是，张锋提交专利时，多付了 70 美元的申请费而加入“快速审查通道”，使自己的专利审核早于前者。2012 年 10 月，张锋提供了他的实验室笔记本的快照，证明自己在 2012 年初就开始运行 CRISPR/Cas 系统，这个时间早于诺贝尔奖得主杜德纳两人发表论文和申请专利的时间。张锋还公开宣布，只要不为了商业盈利，可以免费开放 CRISPR/Cas9 基因编辑的专利应用，并把自己的研究资源公开。

2014 年 4 月 15 日，美国专利及商标局（USPTO）按照专利申请法，将 CRISPR/Cas9 技术的第一项专利颁给了张锋与博德研究所，加州大学方面不满提起上诉，开始了旷日持久的官司大战。2014 年，加州大学选择向美国专利局上诉委员会上诉。

2017 年 1 月 15 日，美国专利审查与上诉委员会（PTAB）作出裁决，张锋保留专利。

2020 年是拨云见日的一年。9 月 10 日，PTAB 称张锋团队具有在真核细胞中使用 CRISPR 技术的专利优先权，该专利涵盖了在实验室培养的人类或直接在人体内的应用。丘奇和张锋首创性地将 CRISPR/Cas9 系统应用在活体细胞中，且申请并获得了专利。2020 年 10 月，诺贝尔化学奖公布，张锋未能入选。

CRISPR/Cas9 源于莫西卡的论文，第一次应用于编辑基因是卡彭蒂耶和杜德纳完成的，而张锋则是第一个改进 CRISPR 技术，并将它应用于哺乳动物和植物细胞的人。两位杰出女性 2015 年获得了有豪华版诺贝尔奖之称的“科学突破奖”；2016 年，两人再获阿尔珀特奖，2016 年加拿大加德纳国际奖（与张锋共享），2020 年同获沃尔夫医学奖。张锋团队借助一套组合拳成功地获得了专利，失去了诺贝尔奖。

杜德纳、卡彭蒂耶、张锋三人被称为 CRISPR 三巨头。有人玩笑称：“如果说卡彭蒂耶和杜德纳发现了一座金矿，那么张锋就相当于是最先找到了这个金矿中的金子。”

对于两位杰出女性获得诺贝尔奖，首都医科大学校长饶毅在其公众号“饶议科学”中评论道：“独到的原创比紧密的竞争更优雅，发现和发明较发表和展示更重要。”张锋是 CRISPR 应用技术开发领域的第一人，也是 CRISPR 技术发展应用的主要领导者。无论如何，科学家对于人类科技发展的贡献，都值得被仰视和被尊重，张锋作为中华儿女的耀眼科学明星，其成就足以让国人为之自豪。

16.4 苹果还是魔盒：基因编辑婴儿事件与伦理思考

16.4.1 基因婴儿编辑事件引发的关注

2018 年 11 月 26 日，也就是第二届国际人类基因组编辑峰会（以下简称“峰会”）召开前一天，贺建奎发布了制作精良的网站视频，宣布一对名为露露和娜娜的双胞胎婴儿于本月在中国健康诞生，她们的 CCR5 基因经过基因编辑修改，能够出生后天然抵抗艾滋病。28 日 12 时 50 分，贺建奎又在峰会上宣布了这一成果。这是世界首例免疫艾滋病的“基因编辑婴儿”，通过对生殖系细胞修饰实现。这则重磅消息震惊世界，引发科学界对科学伦理与安全性的担忧。

从广义上说，基因编辑婴儿还包括人类基因治疗技术和人类基因增强技术。人类基因治疗主要通过剔除携带遗传性疾病的基因，使患有遗传病的夫妇能够生育健康孩子，或者通过组织配型设计“救命宝宝”来救治已患病的家人。人类基因增强是“将处于正常状态的人的能力提升到更佳的程度”，也称为“基因改进”。

贺建奎毕业于中国科学技术大学，后在美国莱斯大学取得博士学位，在斯坦福大学做博士后研究，师从微流控基因芯片鼻祖斯蒂文·奎克（Stephen Quake）。贺建奎与诺贝尔奖得主安德鲁·菲尔（Andrew Fire）等共事多年，曾研发基因检测技术并在国际顶尖学术杂志发表论文，在 CRISPR 基因编辑、生物信息学等领域取得多项研究成果。2012 年，贺建奎经深圳市“孔雀计划”海外高层次人才计划引进回国，在南方科技大学建立实验室，进行基因测序研究。

16.4.2 科技界反对基因编辑婴儿的立场鲜明

在 2015 年华盛顿召开的全球首届基因编辑峰会上，学界曾达成共识——鼓励基因编辑的基础研究和在体细胞层面上的临床治疗，但是对于生殖细胞和早期胚胎的基因编辑研究属于限制级研究，不得以生殖为目的进行研究。

在缺乏严格的科学评估、安全性存在不可预知风险的情况下，贺建奎跨越基因编辑的红线，贸然改造生殖细胞基因。对于此次事件，学界一致认为其行为实质是一次以生殖为目的的基因增强改造的人体临床试验，不是针对严重基因缺陷的临床治疗。此行为已严重背离科研法规，背离目前被广泛接受的价值立场和伦理共识，属于人为干涉人类自然的遗传和进化秩序，这将会把人类带入一个失序的深渊。

中国科协以“零容忍”的态度处置严重违背科研道德、伦理不端行为。中国科技部坚决反对“基因编辑婴儿”事件，要求暂停相关人员的科技活动；科技部副部长徐南平表示：“开展以生殖为目的的人类胚胎基因编辑临床操作在中国明令禁止，公然突破学术界伦理底线，不可接受，我们坚决反对。”

2019 年 12 月 30 日，“基因编辑婴儿”案在深圳市南山区人民法院宣判，贺建奎因非法行医罪被判刑 3 年，并处罚金 300 万元。贺建奎出狱后又宣布在北京大兴建立实验室，主要从事罕见遗传病的基因治疗研究。

16.4.3 基因编辑技术的伦理思考

虽然对胚胎细胞的基因精密编辑有助于加快基础科学研究，为遗传性疾病、肿瘤等多种疾病带来了希望，但也引起了广泛讨论和激烈争议。基因编辑治疗的社会伦常道德主要存在如下几个问题。

（1）技术仍然不够成熟。目前，将该技术直接用于修饰人类胚胎为时尚早，如人类 DNA 中的天然差异可能会阻碍 Cas9 酶作用于正确的基因目标，削弱 CRISPR 技术精准编辑基因组的能力。CRISPR/Cas9 基因编辑技术脱靶的风险仍然存在，它有可能植入到不相干基因位点，导致基因突变或打乱基因与环境间的固有平衡，导致慢性病，诱发世代遗传的医源性伤害，这些对人类繁衍和生活方式等将产生重大危害。

（2）编辑存在健康隐患。目前，医生已掌握让 HIV 患者生出健康后代的技术，成功率达 95% 以上。基因编辑婴儿被剔除了 T 细胞 CCR5 基因，可阻碍病毒识别而免疫艾滋病，但该实验仍有感染 HIV 的潜在风险（而且双胞胎之一并未“编辑”成功）。因为 HIV 有变异体及多种亚型，其中 R5/X4、X4 型的 HIV 并非通过 CCR5 感染细胞，而是通过 CXCR4，CCR5 基因突变后所导致的其他病毒感染概率的改变则是一个更未知的风险。

（3）知情权是否明确。例如，贺建奎招募 8 对夫妇（男方患有艾滋病，女方未患病）作为志愿者孕育胚胎，在人类胚胎上进行基因编辑并植入母体，最终有两名志愿者怀孕，一名生下双胞胎女婴。从 2016 年 6 月开始，贺建奎就开始用 CRISPR/Cas9 技术进行人体基因编辑，策划他人顶替验血，对基因编辑婴儿受试者及社会公众的知情同意权并未做到位。

（4）违规伪造审查申请。2017 年 3 月—2018 年 11 月，贺建奎为基因编辑婴儿伪造医学伦理委员会的审查申请书没有经过报备。在世界范围内科学伦理及法规不完善的背景下，如何严格监管践踏伦常法规者？如何惩处已启动或完成者？这些问题仍没有确切的答案。

（5）如何严格善后处理。被修饰的人类胚胎如何善后处理，是否允许未来完美编辑婴儿的出生？如何对待他们出生后具有的修饰遗传延续性？政府、公众和科研者如何达成共识？上述一系列问题还需建立符合社会理念与科学共识的法律法规。

总之，基因编辑婴儿技术对于提高个体生命质量、造福高质生活等有着不容否认的社会价值，但人们必须通过各种手段注重规避和防范科技带来的诸多伦理、法律等方面的风险，从而让科技插上翅膀高飞，保障人类享受其发展带来的美好福祉。

16.5　涛如连山涌雪：基因编辑技术的应用与进展

1990 年，科学家以病毒为载体，先将健康的腺苷脱氨酶（ADA）基因在体外导入患者细胞中，再将编辑细胞重新注射回患者体内。患者身体在之后 2 年得以改善，生活与常人无异。这一手术案例被认为是基因治疗史上的一个重要里程碑，影响巨大。基因疗法可以大幅改善治疗疾病的方式，甚至能治疗传统药物不能治疗的疾病。

CRISPR 基因编辑技术被视为当代生物学领域最具影响力的颠覆性技术，2022 年被《自然》期刊列为未来可能对科学领域产生重大影响的 7 项技术之一。在先天性遗传病面前，患者迎来了利用基因编辑技术体系的一缕曦光，2018 年 11 月，第二届人类基因组编辑国际峰会上指出基因编辑对治疗癌症、艾滋病、血友病、阿尔茨海默病等显著有益。这标志着人类攻克遗传疾病在理论上已进入新阶段，将导致生物医学领域发生重大变革。

CRISPR 基因治疗先天性失明、地中海贫血症等遗传疾病的临床试验接连取得突破，尤其在遗传缺陷修复、肿瘤防治、医学药物研发、免疫细胞治疗、干细胞技术和传染病预防等方面接连取得进步。近年来，研究人员已运用 CRISPR/Cas9 基因编辑技术，发现新的药物靶标，可对成年动物的基因疾病给予有效治疗；也可将此疗法用于人类基因疾病的治疗中，如“针对某些单基因遗传病，这项技术可以对生殖细胞中的致病基因进行编辑改造，以便解决某些家族遗传病；基因编辑在农业和食品动植物基因改造、农作物育种和生态环境保护等领域的研究和应用也不断深入，编辑效率和精准度逐步提升，极大提高了技术安全性。

近年基因编辑科学进展举例如表 16–1 所示。

表 16–1　近年基因编辑科学进展举例

研究领域	时间	科研单位 / 团队	基因编辑的研究开发领域
基础医学 / 遗传病等研究	2014 年	圣加蒙公司	利用锌手指核酸酶技术治疗艾滋病的人体试验
	2015 年	四川大学华西医院	破坏肺癌患者淋巴细细内的一个基因，恢复淋巴细胞功能后回输到患者体内，重新激发其抗癌战斗力
	2016 年	来自三个机构（含张锋）的多个研究组	治疗动物的“杜兴氏肌肉萎缩症”的遗传病，大大提高了预期寿命和生活质量
	2019 年	邓宏魁、陈虎及吴昊 3 个研究组合作	进行造血干细胞 CCR5 基因编辑，保障造血系统的长期稳定，初步探索技术的可行性和安全性
	2022 年末	美国一科学家	在 *Nature* 上发表研究，宣布他们通过 CRISPR 基因编辑成功实现个性化抗癌

续 表

研究领域	时间	科研单位 / 团队	基因编辑的研究开发领域
技术工具基础研发	2020 年 7 月	刘如谦团队	在 *Nature* 发文，开发一种不依赖 CRISPR 的编辑器 DdCBE，成功问鼎线粒体基因组精准编辑研究的圣杯
	2022 年 1 月	美国威尔康奈尔医学院研究团队	成功构建出针对非模式肠道细菌的基因编辑工具
	2022 年 1 月	德国蒂宾根大学的研究团队	开发出无须外源蛋白实现精准高效 RNA 编辑的方法 CLUSTER gRNAs
	2022 年 3 月	中国科学院	开发出能在植物中高效表达的新型编辑系统 ePPE
	2022 年 3 月	西班牙庞培法布拉大学科学家	开发出可编程基因书写技术 FiCAT，可将大片段的 DNA 精准插入基因组中
	2022 年 2 月	芬兰赫尔辛基大学（UH）	研究开发出可诱导人类细胞重返多能性干细胞状态的 CRISPRa 技术
	2022 年 9 月	德国波恩大学	将苔藓的 RNA 编辑机器转移到标准的人类细胞系中
动物育种与临床医学研究	2014 年	美国贝勒医学院教授张普民团队	制造出产生人类白蛋白的特种猪
	2022 年 8 月	中国华南农业大学团队	利用转基因猪的唾液腺作为生物反应器，合成人神经生长因子
	2022 年 1 月	美国马里兰大学医学院	将一颗经过基因编辑的猪心移植到患者体内，这是全球首例人类成功接受猪心脏移植，但手术两个月后患者宣告死亡
	2024 年 5 月 17 日	安徽医科大学附属医院孙倍成团队和云南农业大学魏红江团队合作	成功将经过基因改造的猪肝脏移植到一位肝癌重症患者身上。术后第七天，患者状况良好，已下地自由活动，没有发现超急性排斥反应

基因编辑技术蕴含的经济效益和社会效益巨大，应用前景无限。中国在此新兴领域也取得了不少进展，很多技术研发创造了诸多世界领先。不过，虽然连续多例试验都给出了积极的结果，但经过基因编辑的动物器官能否长时间在人体中运行仍是未解之谜，展开试验的批准与监管本身也是一个实际的难题。

现代生命中的DNA-RNA-蛋白质已经形成了一个相互依存、无法撕裂的魅力圆环，纵使人们不断探索，依然难以甄别谁才是演化的起点。在RNA世界里，RNA是生命的开端，也是这个魅力圆环的起点。多重证据表明，RNA极可能是最先承担自我复制的重任的遗传物质，它轻盈灵动，它功能多样，需要人们的多加审视。

17 RNA 世界假说：生命开端构想

系列关联概念
核酶 生命的起源 核糖体 病毒的进化 密码子和反密码子

1981 年，美国生物化学家托马斯·切赫（Thomas Cech）发现四膜虫 rRNA 前体能自动切除内含子，这一过程完全没有蛋白质，称为“自剪接”。1984 年，西德尼·奥尔特曼（Sidney Altman）证明，细菌加工 tRNA 的酶 RNAaseP 中的 RNA 单独也能切断 tRNA 前体。1986 年，切赫证明 rRNA 还具有核苷酸转移酶、磷酸二酯酶、RNA 限制性内切酶、磷酸转移酶等多种活性，并首次提出了 ribozyme（核酶）这一名词。切赫和奥尔特曼因此摘取了 1989 年的诺贝尔化学奖。

后来科学家又发现更多的 RNA 具有催化功能。1992 年，哈里·诺勒（Harry Noller）发现核糖体的 rRNA 催化了酰胺键的形成。

1981 年诺贝尔奖得主沃特·吉尔伯特（Walter Gilbert）于 1986 年在《自然》正式提出“RNA 世界假说”（RNA world hypothesis）概念。这一学说推理的中心是在生命起源的早期阶段存在一个完全由 RNA 分子组成的分子系统，系统的信息由 RNA 储存，有催化功能的 RNA 分子催化 RNA 自身信息传递及自我复制。由于这一系统能够使信息得到储存及复制，所以这一系统能够生存并进化。也就是说，RNA 是生命之初唯一的遗传物质，是生命进化之源头。

17.1 RNA 与 DNA 的结构比较

“RNA 世界”假说认为 RNA 是唯一的遗传物质，也是生命的来源。从当今纷纷发现的 RNA 的相关功能也看到 RNA 先入为主的制约作用，每一个细胞里的 RNA 都在 DNA 和蛋白质合成之间起到转移作用、开启或关闭某些基因的功能。

核糖很容易从甲醛合成，而甲醛是模拟地球条件的主要实验产物之一，脱氧核糖很难产生，由核糖经蛋白质酶催化而来。没有初始的蛋白质酶，一切推理思维就都不能继续。

RNA 分子中的核糖第二位碳原子连接的是羟基，比脱氧核糖化学性质更活泼。RNA 单链不稳定，RNA 复制酶也没有校对功能，极易突变。原始海洋生命汤中，生命之初稳定性并不利于进化，生命形态变异性的意义大于遗传性，多样性的意义大于稳定性。变异性是为保证生物多样性奠定的内在机制。生命复制或表达的出错，应该是生命进化中必须经过的常态化路径。

另外，RNA 分子比 DNA 简单得多，进化规律是从简单到复杂，进化方向是从不稳定走向稳定。“RNA 世界”假说认为，RNA 恰好是生命之初的样子，拥有了必备的相应功能，而后的几十亿年的进化，蛋白质和 DNA，不过是 RNA 轻盈灵动之舞后退居幕后的绵绵余韵而已。

17.2 RNA 的基本种类与多样性作用

核酸分为 DNA 和 RNA 两种。RNA 的结构为单链，基本单位为核糖核苷酸。尿嘧啶（U）取代了 DNA 中的胸腺嘧啶（T）而成为 RNA 的特征碱基。其种类很多，在细胞中与蛋白质合成关系最为密切、基因表达最相关的必需 RNA 有信使 RNA（mRNA）、核糖体 RNA（rRNA）、转运 RNA（tRNA）。RNA 作为 DNA 的转录产物，在生物体内发挥表达、运输和干扰等重要作用。

RNA 最初被认为仅是 DNA 和蛋白质之间的纽带角色，但随着科学家的聚焦和深入，RNA 越来越多的新功能被发现，因此赋予了 RNA 许多新形象。

RNA 其他种类也很多，肩负的功能也各异，下面着重介绍几种 RNA。

MicroRNAs（miRNAs）是在真核生物中发现的一类内源基因编码的具有调控功能的非编码单链 RNA，其大小为 20 ～ 25 个核苷酸，它们在动植物中参与转录后基因表达调控；端粒酶 RNA（telomerase RNA）是端粒酶的一个组成部分，由端粒酶 RNA 基因（TERC）编码，它与染色体末端的复制有关，成人正常细胞没有端粒酶和端粒 RNA，癌细胞能够以端粒 RNA 为模板合成端粒 DNA 并加入端粒末端；反义 RNA（antisense RNA）参与基因表达的调控；hnRNA 是不均一核 RNA，存在于细胞核中，包括 mRNA 前体；tmRNA 因兼有 tRNA 和 mRNA 功能而得名；小干扰 RNA（small interfering RNA, siRNA）是在病毒或其他 RNA 诱导之下产生的长度为 21 ～ 25 bp 的外源性双链 RNA，有时称为沉默 RNA（silencing RNA）,siRNA 导入细胞之后，会使相应基因的表达受到抑制，参与 RNA 干扰（RNAi）现象，以带有专一性的方式调节基因的表达。RNA 干扰（RNA interference）的发现使得人们对 RNA 调控基因表达的功能有了全新的认识，更因为可以简化 / 替代基因敲除而成为研究基因功能的有力工具。

17.3　RNA 的相关实验和多样性功能

基因是呈现断裂式的，转录后需要除去 RNA 中的非编码的内含子部分，这一过程叫作剪接。1981 年，美国科罗拉多大学的切赫的研究组发现四膜虫 rRNA 前体能自动切除 413 个核苷酸的内含子，此过程完全没有蛋白质，这一过程称为“自剪接”。

后来，科学家进一步发现还有很多 RNA 内含子具有自剪接功能，这些内含子在结构上具有一些相似特点。例如，有的可切开核酸分子某特定部位，这是内切酶的作用；有的连接两段寡聚核苷酸短链，这是连接酶的作用；有的可以以自身某部分序列为模板简单“自复制”。

另外，杰勒德 · F. 乔伊斯（Gerald F.Joyce）和他的学生发现了一对 RNA 序列，把它们和一堆结构更简单的 RNA“原料”混在一起，数量就会不断倍增，几小时内就能扩增至原来的 10 倍，只要条件充足，扩增过程就能一直进行。他们的实验表明，有 24 个 RNA 变体进行自我复制，其中一些变体在实验环境中的复制速度比其他变体更快，100 h 后观察到复制分子的总数扩增了（2^{10}-1）倍，验证了 RNA 在无细胞环境中自我复制的潜力。

综上所述，RNA 的功能多样而强大，囊括了自储存、自剪接、自催化、自复制一系列化学过程。这给科学家遥想远古世界提供了非凡的灵感和广阔的推理空间。

17.4　几种有关 RNA 的关系梳理

17.4.1　核糖体角色的聚焦与再认识

核糖体在每个细胞内的数量可达几百万个，原核细胞内没有带膜细胞器，但是唯独含有核糖体。可见从简单到复杂的进化路上，核糖体必不可少，合成生命活动承担者蛋白质的路径中，不能没有核糖体。

核糖体是由 3 ～ 4 个特殊的 RNA 与几十种不同的蛋白质组成的核糖核蛋白体，是细胞内最复杂的聚合体之一，是合成蛋白质的场所。人们一直认为核糖体中的 rRNA 只起到骨架和支撑作用，把新的氨基酸连接到已经存在的肽链末端的反应需要一种转肽酶催化，但是人们迟迟没有寻找到这关键的转肽酶。

2000 年，科学家成功测定核糖体整个的三维结构，这是现代生物学的一次重大胜利，成了 2000 年的世界第二大科技进展。在肽键形成的 2 nm 范围内没有蛋白质的电子云存在，说明肽键形成不可能由蛋白质催化，只能由 rRNA 催化。如按此说，核糖体可以看作早期生命历史的遗迹。

2009 年，3 位科学家因解析了核糖体 RNA 在蛋白质合成过程中的重要作用而荣获诺贝尔化学奖。至此，3 种 RNA 的生物功能和作用机制得到完美解决。在 X 光分析下，核糖体可以呈现出美丽壮观的立体结构，如图 17–1 所示。

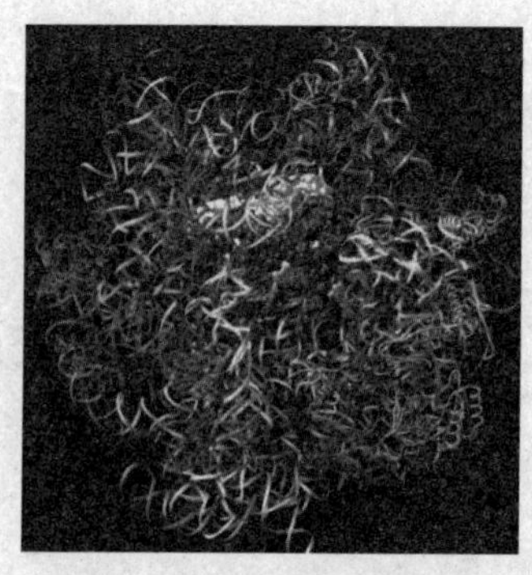

图 17-1　在 X 光分析下，核糖体呈现出的立体结构美丽壮观

（引自沃森《DNA：生命的秘密》）

17.4.2　重新梳理和思考核苷酸

在细胞内的新陈代谢方面，起着十分重要的作用的物质是作为 RNA 结构单位的核糖核苷酸及其衍生物。布鲁斯·艾伯茨（Bruce Alberts）所著的《细胞生物学精要》直接将核苷酸定义为“一个核苷酸戊糖含有一个或多个磷酸基团成为核苷酸，可以作为化学能的携带者”。

最重要的一种核糖核苷酸是腺苷三磷酸（ATP），另一些核苷酸衍生物可以作为化学基团的载体。例如，生物合成和生命活动的能源是腺苷三磷酸，细胞内传递代谢信息的信使是环磷酸腺苷（cAMP）、环鸟苷酸（cGMP）等。它们与其他基团结合形成辅酶（如辅酶 A，CoA）；不少现代酶类都需要辅酶的辅助作用才能正常地发挥其催化功能，而辅酶大多数是 RNA 的结构单位核糖核苷酸的衍生物。因此，可以认为辅酶是另一种形式的遗迹。

17.4.3　RNA 与病毒的进化之缘

现存病毒中，RNA 病毒种类繁多，而 DNA 病毒却相对很少。是否可以如此推理，最初生命形态的 RNA，经过复制，一直以片段的形式进入后来进化形成的细胞内，正如病毒侵染原理。细胞的 RNA 不稳定，极易形成小片段，这些小片段被蛋白质包裹起来，就形成了生命之初的病毒。从基因组结构看，类病毒是最简单的 RNA 病毒，被有的科学家作为最早的病毒。而逆转录病毒是进化后的 RNA 病毒。

那么，现今仍然存在的很重要的如 HIV、Rous 肉瘤病毒等，是不是另外一份进化遗迹的留存呢?

17.5　RNA 的功能转换与进化

“RNA 世界”起源学说还表示:“原始生命进化到后来，信息的储存由结构更加稳定的 DNA 分子代替，而催化功能由催化能力更强的蛋白质取代，从而形成了现代意义上的生命体系。”

病毒去侵染细胞，遭到细胞的防御，细胞产生出降解外来 RNA 的蛋白。然后，病毒不断进化，并不断修饰自己的基因组，使之慢慢由单链 RNA 变成双链 DNA。RNA 仅仅具有 4 种亚基，因此 RNA 的催化效率以及所催化的化学反应的范围有限，所以当蛋白质的功能远超过最初 RNA 时，RNA 又将催化的重任传给了蛋白质。

在后来漫长的进化历程中，RNA 容易降解，DNA 比较稳定，因此 DNA 比 RNA 更适合作为遗传信息的永久载体; DNA 的 T 也可以看作由 RNA 的 U 甲基化转化而来，增加的甲基是甲烷的自由基碎片，而甲烷在碱性泉口随处都是。所以，DNA 到 RNA 只需要一个逆转录酶即可。

但是，RNA 在现代细胞中仍然发挥重要作用，原始细胞中 RNA 的功能不可能完全被替代。RNA 仍然催化几种基本代谢反应，除 RNA 的切割连接之外，还有体外的选择性 RNA 的磷酸化、氨酰化、烷基化和聚合作用等。因此，核糖体和 RNA 剪切机器的这些 RNA 催化剂仍可视为远古时代的“分子化石”。

17.6 “RNA 世界”假说与多样性论证

英国的奥吉尔（Oogel）于 1967 年提出“RNA 是地球上最早出现的遗传材料，DNA 和蛋白质则是进化的产物”。1968 年，微生物学家卡尔·沃斯（Carl Woese）和克里克（Crick）也提出同样思想。此外，亚历山大·里奇（Alexander Rich）也曾于 1963 年提出类似想法。

“RNA 世界”起源学说则是由沃森哈佛大学的同事、诺贝尔奖得主沃特·吉尔伯特（Walter Gilbert）于 1986 年在《自然》正式提出，是依据几年之中所发现各种不同形态的 RNA 具有的催化功能所做的大胆推理。这一学说的中心如下：在生命起源的早期阶段存在一个完全由 RNA 分子组成的分子系统，在这一体系中，系统的信息由 RNA 储存，有催化功能的 RNA 分子催化 RNA 自身信息传递及自我复制；由于这一系统能够使信息得到储存及复制，所以这一系统能够生存并进化。

RNA 既作为遗传信息的载体，是合成蛋白质的模板（DNA 的功能），也参与氨基酸的运输（tRNA 的功能）合成蛋白质，同时催化肽链的延伸反应（rRNA 的功能）。只有 RNA 才能使 DNA 和蛋白质建立一种对应的关系。最有力的证明是，RNA 可以完成生命所必需的繁殖过程，即以 RNA 自身的某序列为模板进行复制。

科罗拉多大学的迈克尔·雅鲁斯（Michael Yarus）与其同事表明：“拥有许多反密码子的小 RNA 很容易和正确的氨基酸结合，其亲和力比别的氨基酸大一百万倍。”也就是 RNA 做酶自我催化的可能性比蛋白质酶催化大得多。如此，RNA 非常奇妙地打破了“DNA- 蛋白质”鸡生蛋、蛋生鸡的循环死胡同悖论。

根据诸多实验的发现和RNA自身结构的推理，不难想象出生命之初“RNA世界”的情景与历程：在原始海洋深处高温高压的火山口有前生物汤，富集了可能是雷电作用于原始大气成分而合成的原始核苷酸；碰巧进化成有自复制能力的RNA；获得了选择的机会延续下去后，机缘巧合下产生了具有随机序列的短链RNA分子；自复制RNA的突变体又获得了催化氨基酸缩合成肽的能力（没有的已被淘汰）；之后，形成的肽类又反过来强化了RNA的自复制能力。这样，RNA分子和肽类开始了协同进化，不断产生出更高效的复制系统；原始的转录系统开始不断发展，并伴随着RNA基因组和RNA-蛋白催化功能的发展。

这种对生命的追寻，可以将远古的巨大历史演变与精细的分子结构进化联系在一起。这毕竟是一个伟大构想，无论它是否真的在历史中存在，都对人类探寻生命的真谛有重要作用。

第 3 篇

平衡之韵律：稳态·调节

科学与其说是一种知识体系，不如说是一种思维方式。

——卡尔·萨根《布鲁卡的脑：对科学传奇的反思》

人生中有许多提供我们透视世界、寻找意义的窗口，科学即是其中一扇。

许多聪明、洞见犀利的科学家前赴后继地擦亮了窗上的玻璃。

透过这些窗户，我们对于人类过去未知的领域可看得更远、更清楚。

——珍妮·古道尔《大地的窗口》

“生命观念”是指对观察到的生命现象及相互关系或特性进行解释后的抽象，是人们经过实证后的观点，是能够理解或解释生物学相关事件和现象的意识、观念和思想方法。学生应该在较好地理解生物学概念的基础上形成生命观念，如结构与功能观、进化与适应观、稳态与平衡观、物质与能量观等；能够用生命观念认识生物的多样性、统一性、独特性和复杂性，形成科学的自然观和世界观，并以此指导探究生命活动规律，解决实际问题。

——《普通高中生物学课程标准（2017 年版 2020 年修订）》学科核心素养 1：生命观念

大概念：生命个体的结构与功能相适应，各结构协调统一共同完成复杂的生命活动，并通过一定的调节机制保持稳态。

◆内环境为机体细胞提供适宜的生存环境，机体细胞通过内环境与外界环境进行物质交换。

◆内环境的变化会引发机体的自动调节，以维持内环境的稳态。

◆神经系统能够及时感知机体内、外环境的变化，并作出反应调控各器官、系统的活动，实现机体稳态。

◆内分泌系统产生的多种类型的激素，通过体液传送而发挥调节作用，实现机体稳态。

◆免疫系统能够抵御病原体的侵袭，识别并清除机体内衰老、死亡或异常的细胞，实现机体稳态。

◆植物生命活动受到多种因素的调节，其中最重要的是植物激素的调节

——《普通高中生物学课程标准（2017 年版 2020 年修订）》课程内容：大概念与重要概念内容要求

圣地亚哥·拉蒙－卡哈尔（Santiago Ramóny Cajal）说："自然界似乎并不在乎人类智慧对便捷和一贯性的喜好，而更喜欢表现出复杂和多样性。"这是智者面对生命奥义的回响，生命世界真实的多样性吸引着一代代科学家不断探索，显示出生命结构的多元特性与无限魅力。

系列关联概念
神经递质 轴突与树突 神经元与神经纤维 神经冲动 神经－肌肉接头

18 神经传递的结构基础与化学机理

神经系统和其他系统一样由细胞组成，但是这个系统具有独特性，其与其他组织细胞的形态结构和功能有别。神经细胞形态的概念经历了约一个半世纪的时光才得以逐步建立。1718 年，列文胡克（Leeuwenhoek）观察并描述了神经纤维；1838 年，波希米亚生理学家浦金耶（Purkyně）观察到了轴突及神经胞体，由此提出细胞相当于能量发生器，神经纤维相当于能量传输器。

那么，神经元之间的结构联系、组织形式，以及神经传递的化学机理又是如何呢？

18.1 神经元学说和突触概念的正式建立

18.1.1 主流的神经“网状理论”

1871 年，德国的组织学家约瑟夫·格拉赫（Josef Gerlach）提出，人体的神经系统是“由组合起来的细胞分支组成的网络状的结构”，这是最早提出的神经“网状理论”（the reticular theory）。

1873 年，意大利科学家卡米洛·高尔基（Camillo Golgi）首创重铬酸银－浸银法（银染法），将神经纤维染成深黑色，使其在半透明的黄色背景下可见，提高了显微镜下观察组织和细胞的清晰度。高中生物学教材中作为“蛋白质加工厂”的细胞器就是高尔基通过银染法在神经细胞内发现的，因此以其名字命名为“高尔基体”。1879 年，他观察脑组织的徒手切片，清晰地看到了神经元和神经胶质细胞（但未观察到神经元间隙），虽技术稳定性和可重复性差，但这是人类第一次观察到神经纤维，是神经科学史上的重大突破。高尔基认为神经系统是一个网，神经纤维相互连接，彼此融合成连续的网状结构，类似循环系统的动脉和静脉。

18.1.2 神经元学说的崛起

1886 年，瑞士解剖学家威尔赫尔姆·希斯（Wilhelm His）提出神经细胞并不融合，并且它们可以在没有紧密连接的情况下传递信号。1887 年，瑞士昆虫学家和心理学家奥古斯特·福雷尔（August Forel）注意到运动神经不与肌纤维直接连接，由此推测中枢神经系统中的神经细胞也不一定需要彼此连接，他反对纤维末端互相融合成一体的网络学说。这是历史上质疑主流

“网状理论”的先声。

最初卡哈尔用自己微薄的工资分期付款购买了单眼显微镜，在家里建立了实验室，业余钻研神经解剖，绘制神经系统图谱，开始了划时代的研究。卡哈尔到意大利求教于高尔基，后来用“双重浸渍”对高尔基染色法进行了改良，建立的还原硝酸银染色法能显示最细的神经末梢，能进一步更清楚地观察神经组织及更为精细独立的神经元完整的突起。1888 年，卡哈尔在小鸟和哺乳动物脑中观察到包括整个轴突的完整神经元及其突起间的间隙，观察结果显示神经末梢及其所达到的神经细胞相互接触却不连通。

1891 年，德国解剖学家瓦尔代尔（Waldeyer）赞成神经细胞独立的假设，在一篇综述类论文中提出了“神经元”概念，并以此说明神经细胞的独立性，随后正式将此文提炼为“神经元学说”。此后，这一学说就和网状理论成为两大学派。但瓦尔代尔提出的“神经元学说”并无直接的证据支撑，是卡哈尔的许多成果给予了其强有力的证据支持，为后来突触联系、神经化学传递等一系列神经生物学的深入研究开辟了道路。“神经元学说”提出神经元是独立的单位，突起互不融合（即不是网状联系），神经元包含胞体、树突及轴突；神经元之间仅有接触关系，但可以通过特殊的结构（即后来命名的“突触”）彼此连接进行信号传递。

1892 年，卡哈尔在此基础上提出了 3 个重要的推论：①神经冲动的信号通过兴奋的方式，从一个神经元传到下一个神经元；②神经细胞的胞体、轴突和树突都可产生兴奋；③神经元具有“动态极化”原则，神经冲动的电信号传递具有极性，是单向有序的，树突接收到信号，从树突传向胞体，再沿着轴突传导。这 3 个推论准确地描述了神经系统传递信号的核心过程。

直到 1934 年卡哈尔发表长篇著作，提出了令人信服的结论，“神经元学说”才被学界接受。

18.1.3　“神经生物学之父”的经典画谱

卡哈尔细心研究，得出了神经解剖学的两则基本原理。卡哈尔曾说：“如同不断追寻缤纷美丽蝴蝶的昆虫学家一样，我被神经灰质的后花园深深吸引。那里有形态精致优雅的细胞，还有那谜一般的灵魂的蝴蝶。说不定哪天它一振翅，就能揭开精神世界的神秘面纱。”神经科学界一直公认卡哈尔是有史以来最伟大的神经解剖学家。神经学家称他“迷人、多面、传奇”（斯旺森），说他是“一个天才，一个伟大的科学家，能够观察到别人看不到的事物”（艾瑞克·纽曼）。

卡哈尔绘制了几千幅神经图谱（鸟类小脑中的神经元如图 18-1 所示），在此过程中他依据白细胞的迁移受化学物质的诱导现象提出了轴突生长的导向分子机理：生长期的轴突前端有一种“生长椎”，这种生长椎在靶细胞分泌的化学物质的诱导下，依据物质的梯度，寻找它的生长路径，最终找到它的靶细胞，产生突触联接。几乎在一百年后，神经科学家才发现神经系统内确实表达并分泌各种可引导生长椎的蛋白分子，化学物质诱导下的神经轴突生长也成为神经网络形成的重要机制之一。

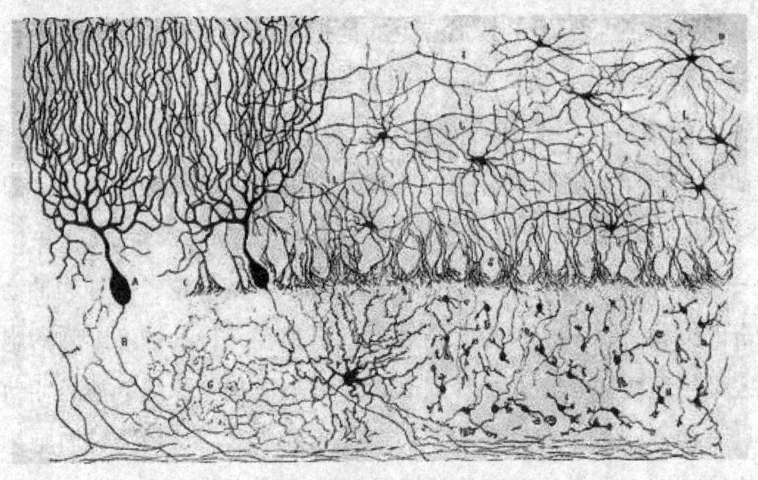

图 18-1　卡哈尔的神经图谱：鸟类小脑中的神经元

1906 年，卡哈尔与高尔基因其卓越的贡献共同获得了诺贝尔生理学或医学奖，但是，在颁奖仪式上，与卡哈尔观点恰好相左的高尔基，依然直接质疑甚至抨击“神经元学说”。

卡哈尔在颁奖仪式上说：“诚然，假设肯定神经系统的运动神经和感觉神经都能连成一个不间断的网络，这种验证分析的方法十分经济和便捷，但不幸的是，自然界似乎并不会在意人类智慧对便捷和一贯性的喜好，而更喜欢表现出复杂和多样性。”

卡哈尔发现了树突棘、生长锥等，建立了动态极化理论。19 世纪末 20 世纪初，借用电子显微镜，科学家根据对神经元及其树突棘、突触的超微观察，直接证明了卡哈尔是正确的。卡哈尔的大量开创性研究成果为现代神经科学奠定了基础，因此其被誉为“神经生物学之父”。

18.1.4　突触概念的提出及其分类

突触（synapse）这一概念最早是由英国著名神经生理学的开创者谢灵顿（Sherrington）于 1897 年首次提出的。他认为突触是指在两个神经元之间或神经元与效应神经细胞间进行信息传导的特定结构，是神经传递所需的结构和功能单元。同时，他认为传入神经纤维的末梢在脊髓中与运动神经元的树突或胞体形成突触，完成一个脊髓反射，并指出管理伸肌的运动神经元兴奋时，完成屈肌的运动神经元必然发生抑制，进而提出突触有兴奋性的也有抑制性的这一推论。但因当时科学技术发展所限，谢灵顿还没有了解突触的形态学结构，但是他指出神经元与神经元之间是不连续的。

1906 年，他在《神经系统的整合作用》一书中再次提出：“鉴于神经元与神经元之间的连接形式在生理学上可能有的重要性，有必要给它一个专门术语，这就是突触。”谢灵顿用这个概念解释了许多神经现象，如神经冲动存在单向传递、疲劳现象、后发放现象（指传入刺激停止后，传出的神经冲动仍可以持续一段时间）等。

直接观察到突触的形态学证据是基于 20 世纪初发展起来的生物组织标本固定染色技术和光学显微镜油镜的使用，因此 20 世纪 50 年代才确立突触的结构。

突触的经典概念是某神经元的轴突末梢与其他神经元的胞体或突起发生功能性接触所形成的特殊结构。广义的概念是指两个神经元之间或神经元与效应细胞之间功能上密切联系、结构上又特殊分化的区域，如神经－肌肉接头、神经－腺体接头等。

突触按接触部位的不同可分为轴突－树突型、轴突－胞体型、轴突－轴突型、胞体 - 胞体型、树突 - 树突型等。按传递性质的不同，可将突触分为兴奋性突触和抑制性突触。按信息传输媒介物性质的不同，突触的类型也较多，最常见的是化学突触和电突触。前者以局部电流形式使信息在两个细胞之间双向传递，后者则是以神经递质为信息媒介使信息单向传递。在突触之间传递神经信息的过程通常被称为突触传递。

1932 年，谢灵顿和英国生理学家埃德加 · 艾德里安（Edgar Adrian）共同获得诺贝尔奖。艾德里安通过研究神经兴奋的电作用、发现神经元的功能并记录神经纤维上的神经冲动和脑电变化，揭示了“入芝兰之室，久而不闻其香；入鲍鱼之肆，久而不闻其臭”的感觉适应现象。

神经元理论和神经递质的基本概念提出者一览如表 18-1 所示。

表 18-1　神经元理论和神经递质的基本概念提出者一览

建立概念	概念提出者	概念研究
反射（reflection）	笛卡尔（Descartes）	1649 年提出概念，谢灵顿和巴甫洛夫等通过实验阐明其规律
树突（dendrite）	威尔赫尔姆 · 希斯（Wilhelm His）	1889 年正式命名
轴突（axon）	科立克（Kölliker） 戴特斯（Deiters）	科立克命名，戴特斯发现并描述了轴突现象，与树突区分开来
神经元（neuron）	瓦尔代尔（Waldeyer）	1891 年正式命名
突触（synapse）	谢灵顿（Sherrington）	1897 年建立概念
化学受体（chemoreceptor）	保罗 · 埃尔利希（Paul Ehrlich）	1907 年提出概念，是神经递质的理论基础
神经递质（neurotransmitter）	奥托 · 洛伊（Otto Loewi）	1921 年通过实验证明 1926 年分离出乙酰胆碱

18.2 第一个神经递质的发现

“神经元学说”被广为接受后，有关传出神经的研究进展迅速。19世纪末，杜布瓦雷蒙（Du Bois Reymond）曾注意到在神经和肌肉接头处有一定的延搁，于是猜测可能有化学物质的作用，这相当于化学递质的思想的萌芽。

18.2.1 思索梦想成真

但是，神经化学递质的研究历史应该始于1904年，剑桥大学医学院学生伊利奥特（Elliott）发表了一篇具有开创性见解的论文，他发现用电刺激交感神经所引起的反应同肾上腺素的作用非常类似，于是提出了假设：每当一次神经电脉冲到达时，在其肌肉接点附近的储存处就释放肾上腺素。他在论文中曾谨慎地指出：“神经冲动传到交感神经末梢，可能是从那里释放肾上腺素，再作用到效应器细胞。”当时人们对于“神经作用于它的靶器官是通过化学物质”的概念一无所知，对于肾上腺素有类似于交感神经的作用也不太清楚。伊利奥特把两者联系起来，并得出肾上腺素可能是神经同其效应器官之间的媒介物的结论。可惜这位年轻科学家没有动手深化证明这一假说，也没有人支持这一观点，伊利奥特甚至遭到了当时权威学者的冷遇。

1906年，有科学家合成了乙酰胆碱，并发现这种物质可以降低血压；同年，迪克森（Dixon）提出迷走神经兴奋会产生一些物质，这种物质（乙酰胆碱）可以使心脏停止跳动。

1921年，德国生理学家奥托·洛伊（Otto Loewi）做了一个梦，但当他恍惚醒来时，已经记不清梦中内容，只看到自己迷迷糊糊依据梦境随手所作笔记；第二天夜里睡去后，昨夜梦境竟神奇重现了，于是他到实验室依梦境的思路设计完成了实验。

首先，电刺激连在第一只青蛙（A 蛙）心脏上的迷走神经。迷走神经属于副交感神经，作用是减弱心脏收缩，引起心跳减慢。然后，立即将 A 蛙心脏内的任氏液吸出引入第二只青蛙（B 蛙）的心腔内，两个蛙心都装上蛙心插管，并充以少量任氏液。结果发现 B 蛙出现了和刺激迷走神经之后相同的心跳减慢现象。洛伊认为，支配 A 蛙的心脏迷走神经兴奋时，末梢有化学物质释放出来，这种化学物质随着任氏液转移到了 B 蛙心脏中，使心跳减慢。这个双蛙心灌流实验证实了神经递质的存在，进一步支持迷走神经不是通过“电传递”而是通过“化学传递”影响心脏功能的观点，奠定了神经兴奋化学传递学说。这种在突触传递中担当“信使”的特定化学物质，就是神经递质（简称“递质”）。

1926 年，洛伊进一步通过实验分离出了这种物质，他指出这种物质通过迷走神经影响心脏活动，并将其称为迷走素（也就是乙酰胆碱），这是人类第一个正式发现的神经递质。

洛伊巧妙经典实验的科学佳话，不禁让人想起苯环结构和元素周期表发现的故事。德国化学家凯库勒（Kekulé）一直在冥思苯的结构，1864 年冬的一天，他坐在壁炉前打了个瞌睡，梦见原子和分子在跳舞，一条碳原子链像蛇一样咬住自己的尾巴在旋转，猛然惊醒之后，凯库勒明白了苯分子是六角圈环。35 岁的俄国化学家门捷列夫（Менделе́ев）曾苦苦思索周期表，1869 年的一天，他在梦里看到一张表格，各种元素纷纷落在合适的格内，醒来后他立刻记下了表的设计理念：元素的性质随原子序数递增，呈现规律性变化。这几个科学史上的梦让人感悟出，念念不忘，必有回响。

18.2.2 神经递质的本质探究

早在 1914 年，阿瑟·约翰·埃文斯（Arthur John Ewins）就从麦角中提取出了一种神经递质。与此同时，亨利·戴尔（Henry Dale）通过研究指出从神经到肌肉的信号传递是通过化学物质发挥作用，而不由电信号介导。戴尔根据神经递质的种类，把周围神经分成“胆碱能神经”和“肾上腺能神经”，这一分类方法为神经传递研究做出了重要的贡献。1929年，科学家发现乙酰胆碱是动物机体内的正常组分，进一步支持了洛伊神经递质的概念。

1933年，中国神经生理学家张锡钧等人建成了测定乙酰胆碱的方法，并由此发现马的交感神经乙酰胆碱含量丰富。1937年，张锡钧在北京协和医院观察到迷走神经中枢端释放乙酰胆碱可促使垂体后叶释放激素，由此提出了“迷走神经—垂体后叶反射”学说，获得了各国学者的支持。

由此，“神经递质”的概念得以明确，即指在突触前神经元进行合成并在末梢部得到释放，能特异性作用于突触后膜或效应器上的受体，从而使突触后神经元或效应器神经细胞上产生特定效应的化学信号分子。一般认为，递质必须具备如下条件：要有生物合成、储存于突触小泡中、被释放出来后作用于受体、能失活或移除、可经药理学验证肯定等。递质主要为两种：相对分子质量较小的称为神经递质，相对分子质量较大的称为神经活性肽，两者均储存在突触囊泡中。

1936年，洛伊和戴尔因证明乙酰胆碱是神经冲动的化学递质而获得诺贝尔奖。

18.2.3 乙酰胆碱的生理作用

乙酰胆碱是一种传出神经系统递质，全部交感神经和副交感神经的节前神经元、全部副交感神经和极少数交感神经的节后神经元及定向突触的神经－肌肉（骨骼肌）间连接的神经递质都是乙酰胆碱。

乙酰胆碱通过与乙酰胆碱受体（AChR）相结合发挥功能，其生理效应是复杂的，表现为心脏抑制、血管舒张、平滑肌收缩、腺体分泌增加（如流涎）、缩瞳。其表现的效应各异，既有兴奋也有抑制。乙酰胆碱对生物的代谢、生长、发育有着重要的调控作用。乙酰胆碱是中枢系统中重要的神经递质之一，广泛参与骨骼肌运动、内脏活动、腺体分泌、感觉与思维等活动的控制和调节。

人体内乙酰胆碱分泌不足或作用受阻，将引起多种疾病。例如，阿尔茨海默病大脑基底前脑胆碱能神经元退化损伤，导致乙酰胆碱分泌不足，是引起相应病症的重要原因。

18.2.4　神经递质的多种类型

按生理功能差异，神经递质可分为兴奋性神经递质和抑制性神经递质。甘氨酸、多巴胺、氨基丁酸及去甲肾上腺素等主要起到抑制神经传导的作用。化学递质的生理功能，取决于它所作用的突触后膜的离子通透性和细胞内的离子浓度。

不同突触类型分泌的兴奋性神经递质种类多种多样。非定向突触分泌的递质主要为乙酰胆碱和去甲肾上腺素，定向突触中神经元之间的突触所分泌的递质比较多样。

按化学性质不同，神经递质可分为单胺类、氨基酸类、肽类和嘌呤类等。单胺类包括多巴胺、去甲肾上腺素和羟色胺 3 种。氨基酸是中枢神经系统的递质，如甘氨酸、氨基丁酸和天门冬氨酸等，谷氨酸在脑和脊髓中含量丰富。现已发现的肽类递质有胃肠肽（如促胰液素、胃动素、胃泌素）、神经降压素、血管紧张素等。嘌呤类神经递质可以保护神经元和胶质细胞，包括腺苷、腺苷三磷酸等。

按分布部位不同，神经递质可分为中枢神经递质和周围神经递质。中枢神经突触前膜分泌的递质多种多样，在中枢神经系统中，乙酰胆碱是脊髓前角运动神经元、丘脑、脑干网状结构、边缘系统的核团中（如海马等）的递质。周围神经递质有去甲肾上腺素以及嘌呤类和肽类递质，交感神经节后纤维释放的递质极个别情况下是嘌呤类和肽类化学物质，它们主要存在于胃肠。有实验表明，ATP、血管活性肠肽也是节后纤维释放的递质。

神经递质包裹在突触前的各个突触小泡中，当信号传导到神经终末后，突触小泡移向突触前膜与之融合，再向突触间隙的方向裂开，将神经递质释放到突触间隙中。神经递质越过突触间隙，作用于突触后膜上的受体。信号传递完成后，神经递质就会失活。

虽然生命活动复杂多样，外界环境起伏多变，但生命机体却能稳定如初。经历了长久进化，生命系统已经精化了自我调节功能，内分泌功能尤其强大，其主要由化学信号分子完成。

系列关联概念
内分泌腺分泌的激素 神经—体液—免疫调节网络 神经激素 下丘脑—垂体—甲状腺轴

19 内分泌调节由化学信号分子完成

生命系统能够适应多变的外界环境，调节自身代谢，使得机体在起伏多变时依旧稳健运行。生命系统的自我调节依靠神经系统、内分泌系统和免疫系统，不同系统各司其职、协作统一，这就是“神经—体液—免疫”调节网络。

脊椎动物的组织和器官协同工作，使身体的内环境维持稳态，这是通过体内所有器官在许多机制的作用下而达到的。神经系统和内分泌系统是专门调节体内器官的系统，二者都释放调节分子，这些调节分子与器官细胞表面的受体蛋白结合，进而发挥作用。

19.1 关于调节的几个主要概念的梳理

19.1.1 内分泌腺和激素

人或高等动物体内有些腺体或器官能分泌激素，这些激素不通过导管排出，而是由血液带到全身，进而调节机体的生长、发育和生理机能，这种分泌过程叫作内分泌（endocrine）。调节机体的新陈代谢、生长发育和生殖等各项生命活动，维持内环境理化性质的稳态，以保证机体对外界的适应，是内分泌系统的重要功能。

内分泌系统包括分散在体内的无管腺体（内分泌腺）和组织细胞（行使内分泌功能），人体内主要的内分泌腺（endocrine gland）有脑垂体、甲状腺、甲状旁腺、胰岛、肾上腺和性腺等。这些特定的器官或细胞在特定的刺激（神经或体液）作用下，直接释放某种特异性信号分子到血液或淋巴液中，这些物质称为激素（hormone）。激素经血液循环，运到身体的每一个细胞，但是只有激素的特定靶器官、靶细胞才能与之发生反应，产生调节效应。

19.1.2 几个相近调节信号分子的概念区分

神经递质和激素的区别不在于其化学本质，而在于其运到靶细胞的方式和距离。由内分泌腺分泌到血液中的调节分子叫激素，由轴突释放到突触间隙中的调节分子叫神经递质（neurotransmitter）。例如，去甲肾上腺激素的化学调节物，既可作为激素由肾上腺分泌，又可作为神经递质由交感神经细胞分泌。

一些特殊的神经细胞只分泌化学信号分子到血液中，而不分泌到突触间隙中。这种情况下，这些物质可被称为神经激素。神经激素由神经细胞合成后沿轴突运送至末梢释放，可弥散作用于邻近的细胞，或直接释放到血液中发挥作用，如下丘脑神经细胞分泌的调节因子通过垂体门脉系统作用于腺垂体（垂体前叶），这时神经系统和内分泌系统的界限变得模糊不清。当然，由于大脑中的一些神经细胞可以分泌激素，所以大脑又可称为内分泌腺。

19.2 内分泌腺分泌激素与相关功能梳理

垂体分为两部分：垂体前叶（腺垂体）和垂体后叶（神经垂体）。前一部分是腺质的，起源于胚胎发育期中的上皮组织；后一部分是纤维化的，起源于胚胎发育期中的神经组织。两者有不同的胚层起源，所以释放不同的激素，并被不同的神经系统调节。

下丘脑对垂体前叶的激素调节如图 19–1 所示。

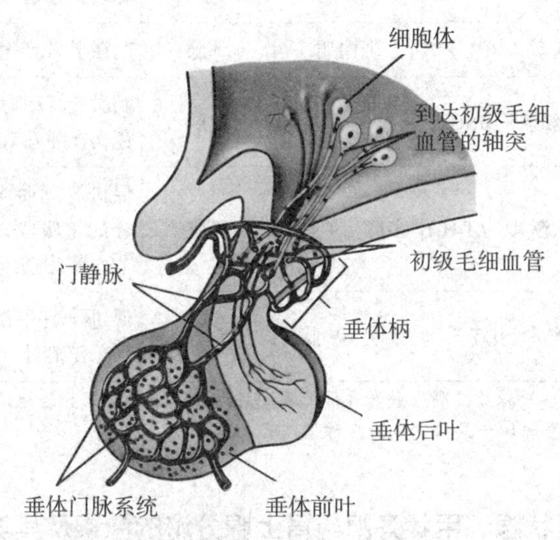

图 19–1　下丘脑对垂体前叶的激素调节

（引自拉弗、约翰逊《生物学》）

19.2.1 垂体分泌（释放）的激素及其功能

垂体分泌（释放）的激素及其功能如表 19–1 所示。

表 19-1　垂体分泌（释放）的激素及其功能

内分泌器官	激素	化学本质	靶器官 / 靶细胞	主要功能
垂体前叶（腺垂体）	生长激素（GH）	蛋白质	许多器官	刺激蛋白质合成和脂肪分解，从而促进生长，促进肌、内脏生长和多种代谢过程，使骨增长
	促甲状腺激素（TSH）	糖蛋白	甲状腺	促进甲状腺激素的合成与分泌
	促肾上腺皮质激素（ACTH）	多肽（39 肽）	肾上腺皮质	促进肾上腺皮质激素分泌，如皮质醇
	促卵泡激素（FSH）	糖蛋白	性腺	促进生殖腺的分泌活动，刺激精子形成（雄），刺激卵泡发育（雌）
	黄体生成素（LH）	糖蛋白	性腺	促进睾酮分泌（雄），刺激排卵和黄体形成（雌）
	催乳素（PRL）	蛋白质	乳腺	刺激乳汁产生和分泌
	促黑激素（MSH）	多肽（13 肽和 22 肽）	皮肤	刺激爬行动物、两栖动物皮肤变色，在哺乳动物中的功能未知
垂体后叶[1]（神经垂体）	抗利尿激素（ADH）	多肽（9 肽）	肾脏	促进肾远曲小管和集合管对水分的重吸收，减少排尿量，调节血浆渗透压
	催产素（OT）	多肽（9 肽）	子宫 / 乳腺	促进子宫平滑肌收缩，促进乳腺分泌乳汁

注：1.垂体前叶释放抗利尿激素和催产素两种激素，都是在下丘脑神经细胞中合成的。

2.也有书籍中记录抗利尿激素和催产素都是 8 肽。

19.2.2　甲状腺、甲状旁腺与肾上腺分泌的激素及其功能

甲状腺、甲状旁腺与肾上腺分泌的激素及其功能如表 19-2 所示。

表 19–2 甲状腺、甲状旁腺分泌的激素及其功能

内分泌器官	激素	化学本质	靶器官 靶细胞	主要功能
甲状腺	甲状腺素	氨基酸衍生物（碘化氨基酸）	大多数细胞	提高代谢速率，促进生长发育；提高神经兴奋性；对婴幼儿的骨骼发育和中枢神经系统发育影响显著
	降钙素	多肽（32 肽）	骨骼	抑制骨骼中钙的流失，从而降低血钙浓度
甲状旁腺	甲状旁腺激素	多肽（34 肽）	骨、肾、消化道	刺激骨分解，提高血钙浓度，调节体内钙和磷的代谢，增强肾脏对钙的重吸收，激活 VD
肾上腺（皮质）	盐皮质激素（醛固酮）	类固醇	肾脏	促进钾离子分泌和钠离子再吸收，维持钠、钾离子平衡；分泌性激素，影响第二性征等
	糖皮质激素（皮质醇）	类固醇	肌肉、免疫系统	提高血糖，分解脂肪；减轻炎症与过敏反应，适应长期的应激反应
肾上腺（髓质）	肾上腺素和去甲肾上腺素	氨基酸衍生物	平滑肌、血管、心脏	启动应激反应，提高心率血压、代谢率，心肌收缩力加强；使小动脉平滑肌收缩，以维持血压稳定等

19.2.3 性腺与胰岛分泌的激素及其功能

性腺与胰岛分泌的激素及其功能如表 19–3 所示。

表 19–3 性腺与胰岛分泌的激素及其功能

内分泌器官	激素	化学本质	靶器官 / 靶细胞	主要功能
睾丸	产生精子和雄激素；可少量分泌雌性激素	类固醇	许多器官 雄性生殖器官	促进生殖器官的发育，激发并维持雄性第二性征的发育；促进精子形成

续 表

内分泌器官	激素	化学本质	靶器官 / 靶细胞	主要功能
卵巢	主要产生雌激素	类固醇	普遍存在	可刺激子宫、阴道和乳腺的生长发育，出现并维持女性第二性征
	孕激素	类固醇	雌性生殖系统；子宫、乳腺	促进子宫内膜在雌性激素作用的基础上继续生长发育；为受精卵着床和妊娠的维持做准备，促进乳腺发育，为哺乳做准备
胰岛（A 细胞）	胰高血糖素	蛋白质 多肽（14 肽）	肝 / 脂肪组织消化管、胰腺细胞	促进糖原分解，提高血糖浓度，抑制胰岛素和胰高血糖素分泌，减少消化管的分泌和吸收
胰岛（B 细胞）	胰岛素	蛋白质	肝、骨骼肌、脂肪组织	促进血糖进入组织细胞氧化分解，或将其转化为糖原和脂肪，抑制肝糖原和非糖物质转化为血糖

19.2.4 褪黑素和胸腺激素

除上述介绍的内分泌腺外，还有一个重要的内分泌腺叫作松果体（脑上腺），它有豌豆大小，长得很像松果，因此得名，因为起源于低等动物头骨顶部的中眼，故又有“第三只眼”之称。松果体分泌的褪黑素是一种氨基酸衍生物，作用于性腺、色素细胞，其功能是抑制促性腺激素的释放，间接影响性腺的发育，同时参与调节生殖系统的发育，与生物节律和许多神经功能活动有关。但是，松果体在人体中的作用有些暂存争议。

还有许多是非内分泌腺分泌的激素，如胸腺属于淋巴器官，兼内分泌功能，是 T 淋巴细胞的生发中心，可以分泌胸腺素，化学本质属于多肽，作用于免疫系统，主要功能是促进 T 细胞发育，激活对 T 细胞的免疫应答。另外，肾脏可以分泌促红细胞生成素，能促进骨髓产生红细胞。

19.3　下丘脑垂体门脉系统与相关激素的调节

哈里斯（Harris）提出了下丘脑调节腺垂体的神经—体液学说，指出各种外界的刺激引起的传入冲动作用于下丘脑的神经分泌细胞，这些神经元的末梢终止于正中隆起的下丘脑垂体门脉的初级毛细血管网，下丘脑神经细胞兴奋时，其末梢释放调节垂体的体液传递因子进入毛细血管，由门脉血流运到垂体前叶（腺垂体）去促进或抑制垂体前叶分泌相应的激素，这一学说将神经系统和内分泌系统这两个调节系统的功能统一起来。

最终，生理学家确定了下丘脑垂体门脉系统的调节途径：毛细血管汇成小静脉通过垂体柄后，在垂体前叶再汇成第二级毛细血管，这种不寻常的血管系统叫作下丘脑垂体门脉系统。叫作门脉的原因是毛细血管之后，还有第二毛细血管网（另一个门静脉系统在肝脏，接受来自胃肠的毛细血管网血液）。

下丘脑分泌的激素及其功能如表 19–4 所示。

表 19–4　下丘脑分泌的激素及其功能

激素	主要作用	调节
促甲状腺激素释放激素（TRH）	促进垂体合成分泌促甲状腺激素	低温引起分泌，反馈调节
促肾上腺皮质激素释放激素（CRH）	促进垂体合成分泌促肾上腺皮质激素	应急刺激增加分泌，反馈调节
促性腺激素释放激素（GnRH）	刺激卵泡刺激素和黄体生成素释放	反馈调节，有关神经输入刺激分泌

续 表

激素	主要作用	调节
生长激素释放激素（GHRH）	刺激生长激素释放	低血糖刺激分泌
生长激素释放抑制激素	抑制生长激素释放	运动引起身体分泌，在组织中很快失活
催乳素释放抑制激素（PIF）	抑制催乳素释放	高水平的催乳素增加分泌，哺乳的神经刺激抑制分泌
促黑激素抑制素（MIH）	抑制黑色细胞刺激素释放	褪黑素抑制分泌

下丘脑分泌的激素经过下丘脑垂体门脉到达垂体前叶而对垂体起作用，垂体分泌的促激素又调节控制有关腺体的激素分泌。下丘脑—垂体—腺体形成了一个神经内分泌系统，其中既有自上而下的垂直调节，也有腺体到垂体再到下丘脑的反馈调节，是一个层层控制、相互制约的严密的反馈系统。

下丘脑的轴突末梢直接伸入神经垂体内部，合成分泌出来的抗利尿激素和催产素经过组织液储存在垂体中，由垂体释放其作用，而不经过血液传运。抗利尿激素能通过肾脏重吸收水而平衡血浆渗透压，抗利尿激素分泌减少可导致尿崩症，同时引起微动脉上平滑肌收缩，有升压作用，所以也叫加压素。

各种器官的功能除受到神经、内分泌信号分子调节外，还有旁分泌、自分泌等影响，每种化学信号分子都通过特定的途径与靶器官细胞表面的受体或胞内受体结合，从而产生相应的效应。

内分泌腺之间在形态上大多数没有直接联系，但在功能方面息息相关。每个内分泌腺几乎都和其他内分泌腺有直接或间接的联系。内分泌系统和神经系统在结构和功能上相互联系，几乎所有内分泌腺都直接或间接地受神经系统的影响。神经系统通过内分泌系统间接地调节机体内多种器官的活动形式，内分泌系统也在一定程度上影响神经系统的功能。

机体内有一场音乐会虚位以待，怎么公告宣传呢？电话和邮件，相当于神经递质的传导；电台广播告知，相当于激素的传递；布告栏张贴宣传单，相当于旁分泌调节分子；别忘了给自己留一份提示便笺，相当于自分泌因子。此刻，音乐会大幕将启……

系列关联概念
神经激素 激素和神经递质 生长因子 自分泌和旁分泌

20　化学信号分子以多种方式调节生命活动

各种器官的功能受到神经、内分泌和旁分泌的调节因子的影响，激素、神经递质和调节因子如图 20–1 所示。

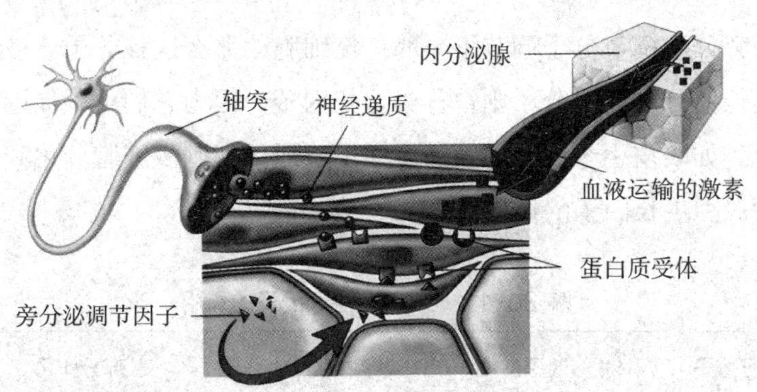

图 20–1　激素、神经递质和调节因子

（引自拉弗、约翰逊《生物学》）

20.1 旁分泌调节可以起局部调节作用

某些内分泌细胞与相邻细胞间存在着某种特殊的紧密连接，调节分子不能直接进入血液循环，内分泌细胞分泌的激素分泌后只能通过弥漫作用于邻近的靶细胞而发挥作用，从而影响组织细胞的功能活动，这种调节方式被称为旁分泌（paracrine）。旁分泌与经血液运输的“远距分泌”不同，它只是传递局部信息，但与激素作用于靶细胞的方式相类似。

旁分泌调节在许多器官和免疫细胞中都存在。例如，胰高血糖素刺激胰岛 B 细胞分泌胰岛素；胃黏膜某些细胞分泌的组织胺作用于邻近的壁细胞，调节壁细胞的泌酸活动。旁分泌调节也是对神经调节和内分泌控制系统的一个补充。

如果旁分泌调节分子调节不同的免疫细胞，那么这种分子就被称为细胞因子。其他旁分泌调节分子则被称为生长因子，因为它们可以促进细胞的生长和分化，如表皮生长因子、胰岛素样生长因子就刺激细胞分化和靶细胞增殖。几种典型生长因子的作用如表 20-1 所示。

表 20-1　几种典型生长因子的作用

信号分子	起源部位	化学本质	部分作用
表皮生长因子（EGF）	各种细胞	蛋白质	刺激表皮和许多其他类型细胞的增殖
血小板生长因子（PDGF）	各种细胞，包括血小板	蛋白质	刺激许多类型的细胞增殖

续 表

信号分子	起源部位	化学本质	部分作用
神经生长因子（NGF）	各种神经支配组织	蛋白质	促进某些种类的神经元存活与其轴突生长，叫作神经营养蛋白
转化生长因子（TGF-B）	许多细胞类型	蛋白质	抑制细胞增殖，刺激细胞外基质的生成
组胺	肥大细胞	组氨酸衍生物	导致血管扩张渗漏，有助于引起炎症反应

前列腺素是一种多样化的旁分泌调节分子。机体受到激素或其他物质刺激时，前列腺素就会由细胞膜上的磷脂分子释放。前列腺素具有许多功能。例如，前列腺素是凝血过程中血小板发挥作用的必需因子；前列腺素也可能在卵细胞中发挥作用，分泌过多的前列腺素可导致早产、痛经或子宫内膜异位症。

在旁分泌调节过程中，信号分子并不进入血液，而是通过细胞外介质进行局部扩散，并逗留在分泌这些信号分子的细胞的附近。这些信号分子起局部介质的作用，如调节感染部位炎症反应或调解伤口愈合过程中细胞增殖的许多信号分子，就以这种方式行使功能。

20.2 自分泌是内分泌细胞自我调控的一种方式

在一些条件下，细胞响应的局部介质正是它们自己所分泌的，这种形式就是自分泌信号传导。肿瘤细胞有些时候就是通过这种方式促进自我增殖和存活的。

所谓自分泌，就是内分泌细胞将激素或调节肽分泌后，通过组织液再作用于本细胞，使分泌细胞的功能发生改变。调节分子分泌后即在分泌该激素的细胞内部发挥作用，这是内分泌细胞自我调控的一种方式。例如，肾上腺髓质激素抑制自身合成酶的活性；胰岛 B 细胞释放的胰岛素能抑制同一细胞进一步释放胰岛素。

下面介绍几种不同的分泌方式，如图 20-2 所示。

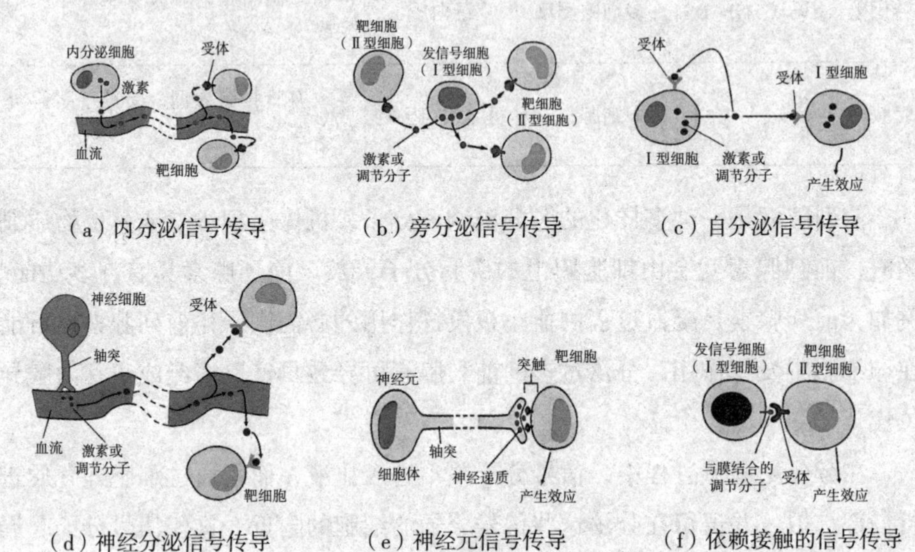

图 20-2　几种不同的分泌方式

（引自艾伯茨等《细胞生物学精要》）

20.3　腔分泌是激素直接释放到管腔中发挥作用

机体内还有一些器官组织也能分泌多种有重要作用的激素，但习惯上不将它们归入内分泌系统。例如，胃肠黏膜除存在分泌消化液的外分泌腺之外，还有各种众多的内分泌腺细胞，它们所分泌的特异性激素，统称为胃肠激素。科学家应用电子显微镜等方法证明胃到大肠黏膜层内分散存在着超过40种内分泌细胞，而且胃肠分泌细胞的总数超过体内所有其他内分泌腺中内分泌细胞的总和，所以胃肠道也被认为是人体最大最复杂的内分泌器官。

胃肠道黏膜分泌胃泌素、促胃液素、抑胃肽、促胃动素等。这种将激素直接分泌到肠腔等管腔中发挥作用的分泌过程叫作腔分泌（soli-nocrine）。

腴岛素可以用于改善和治疗糖尿病，被称为20世纪的重大发明。从发现肝脏参与糖调节，到提取胰岛素；从胰岛素氨基酸序列的测定，到胰岛素化学结构的确定；从结晶牛胰岛素的人工合成，到基因工程设计，人类对胰岛素的研究逐步深入，这一过程也是对概念认知的完善与跨越。

系列关联概念
血糖平衡的调节 内环境的稳态 胰岛细胞 蛋白质的氨基酸序列

21 胰岛素的发现与合成历程

胰岛素是由胰脏内的胰岛 B 细胞受内源性或外源性物质如葡萄糖、乳糖、核糖、精氨酸、胰高血糖素等刺激而分泌的一种蛋白质激素。胰岛素是机体内唯一能降低血糖的激素，同时能够促进糖原、脂肪、蛋白质合成。目前，胰岛素（insulin）的分子结构和分子式（$C_{256}H_{381}N_{65}O_{76}S_6$）及其功能已被大众知晓，但此前人类的探索历程却很曲折。

3 500 年前，古埃及手稿中就已留有对糖尿病的简单描述；2 000 多年前古希腊医生已给出了“iabetes”的正式名称。糖尿病在那个时代是不治之症，唯一有效的方法是通过极端的饮食限制来降低患者的血糖水平，通常能延续数月生命。

21.1 贝尔纳发现肝脏参与糖调节，并提出“内环境”的重要概念

19世纪中叶之前，人们一致认为血糖直接来源于食物，而且认为动物不能合成多糖。当时，学界还有一个流行理念：器官有一种且只有一种生理功能。

1848年，法国生理学家克洛德·贝尔纳（Claude Bernard）发现实验犬数日不进食或不进食糖类，其血液中仍然含葡萄糖。他也在肝静脉中发现高浓度的葡萄糖，而其他器官没有，鸟类、鱼类、爬行类动物均有此现象。贝尔纳得出结论：肝脏是葡萄糖的来源。

1849年的一个早晨，贝尔纳发现一块前日随手丢弃的肝脏中竟然含有高浓度葡萄糖，这和他之前的推测相吻合，但是和流行学说相抵触。于是，他开始深入探讨。

1851—1856年，贝尔纳发现肝脏能将其他物质转化成糖原（葡萄糖的异生作用）、胰液能够消化脂肪。他摒弃传统认识，用大量实验事实证明：肝脏能把葡萄糖合成肝糖原储存起来，肝糖原又可分解成葡萄糖回到血液，供机体所需；血液中的糖来自肝脏，而非直接来自食物。

贝尔纳最伟大的贡献是1854年正式提出“内环境”的重要概念，他认为动物生存在其适应的外环境中，体内的细胞生活于“内环境”里。他用一句名言高度概括：“内环境的恒定是自由和独立的生命赖以维持的条件。”内环境要经常同外环境保持平衡，否则生命活动就要发生紊乱。贝尔纳于1865年出版的《实验医学研究导论》一书也被认为是生理学发展史上的一个里程碑。

21.2 班廷通过实验发现胰腺的提取物可以降低血糖

胰腺一直被认为是一个外分泌腺。1869 年，德国医学院一名叫作保罗·兰格罕氏（Paul Langerhans）的学生在胰腺中发现了一簇簇分散的细胞（后称兰格罕氏岛，即胰岛）。1889 年，约瑟夫·冯·梅林（Josef von Mering）和奥斯卡·闵可夫斯基（Oskar Minkowski）试图确定胰腺的生理功能，他们摘除一只狗的胰腺后，发现狗表现出糖尿过高等糖尿病的所有症状，这提示胰腺可能与糖尿病有关。

加拿大生理学家弗雷德里克·班廷（Frederick Banting）推测胰腺会产生一种激素控制糖代谢。1920 年，班廷读到结扎胰液管后引起胰腺退化的论文，这给了他不少启发。1921 年，他在母校多伦多大学的麦克劳德（Mcleod）的帮助下使用实验室，麦克劳德给班廷提供了 10 条狗，他休假时重复了闵可夫斯基的实验，并替班廷找 22 岁的大四学生贝斯特（Best）来帮忙。他们在 10 只糖尿病狗身上注射从胰腺中分离出的提取液，发现这一过程可以降低狗体内的血糖和尿糖含量。

通过反复实验，班廷和贝斯特证明胰岛分泌的物质在糖调节中作用明显。

度假的麦克劳德闻讯后赶回加拿大，决定让自己的团队接手后续研究。1922 年 1 月 11 日，多伦多大学的医生将班廷团队提取的胰岛素第一次注射到 14 岁的兰纳德·汤姆森（Leonard Tomson）的体内，半小时后，男孩的血糖值就下降了 25%。12 d 后，医生给他连续注射，发现他的血糖下降了 75%，尿糖近乎完全消失，体力明显恢复。当时一位患者的知名度较高，她接受胰岛素治疗后迅速痊愈，这也成了最好的宣传。班廷和贝斯特称此激素为isletin，麦克劳德则主张用一个趣味性的古老名称insulin(胰岛素)。加拿大纪念邮票上海专门保留了班廷与胰岛素的发现过程。

1923年，诺贝尔奖颁发给班廷和麦克劳德，班廷成为加拿大历史上第一位诺贝尔奖得主。11月14日是班廷的生日，世界卫生组织和国际糖尿病联合会将每年这一天设为“世界糖尿病日”，以此来纪念胰岛素发明人。

21.3 桑格实验：胰岛素是第一种被完整测定氨基酸序列的蛋白质

1943年，英国化学家弗雷德里克·桑格（Frederick Sanger）开始致力研究胰岛素的氨基酸序列，当时人类还不明白基因是什么，还沉浸在认为蛋白质是遗传物质的喜悦中；艾弗里也没有进行肺炎双球菌的转化实验，沃森和克里克还没有发现DNA的双螺旋结构，因此当时并没有人探究到基因的表达问题。

桑格在1951年和1952年测定了胰岛素两条多肽链完整的氨基酸，发现A、B链分别有21个和30个氨基酸。桑格将利用不同方法产生的许多肽的序列集合起来组合成较长的序列，从而推断出了胰岛素的完整结构。1955年，桑格小组测定了牛胰岛素的全部氨基酸序列。桑格推断，人类的所有蛋白质都有一个独特精确的化学序列。这一发现对于后来克里克（Crick）形成序列假说（DNA编码蛋白质）这一重要概念极其关键，开辟了人类认识蛋白质分子化学结构的道路。

21.4　霍奇金确定了胰岛素的三维化学空间结构

胰岛素是首个被确定的具有化学三维晶体结构的激素，由英国的多罗西·克劳福特·霍奇金（Dorothy Crowfoot Hodgkin）于1969年发现。

1928年，霍奇金进入牛津大学萨默维尔学院，攻读化学专业，并发表了关于X射线晶体学的学士论文。1932年，她来到剑桥的贝尔纳实验室，受到了贝尔纳的许多点拨。1934年，霍奇金重回牛津大学任教。1939年，她首次制备了胰岛素分子结晶。1945年，她确定青霉素的结构。1955年，她又成功确定维生素 B_{12} 的结构。1964年，她因对青霉素和维生素 B_{12} 结构的发现，成为荣获诺贝尔化学奖的第三位女性，也是第二位独享诺贝尔化学奖的女性（第一位是居里夫人）。一年后，她获得了英国女王伊丽莎白二世授予的功绩勋章，成为继南丁格尔（Nightingale）之后第二位获此勋章的英国女性。

值得一提的是，霍奇金努力促进国际学术交流，是中国科学家的老朋友，给予了中国胰岛素的研究许多帮助。中国开始研究胰岛素的几位重要科学家都先后在霍奇金实验室受其指导。霍奇金于1972年首次在国际大会上宣布：胰岛素晶体的最好电子密度图在北京，而不在牛津。

21.5　中国开启：首例合成有活性的蛋白质时代

1958年12月21日，中国科学院生化所正式确立人工合成牛胰岛素的课题，同年列入国家科研计划。不久后，中国科学院上海生物化学研究所、中国科学院上海有机化学研究所和北京大学化学系三个单位联合，以钮经义为首，由龚岳亭、邹承鲁、杜雨苍、季爱雪、邢其毅、汪猷、徐杰诚等人共同组成一个协作组。人工合成胰岛素的工作分成三部分，邹承鲁等人首先把天然的胰岛素拆开，然后通过二硫键重组将这两段多肽连接成蛋白质合起来，这就是“拆合工作”，最后合成A链和B链两段多肽。中国独立完成的拆合工作最具原创性。拆合工作的成功，证明蛋白质一级结构决定高级结构，确定了先分别合成再合起来的一种重要的总途径，具有非常重大的理论意义。

中国科学院自然科学史研究所熊卫民、王克迪著的《合成一个蛋白质：结晶牛胰岛素的人工全合成》展示了专业还原过程：1965年11月，国家为人工合成结晶牛胰岛素举行了严格的鉴定会。杜雨苍、钮经义、汪猷等人接着又合成了多批人工合成产物，并对其性质做了尽可能详尽的检测。邹承鲁回忆：“那实在是一个无法用语言形容的激动人心的时刻。”1965年9月17日，最后验证合成的胰岛素具有活性的实验取得成功，中国科学家在世界上首次人工合成了具有生物活性的结晶牛胰岛素，这是人类历史上首次人工合成生命大分子。这表明人类在研究生命的历程中又跨越一步。

数据都齐备后，这一重要科学研究成果首先以简报形式发表在11月的《科学通报》杂志上。1966年3月30日，科学家以集体的名义在《科学通报》和《中国科学》上分别用中、英文全文发表了详细的结果。此期间，借赴华沙参加欧洲生物化学联合会议的机会，龚岳亭、邹承鲁、王应睐等人向世界宣布了成果，在国际上引起极大反响，包括诺贝尔奖得主肯德鲁（Kendrew）在内的一些科学家特意到上海参观。

之后，美国和德国科学家也完成了类似合成工作。20世纪70年代初期，英国和中国的科学家又成功地用X射线衍射方法测定了猪胰岛素的立体结构。这些工作为深入研究胰岛素分子结构与功能关系奠定了基础。

1963年，科学家指出动物源胰岛素接近人的胰岛素，猪、牛的胰岛素与人的胰岛素分别只差1个和3个氨基酸，但糖尿病患者也会因此微小的差别而产生过敏反应。

1978 年，赫伯特·博耶（Herbert Boyer）应用生物工程合成了第一种人类的蛋白质（胰岛素），他把来自人类的胰岛素基因拼接到大肠杆菌的质粒 DNA 上，将此重组基因细菌继续繁殖，于是工程菌变成了微型的胰岛素生产工厂。1982 年，伊莱·礼来（Eli Lilly）将这种人类胰岛素投放市场代替了动物胰岛素。

21.6 人工合成胰岛素与诺贝尔奖的缘起缘落

胰岛素相关研究成就曾获得多次诺贝尔奖。1923 年，班廷等因发现胰岛素和使用胰岛素治疗糖尿病而荣获诺贝尔生理学或医学奖。1955 年，维格纳奥德（Vigneaud）因合成多肽激素催产素而获得诺贝尔化学奖。1958 年，桑格（Sanger）因分离和确定胰岛素的氨基酸组分的构成获诺贝尔化学奖。1984 年，梅里菲尔德（Merrifield）因为发明固相合成方法而获得诺贝尔化学奖。

那么，中国的人工合成结晶牛胰岛素为什么没有获得诺贝尔奖呢?

中国科学家向世界宣布的成果在国际上引起极大反响后，瑞典皇家科学院诺贝尔奖评审委员会化学组主席蒂斯利尤斯（Tiselius）曾于 1966 年 4 月到中国并发表评论：“你们第一次人工合成胰岛素十分令人振奋，向你们祝贺。美国、瑞士等在多肽合成方面有经验的科学家未能合成它，但你们在没有这方面专长人员和没有丰富经验的情况下第一次合成了它，使我很惊讶。”此时，适逢中国爆炸第三颗原子弹，他说：“人们可以从书本中学到制造原子弹，但是人们不能从书本中学到制造胰岛素。”这不禁让人把诺贝尔奖和胰岛素研究联系起来。

1972 年，诺贝尔化学奖颁给美国的安芬森（Anfinsen）等人，获奖原因是发现氧化被还原的核糖核酸酶肽链能得到活力恢复，他们用尿素使天然核酸酶 A 变形并复性，证明了“蛋白质一级结构决定高级结构”这个概念。

中国科学家获诺贝尔奖提名却是后来的事。杨振宁多次表示愿为胰岛素合成工作提名诺贝尔奖。稍后，瑞典皇家科学院诺贝尔化学奖委员会写信给生化所所长王应睐，请他推荐诺贝尔化学奖候选人名单。中国科学院从 1978 年 12 月数次研究，多番斟酌，从参与工作的生化所拆合组、生化所 B 链、有机所 A 链组、北京大学化学系 A 链组 4 个组中各留一名代表：钮经义、邹承鲁、季爱雪、汪猷。可 4 人还是太多，经过商议后决定推荐钮经义代表我国参加人工全合成研究工作的全体人员申请诺贝尔奖，因为他自始至终参加 B 链合成，成绩突出，但是遗憾最后仍然无果，可是中国成就必会铭刻历史。

有学者认为，合成胰岛素和现在的基因重组一样，只是一种科学工程。合成过程虽有些小改善，但基本原理和技术路线在 1953 年已由美国的文森特·维格纳奥德（Vincentdu Vigneand）解决。这种缺乏原创性的工作不可能得诺贝尔奖。二硫键重组在科学上的价值要大一些。但在安芬森（Anfinsen）1960 年初提出“蛋白质的一级结构决定高级结构”之后，二硫键重组就只能算是安芬森观点的一个佐证，因为需追问的重大的科学问题都已解决。”

但是无论如何，每一个成就、每一步奋斗，都既是对我国科学技术的推动，也是人类文明之旅的向前迈进。

植物的生命活动中有哪些调节密码？信息交流依赖的分子基础是什么？植物激素究竟为何物？6种主要植物激素的发现过程和概念的发展历程经历了什么？各种激素有什么样的主要生理功能？彼此之间有哪些相互作用？这些问题激发着一代代思考求索者探究。

系列关联概念
植物对环境的适应 植物激素的相互作用 植物生长调节剂 植物的外源激素

22 植物激素概念的发展与激素的相互作用

植物激素是指在植物体内合成，能从产生部位运送到作用部位，并对植物生长发育产生显著影响的微量有机物，也被称为“植物天然激素”或“植物内源激素”。它们既参与植物对外部环境的反应，也在内部调控生命活动，在细胞分裂与伸长、组织与器官分化、开花与结实、成熟与衰老、休眠与萌发以及离体组织培养等方面，分别或相互协调地调控植物的生长发育，影响作物的产量、品质、抗逆性等。实质上，植物生长发育的调节是由多种激素共同调控的，植物激素的功能与关系，也是植物长期适应环境协同进化的结果。

22.1 几种典型植物激素的发现历史回望

22.1.1 生长素：最早被发现的植物激素

生长素是最早被发现的植物激素，其英文来源于希腊文 auxein（生长 / 增加），它的一系列发现过程也是充满了科学家富有思想启迪的实验设计典范。

1872 年，波兰园艺学家西斯勒克（Sisloc）对根尖的伸长和向地性弯曲进行了研究。伟大的进化论科学家达尔文与其儿子弗兰克斯（Francis）1880 年发表了《植物运动的动力》，指出金丝雀虉草的幼苗总是向光弯曲。如果用锡箔或其他不透光的纸包住幼苗的顶芽，或者把顶芽切去约 3 mm，那么幼苗就不再向光照的方向弯曲，达尔文把此现象叫作"向光性"。达尔文推想，胚芽的尖端可能会产生某种物质，这种物质在单侧光的照射下，会对胚芽生长产生"影响"。1913 年，鲍森（Pawson）发现胚芽鞘尖端的"影响"能穿过明胶薄片向下传导，发生向光性弯曲，但这种"影响"不能穿过不透水的云母片。1928 年，弗里茨·温特（Frist Went）发现燕麦胚芽鞘尖端的"影响"是一种促进细胞生长的物质，并将其命名为"生长素"。

到 1933 年前后，科学家先后从人尿、玉米油和根霉以及燕麦胚芽鞘里提取出类生长素物质。20 世纪 40 年代，美国加州理工学院的蒂曼（Thimann）纯化了生长素，并预测其结构为吲哚乙酸（IAA）。直到 1946 年，郭葛等人才从玉米籽粒中分离出吲哚乙酸。1947 年，汤玉玮等人发现植物组织中有些氧化降解吲哚乙酸的酶，并将其称为吲哚乙酸氧化酶。

22.1.2 细胞分裂素：诱导细胞分裂的嘌呤类物质

细胞分裂素是一种嘌呤，可能是腺嘌呤的衍生物，与腺嘌呤有相似的分子侧链。细胞分裂素能够抑制侧根的形成，它与其他许多激素共同调控植物的生长。

1913 年，奥地利生物学家哈布兰特（Haberlandt）发现一种存在于各种植物维管组织的未知化合物，它能刺激细胞（马铃薯块茎切口薄壁组织细胞）分裂，引发木栓形成层生成。1942 年，奥弗比克（Overbeek）在曼陀罗胚的组织培养中，发现成熟椰子乳可以促进这些幼胚分裂。后来美国生理学家斯库格（Skoog）和 Miller（米勒）发现久放的或经压力锅处理过的 DNA 中有能够促进细胞分裂的物质。

1954 年，雅布隆斯基（Jablonski）和斯库格发现烟草髓组织细胞在只含有生长素的培养基中不分裂而只长大，如将髓组织与维管束接触，则细胞分裂。1955 年，斯库格等人发现，烟草茎组织薄片在普通培养基上培养时，基部开始细胞分裂，形成愈伤组织，但生长不久就停止了；当加入 IAA 时，他们发现 IAA 能刺激其早期生长，但不能进行细胞分裂和生长持久，同时他们发现生长素存在时腺嘌呤具有促进细胞分裂的活性。同年，米勒（Miller）和斯库格等偶然发现在烟草髓部组织培养基中加入鲱鱼精子提取的 DNA，可促进烟草愈伤组织强烈生长，且其效果优于腺嘌呤。后证明其中含有一种能诱导细胞分裂的成分，也就是激动素（kinetin, KT）。1963 年，莱撒姆（Letham）从未成熟的玉米籽粒中分离出了一种类似于激动素的细胞分裂促进物质，他将其命名为玉米素（zeatin, ZT），并于 1964 年确定了其化学结构。

1965 年，斯库格等提议将来源于植物、生理活性类似于激动素的化合物统称为细胞分裂素（cytokinin, CTK），以后从植物中发现的十几种细胞分裂素，都是腺嘌呤的衍生物。目前，人类在高等植物中已至少鉴定出了 30 种细胞分裂素。

22.1.3 赤霉素：植物激素中种类最多者

1926年，日本科学家黑泽英一在研究水稻恶苗病时，用赤霉菌培养基的无细胞滤液处理无病稻，产生了与染病植株相同的徒长现象，这说明赤霉菌中有促进水稻生长的物质。1938年，日本科学家薮田贞治郎和住木谕介从诱发恶苗病的赤霉菌培养基滤液中分离出这种活性物质，并鉴定了其化学结构，将其命名为赤霉素。但由于1939年第二次世界大战爆发，该项研究被迫暂停。直到20世纪50年代初，英、美科学家从真菌培养液中首次获得了该化学纯产品，英国科学家称之为赤霉酸（1954），美国科学家称之为赤霉素X（1955），后证明二者为同一物质，都是GA_3。1955年，日本东京大学的科学家对他们的赤霉素A进行了进一步的纯化，从中分离出了3种赤霉素（即赤霉素A_1、A_2、A_3），通过比较发现赤霉素A_3与赤霉酸（赤霉素X）是同一物质。

赤霉素的基本结构是赤霉素烷，有4个环，由于双键、羟基数目和位置的不同，赤霉素形成了多种结构，一般缩写为GA，以角标差异区分。很多赤霉素都是GA_1的中间产物。最新研究表明，不同中间产物可能另外有特定的作用。实验推知，一个复杂生物合成的所有过程都需大量的赤霉素。赤霉素除在植物体内做信息素外，还可以在蕨类植物中诱发配子体雄性生殖结构发育。

22.1.4 脱落酸：控制气孔开闭的重要开关

脱落酸不仅可抑制花蕾的生长，加速叶子衰老，还可控制气孔的开闭。

1961年，卡恩斯（Kearns）等从成熟棉铃里分离出一种能促进叶柄脱落的物质结晶，称为“脱落素Ⅰ”。同年，伊格尔斯（Eagles）和韦尔林（Wareing）用色谱分析法从欧亚槭叶子中分离出一种抑制生长物质，这种物质能使生长中的幼苗和芽休眠，命名为“休眠素”。1963年，大熊和彦（Ohkuma）和阿迪柯特（Addicott）等从鲜棉铃中分离纯化出具有高度活性的促进脱落的物质，命名为“脱落素Ⅱ”。1965年，韦尔林等比较鉴定休眠素和脱落素Ⅱ的化学性质后，确定两者是同一物质。1967年，在第六届国际植物生长物质会议上，这种物质被正式定名为“脱落酸”。

22.1.5 乙烯：有重要生态学作用的气态化合物

早在中国古代，人们就发现焚香后会有一种神秘的力量使植物果实迅速成熟。19世纪，有科学家发现在泄露的煤气管道旁的树叶容易脱落。1858年，美国科学家发现煤气灯旁的树叶大量枯萎脱落，而不远处其他树仍是生机勃发景象。1864年，法国科学家通过实验证明，乙烯是煤气的组成成分。第一个发现植物材料能产生一种气体并对邻近植物产生影响的是卡曾斯（Cousins），他发现橘子产生的气体能催熟同船混装的香蕉。直到1934年，甘恩（Gunn）才首先证明植物组织确实能产生乙烯，但当时人们认为乙烯是通过IAA起作用的。1959年，由于气相色谱的应用，伯格（Burg）等测出随着果实的成熟，产生的乙烯量不断增加。1965年，在伯格的提议下，乙烯才被公认为是植物的天然激素。

1968年，美国通过人工合成乙烯利的方法来调节植物生长。乙烯利进入植物体内能分解释放乙烯，为果园创造了奇迹，使果树结出了丰硕的果实。这表明乙烯的经济价值巨大，可将未成熟的果实采集下来并以乙烯人工加快催熟。而CO_2作用则相反，故运输各种果实的环境中充满了CO_2。

值得一提的是，1977年，杨祥法等通过研究证明乙烯生物合成的前体是蛋氨酸，并通过蛋氨酸循环合成乙烯，称“杨氏循环”。研究表明，乙烯有重要的生态学作用，在抵御极端温度、干旱、病原体侵染和草食动物袭击时，植物体内的乙烯含量会增加，从而启动调节防御机制。

22.1.6 油菜素内酯：结构与动物类固醇激素类似

油菜素内酯具有广泛的生理作用，包括细胞分裂、伸长、茎的弯曲、延缓衰老、维管组织发育和生殖发育，对植物的生长和发育有多重重要影响，因此被定义为第六类植物激素。

1970年，美国农学家米切尔（Mitchell）等从油菜花粉中提取了一种能显著促进豆苗生长的物质，并将其命名为油菜素（brassin）。油菜素能引起菜豆幼苗节间伸长、弯曲、裂开等异常生长反应。1979年，格罗夫（Grove）等从欧洲油菜花粉中提取得到高活性结晶物，因为它是甾醇内酯化合物，故将其命名为油菜素内酯（brassinolide）。

此后，油菜素内酯及多种结构相似的化合物纷纷从多种植物中被分离鉴定，现已从植物中分离得到40多种油菜素甾体类化合物。目前它们也已被人工合成，广泛用于生理生化及田间试验。油菜素内酯在植物体内含量极少，但其生理活性很强，曾经未作为植物激素进行研究，多是因为其与生长素和赤霉素等激素作用效果有重叠，后来引起人们的广泛兴趣则因其结构与动物类固醇激素（睾酮、皮质醇）类似，故有观点推知其进化起点早于动植物分离。

22.2　如何认识植物激素的概念和特征

22.2.1　在发展中展示差异

目前公认的植物激素共六大类。还有一些激素，如寡糖素是细胞壁释放的复杂碳水化合物，在一些植物中能够在被病原体侵染时作为信号分子调控相应防御反应，同时抑制根的形成、促进生花等生殖发育的调节，故美国《生物学》将寡糖素和油菜素内酯一起列入植物激素。近年来，在植物中还发现一些另外的能调节植物生长发育的物质，如各器官中都存在的茉莉酸（JA）和茉莉酸甲酯（MJ）、水杨酸、月光花叶中的月光花素、苜蓿中的三十烷醇、菊芋叶中的菊芋素等。但因这些物质的普遍性还未确定，所以暂时未归入植物激素的概念范畴，学者多把其称为植物天然的生长调节物质。随着深入研究，人们将更深刻地了解这些物质在植物生命活动过程中所起的不可忽视的生理作用。

22.2.2 结合植物激素的主要特征

（1）内源性。植物激素是天然存在于植物体内的一系列有机化合物，是植物正常生长发育过程中或特殊环境下的代谢产物，故又称内源性激素。

（2）移动性。植物激素在不同的器官组织产生后，可转运到植物体内的其他部位，自产生部位转移到作用部位时才有较大的活性。有人认为只有移动的激素分子才有特定的活性，如生长素、赤霉素、脱落酸等多与蛋白质、糖苷等结合，此时无活性，只有游离状态时才有活性。再如，根切段漂浮在 10^{-8} ～ 10^{-7} mol/L 生长素溶液中并不促进生根，但混在琼脂块中时生长素进入运输系统，就能促进生根。植物激素移动的速率和方式，随植物激素的种类而异，也随植物及器官的特性有别。

（3）调控性。植物激素可通过调节自身浓度高低，来调控植物生长发育。植物激素间有复杂的反馈关系，分为正反馈与负反馈两种方式，如高浓度生长素抑制侧芽的生长，而低浓度生长素则促进顶芽的生长。

（4）显效性。植物激素在植物体内含量极低，但可起到明显增效作用。

22.3 植物激素的主要生理作用归纳

植物激素虽然都是些简单的小分子有机化合物，但它们的生理效应复杂多样，不仅可以影响细胞的分裂、伸长、分化，还可以影响植物发芽、生根、开花、结实、性别的决定等，如表 22–1 所示。

表 22-1　植物激素及其主要生理作用

植物激素	缩写	化学本质	主要生理作用	主要合成部位	备注
生长素（auxin）	IAA	吲哚乙酸	促进细胞伸长生长、诱导细胞分化；影响器官的生长、发育，促进果实发育；促进不定根的生成	芽、幼嫩的叶、发育中的种子	诱导乙烯分泌
细胞分裂素（cytokinin）	CTK	腺嘌呤衍生物（核酸的降解物）	促进细胞分裂；促进芽的分化、侧枝发育；促进叶绿体的发育和叶绿素合成，延缓叶片变黄衰老	植物生长旺盛的部位，主要是根尖，通过木质部运送到地上部。另有胚和果实	CTK 能延长蔬菜的贮藏时间，主要从根尖合成，少数在叶片合成，通过韧皮部运送
赤霉素（gibberellin）	GA	双萜化合物	促进细胞伸长，从而引起植株增高；促进细胞分裂与分化；促进种子萌发和果实发育；促进花粉的萌发和花粉管的生长	未成熟的种子（含量最高）和幼芽、幼根	促进种子萌发机理：诱导 α－淀粉酶、蛋白质及 DNA 的合成
脱落酸（abscisicacid）	ABA	倍半萜衍生物（15 碳化合物）	抑制细胞分裂；促进叶和果实的衰老和脱落；维持种子休眠；促进气孔关闭（帮助植物适应不利环境）	根冠、萎蔫的叶片、果实、种子等	GA 消除细胞壁中 Ca^{2+} 的作用；以游离形式或糖苷形式运输（韧皮部），不存在极性
乙烯（ethylene）	ETH	烯烃	促进果实成熟；促进叶、花、果实脱落；某些情况下，可刺激生长，促进开花（还有抑制开花的作用）	植物体各个部位	与生物防御机制有关
油菜素内酯（brassinolide）	BR	甾体类	促进茎、叶细胞的扩展和分裂；促进花粉管伸长和种子萌发等；提高植物抗逆性	花粉、未成熟的种子、芽、茎和叶	与生长素和细胞分裂素作用重叠

22.4 植物激素的相互关系

起初，人们认为某一种植物激素的生理作用具有专一性，后来研究发现，每一种生理现象的控制因素都极为复杂，都是不同种类激素间相互作用的综合表现。植物激素的细胞学和生物化学研究表明，其发挥特定生理功能的机制是非常复杂的，从植物激素信号的产生，包括激素的合成、活性与水平的调节及运输，到与膜受体结合，引起信号的感知和传递，最终诱导激素响应基因的表达和特定的生理反应，是一个连续和相互影响的过程，其中每一个环节都受到多种内外因子在多个层次上的调节。植物激素信号间的相互作用也可能发生在不同的层次和环节上，以调节植物特定部位在特定时期的生理功能。

22.4.1 植物的生长发育是多种植物激素共同调控，激素之间具有复杂的相互作用

大多数情况下，植物生长发育的调节不是各种植物激素单独地发挥作用，而是多种激素共同调控的。各种植物激素之间存在错综复杂的相互作用，主要表现为增效、拮抗、反馈和连锁作用（表 22–2）。

表 22-2 植物激素的相互作用

相互作用	主要表现	具体实例
增效作用	一类植物激素的存在可以增强另一类植物激素的生理效应	1. 促进植物生长的激素：生长素、赤霉素、细胞分裂素。 （细胞分裂素主要促进细胞增殖，通过增加细胞数目使植物生长；而生长素、赤霉素则主要是促进增殖的子细胞继续伸长和分化，通过增大细胞体积使植物生长） 2. 促进细胞分裂的激素：生长素、细胞分裂素。 （生长素主要促进细胞核的分裂，而细胞分裂素主要促进细胞质的分裂；细胞分裂素加强生长素的极性运输） 3. 延缓叶片衰老的激素：生长素、细胞分裂素。 4. 促进种子发芽的激素：赤霉素、细胞分裂素。 5. 促进果实坐果和生长的激素：生长素、细胞分裂素、赤霉素。 6. 油菜素内酯可促进乙烯生成，达到促进果实成熟功效
拮抗作用	一类激素的作用可以削弱或抵消另一类激素的作用	1. 生长素促进顶芽生长，细胞分裂素和赤霉素促进侧芽生长。 2. 生长素保持顶端优势，细胞分裂素解除顶端优势。 3. 油菜素内酯促进植物生长，脱落酸抑制植物生长。 4. 生长素和乙烯促进雌花形成，赤霉素促进雄花形成。 5. 脱落酸抑制种子发芽，赤霉素、细胞分裂素、油菜素内酯促进种子发芽。 6. 脱落酸促进叶片衰老，生长素、细胞分裂素、油菜素内酯抑制叶片衰老。 7. 生长素抑制器官脱落，脱落酸 / 乙烯促进叶、花、果实的脱落 8. 脱落酸促进气孔关闭，细胞分裂素抑制气孔关闭。 9. 脱落酸抑制赤霉素诱导 α – 淀粉酶的形成而调节种子萌发
反馈作用	一类植物激素影响到另一类植物激素的合成水平后，后者又反过来影响前者的合成水平。内源激素之间存在着复杂的反馈调节（有正反馈和负反馈作用）关系	1. 生长素可以促进乙烯的合成，而乙烯含量的增加又反过来抑制生长素的合成。 2. 腐烂的草莓产生的乙烯触发附近草莓产生更多乙烯，如不及时除去，会导致整箱草莓更快烂掉，属于正反馈调节。 3. 生长素、赤霉素、脱落酸等与蛋白质、糖苷等构成的结合态（无活性）和游离态（有活性）之间通过反馈调节，维持着动态平衡。 4. 当外源激素增加时，内源激素就会向结合态转化；反之，当外源激素减少时，内源激素就会向游离态转化，属于负反馈调节
连锁作用	几类激素在植物生长发育进程中相继发挥作用	在小麦籽粒的发育过程中，赤霉素、生长素等的含量显著变化，相继发挥作用，共同调节植物的性状

22.4.2 植物激素之间因相互影响或因比例不同而发挥不同的生理作用

激素间的同一性作用即某种激素通过影响其他激素的合成、运输或代谢而改变后者的浓度，如细胞分裂素抑制生长素结合态（无活性）形成和生长素氧化酶的活性；生长素与赤霉素共同作用促进生长是后者通过促进前者合成和抑制前者分解使生长素含量增加而起作用；生长素和乙烯对雌雄花的分化，实质是后者起作用，前者通过促进后者形成而间接起作用。

激素的不同浓度和激素间比值有不同的生理效应。一些激素对生长有促进和抑制两方面作用，其浓度及对不同器官的作用具有不同的双重效应。另外，两类激素对生理过程的影响，主要不取决于某种激素的绝对浓度，而取决于不同激素间的相对含量甚至使用的先后顺序，如植物愈伤组织的分化、黄瓜花分化等（表 22-3）。

表 22-3 激素作用效果取决于不同激素间的相对含量

相对比值	作用原理	比值高	比值低	比值适中
IAA/CTK	比值影响组培中愈伤组织根芽的分化	利于分化出根，维持顶端优势	利于分化出芽，减弱顶端优势	愈伤组织只生长而不分化
GA/IAA	控制形成层分化	利于韧皮部分化	利于木质部分化	既分化木质部，又分化韧皮部
ABA/GA_4	黄瓜茎端两者比值影响花芽性别分化	利于雌花分化	利于雄花分化	雌/雄植株比例基本相同，GA 可诱导黄瓜雄花分化（被 ABA 抑制）

植物激素是植物生长发育过程中不可缺少的物质，植物需要协调内在遗传发育程序对外界环境变化作出适当响应，调控其生长发育以适应特定环境。植物激素的功能与相互关系，都是植物长期适应环境和协同进化的结果。植物激素精细调控着植物的发育和植物对环境的反应，植物激素信号之间的相互作用已成为植物细胞中不同信号间相互作用机制研究的模式系统。

研究各种内源激素在调节控制植物生长发育过程中的规律，不仅对探讨生命现象的规律有重要意义，还在生产实践中有很大价值。人们应用植物激素为农业生产服务，已在促进生产、提高品质、贮存及性别控制等方面取得了良好的效果。

第4篇
适应之法则：生物·环境

万物各得其和以生，各得其养以成。

——荀况《荀子·天论》

美是自然的秘密规律的表现。自然循着永恒的必然规律而运行，这种规律神圣不可变更，构成美的客观基础

——歌德《歌德谈话录》

“社会责任”是指基于生物学的认识，参与个人与社会事务的讨论，作出理性解释和判断，解决生产生活问题的担当和能力。学生应能够以造福人类的态度和价值观，积极运用生物学的知识和方法，关注社会议题，参与讨论并作出理性解释，辨别迷信和伪科学；结合本地资源开展科学实践，尝试解决现实生活问题；树立和践行“绿水青山就是金山银山”的理念，形成生态意识，参与环境保护实践；主动向他人宣传关爱生命的观念和知识，崇尚健康文明的生活方式，成为健康中国的促进者和实践者。

——《普通高中生物学课程标准（2017 年版 2020 年修订）》学科核心素养 4：社会责任

大概念：生态系统中的各种成分相互影响，共同实现系统的物质循环、能量流动和信息传递，生态系统通过自我调节保持相对稳定的状态。

◆ 不同种群的生物在长期适应环境和彼此相互适应的过程中形成动态的生物群落。

◆ 生物群落与非生物的环境因素相互作用形成多样化的生态系统，完成物质循环、能量流动和信息传递。

◆ 生态系统通过自我调节作用抵御和消除一定限度的外来干扰，保持或恢复自身结构和功能的相对稳定。

◆ 人类活动对生态系统的动态平衡有着深远的影响，根据生态学原理保护环境是人类生存和可持续发展的必要条件。

——《普通高中生物学课程标准（2017 年版 2020 年修订）》课程内容：大概念与重要概念内容要求

种群密度是生物学领域的重要概念，是种群数量的基本特征，是衡量种群规模大小、结构与分布的重要标准，是生态环境科学研究的核心数据，也是农林牧渔业发展的重要观测数据。研究种群密度增长的影响因素，对保护生物多样性和维护生态平衡具有重要意义。

系列关联概念
生态位 自然选择 环境容纳量 出生率和死亡率

23 种群增长的影响因素与模型

种群密度（density）是指单位面积或单位体积空间中拥有的同种个体数量。种群密度是种群最基本的数量特征。在某一特定土地上或水域中，种群并不能完全占据所有空间，可能有的空间不适合生活；也可能有的空间适合生长，却仍然不能有生物存在，如森林林窗、林隙。生存环境表面均匀，但是温度、土壤、水分、光照和各项生态因子存在不同差异，因而生物的分布会有所不同，这就常常导致种群的斑点状分布，即种群的生态密度（ecological density）——按照生物实际所占有的面积或体积计算的密度。

不同的种群密度差异很大，同一种群密度在不同条件下也有差异。因为种群密度会随着食物的丰富程度、气候变化、季节轮回、水源或土壤等因素发生变化。从物种的内因角度讲，生物种群密度的上限主要受生物体的大小和所处营养级决定。例如，个体越小，种群密度越大（如昆虫比鸟类多）；营养级越低，种群密度越大（如鼠类比蛇类多）。种群密度从一定程度上决定种群能量流动、种群内部竞争压力、资源的可利用性、种群生产力等。

其中，种群不同类型的增长，由不同的制约因素导致，在不同自然环境下，种群有各自的生活史策略选择。

23.1 存活曲线的类型

存活曲线最初由美国生物学家雷蒙·普尔（Raymond Pearl）在1928年提出，他将存活曲线划分为3种基本类型，是为生态学依照物种的个体从幼体到老年的各年龄组中任何一个成员所能存活的比率所做出的统计曲线。曲线一般以年龄为横坐标，以存活数量的对数值为纵坐标，把每一个种群的死亡－存活情况绘成一条曲线，可以反映种群在每个年龄级生存的数目。

23.1.1 存活曲线的3种基本类型

23.1.1.1 凸型（A型）

如图23–1中的Ⅰ线所示，绝大多数个体都能活到生理年龄，早期死亡率极低，但当达到一定生理年龄时（实现其平均的生理寿命），这类生物短期内几乎全部死亡，如人类、盘羊和其他一些大型哺乳动物以及许多一年生的植物等。

23.1.1.2 直线型（B型/对角线型）

如图24–1中的Ⅱ线所示，曲线呈对角线型，表示各年龄段的死亡率基本相同，水螅、许多鸟类和小型哺乳动物等的存活曲线接近此类。

23.1.1.3 上凹型（C型）

如图23–1中的Ⅲ线所示，幼年个体有极高的死亡率，当达到某一年龄时，死亡率就维持在很低水平而且稳定。该类生物寿命短，对后代缺乏照料，有很高的死亡率，但其出生率很高。产卵的鱼类、贝类等海产无脊椎动物和寄生虫以及多次结实的多年生植物属于此类。

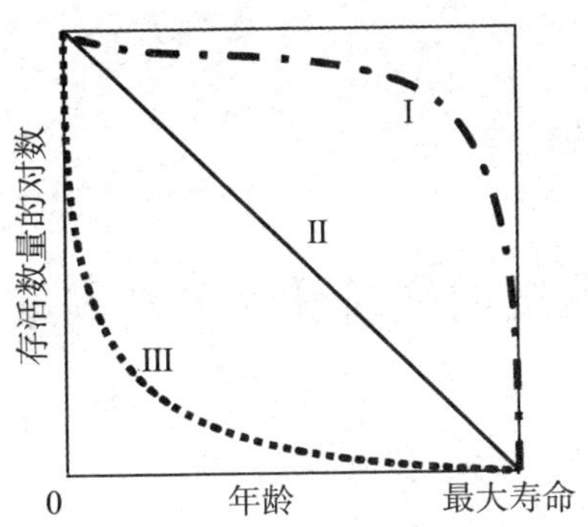

图 23-1 存活曲线的 3 种类型

存活曲线反映了物种不同的繁殖状况和死亡率，即反映了种群数量的变化情况。为了比较不同动物的存活曲线，横轴的年龄可以用各年龄其占总存活年限的比例来表示。生存率是指获得某一年龄的个体占同一批出生的总个体数的比例，种群生理寿命是指种群处于最适生活环境下的平均年龄，而不是某个特殊个体可能具有的最大寿命。存活曲线是生物在长期适应中形成的固有特征，是自然选择的结果。

随着环境和种群密度的改变，同一物种的存活曲线也会变化。从昆虫纲到哺乳纲的进化过程中，产生的子代数量逐减，促使存活曲线经历了 C 型→ B 型→ A 型的进化。

23.1.2 研究存活曲线的意义

存活曲线以环境条件和对有限资源的竞争为转移。例如，人类的存活曲线因营养、卫生医药条件而有很大的变化。如果环境适宜，死亡率就变得很低，种群数量就会激增，很多农业害虫的爆发就符合这种情况。

存活曲线直观地表达了生物种群的存活过程。研究不同地域的存活曲线，可以判断各种动物种群最容易受伤害的年龄段，从而有效地控制这一种群的数量，以达到通过科学调控和可持续发展来造福人类的目的，如渔业可以选择最有利季节捕鱼，农业可以选择最佳时期进行害虫防治。

23.2　种群密度的增长受到多种因素调节的制约

种群数量的波动受内源性调节和外源性调节的双重影响。其中，内源性调节包括行为调节、内分泌调节和遗传调节；外源性调节是控制种群的自然力量，包括气候因素（影响物种本身、食物资源和栖息地环境条件等）、种间因素（寄生、捕食、竞争、疾病传染等）、食物因素（食物分布、食物资源更新速度、年景状况等）。内源性调节和外源性调节通过影响决定因素（出生率和死亡率、迁入率和迁出率）起作用，但是环境容纳量与内源性调节无关。

种群自然调节指自然界控制生物种群规模的过程。生物具有很强的繁殖力，但没有一个自然种群能够无限增长，因为自然界存在多种控制生物种群的客观因素。种群增长不仅取决于物种自身繁殖和生存能力，还受到种群密度的影响，更取决于多种自然因素的共同作用。可见，种群数量发展与消亡的调控因素很复杂。

1911 年，霍华德（Howard）和菲斯克（Fiske）把造成昆虫种群死亡率增加的因素分为选择性的（死亡率随种群密度增加而增加的因素，如寄生等）和灾变性的（主要是气候因素，与种群密度无关），后来被改称为密度制约因素和非密度制约因素。

23.2.1　密度制约因素

影响种群个体数量的因素很多。有些因素对种群的影响作用是随种群密度的变化而变化的，这种因素称为密度制约因素，如竞争、捕食、寄生、疾病和种内调节等生物因素。

24.2.1.1 竞争影响

当种群增长接近环境承载能力（环境容纳量）时，种群密度的增加就会造成异常激烈的资源竞争。这时出生率下降，死亡率上升，对种群数量的影响也就更大。高密度带来的压力使得有些动物个体迁出居住地，该领域的个体进而减少，剩下的个体能得到相对更丰富的资源，这通常能缓解竞争压力。

24.2.1.2 捕食因素

捕食者在控制种群规模时的影响作用巨大。害虫数量的增多能刺激其捕食者栖居于特定地理区域，增加捕食者捕获猎物的概率，导致被捕食者的死亡率增加。例如，旅鼠种群数量的增减周期为 4 年，这和它们的捕食者的活动性有关。

24.2.1.3 种内调节

高密度种群会导致有害物质积累，影响个体生存。例如，池塘中的蝌蚪种群密度过大时，它们会从肠道排出一种有毒物质，抑制蝌蚪的生长发育，使幼小蝌蚪的死亡率增加，从而降低种群密度。植物自毒现象是指植物分泌渗出物，对同种苗体产生毒害作用，干燥地区的植物所特有的一种自毒现象也是导致其均匀分布的一个原因。种群的生殖力也受密度的影响，如池塘内的椎实螺在低密度时产卵多，高密度时产卵少。这可以归纳为一种反馈调节。

24.2.1.4 寄生或疾病

托马斯·马尔萨斯（Thomas Malthus）多年前就预警人类："未经控制的人口每 25 年就会翻一番，或是以几何级数增长。" 1935 年，加州大学河滨分校的昆虫学家哈利·史密斯（Harry Smith）描述了对害虫的生物防治方法，这种方法利用的是诸如捕食者、病菌和寄生虫一类的生物武器。

在理想的条件下，动植物群体会无限增长，但在自然界中并非如此。当资源有限时，出生率通常会下降，死亡率通常会上升，以减缓群体数量的增长。并不是所有的密度因素都是制约性的，有时高密度种群有利于种群密度增大，这就是阿利效应（Allee effect），即每种生物都有自己的最适密度，群聚有利于种群密度的增长，但密度过小或过大都不适合生物生存（种群中等大小时最有利）。种群密度一旦低于某一水平就会变得不稳定，因为种群的相互作用会消减，蜜蜂和白蚁等社会性聚集昆虫群体也是如此。

造成阿利效应的因素有很多，如许多物种依靠大种群抵抗天敌攻击；高密度能够刺激繁殖行为；低密度种群中个体寻找配偶困难会导致繁殖率低；低密度下种群出现同系繁殖。这个影响因素不容忽视。所以，对那些分布地域狭窄的极小种群物种进行保护，是保护生物多样性的关键。“万物各得其和以生，各得其养以成。”近几年，中国的科研团队不断努力，对小种群的保护已初见成效。

23.2.2 非密度制约因素

有些因素的作用强度和种群密度无关，这类因素称为非密度制约因素。也就是说，种群的增长率受到其他因素的限制，如温度、降水、风暴、火山喷发等气候因素，或污染、环境 pH 等环境因素。环境适宜时，种群密度增长迅速；环境恶劣时，营养物质会变得短缺，种群密度迅速减小。非密度制约因素没有反馈作用，但它们对种群数量变化的影响通过密度制约的反馈机制来调节。

除消极的非生物及生物因素外，另外一个种群衰落灭绝的推动力是人类活动的影响，包括全球变暖；引进外来入侵物种；环境污染，如工业废水、农药与化肥污染等；竞争种群或捕食者的迁移；等等。

23.3 种群增长速率与生活史模型

1967 年，麦克阿瑟（MacArthur）和威尔森（Owilson）提出了 r-K 选择生活史策略。在生物的整个生命史中，生物面临着两种可供选择的进化对策，r–K 选择（r–K selection）就表示生物对它所处生存条件的不同适应方式或方向，是生态学中关于“种群繁殖”的一种研究理论。

种群数量接近环境承载力时，种群面临的资源竞争比较激烈，而种群数量远在承载力之下的生物种群具有非常丰富的资源，它们的生殖成本很低，自然选择的结果是使那些繁殖力强的后代得以存活。r 选择的特点是大量繁殖后代，但是后代缺乏保护机制，种群密度很不稳定，后代死亡率高（通常与种群密度无关）。为了适应多变的生存环境，种群内的个体常把较少的能量用于生长代谢和增强自身的竞争能力，而把较多的能量用于生殖，以追求后代的数量传递基因。蚜虫、蚊蝇、蟑螂、老鼠和鱼类都是典型的 r 选择，很多植物，如蒲公英，也采用 r 选择。采用 r 选择的生物身体都比较小，寿命也比较短。

当生存环境资源有限时，自然选择的结果是使竞争力强且能够更加有效利用资源的个体得以存活，这些适应以低生殖率为代价，这种选择叫作 K 选择。采用 K 选择的生物种群更加追求后代的质量而非数量，其死亡率大都由与密度相关的因素引起，生物之间存在着激烈竞争。因此，种群内的个体常把更多的能量用于除生殖以外的其他各种活动。其种群密度比较稳定，经常处于 K 值周围。它们会非常精心地养育下一代，允许下一代慢慢长大。因此，后代拥有较强的适应性：体型比较大，战斗力强，寿命长。灵长类、鲸、大象、老虎和老鹰以及椰子树等都是采用 K 选择，对环境有一定的自主性。

r 选择和 K 选择都是对环境的“理性”适应。如果环境广阔但是多变，那就用 r 选择；如果环境稳定但是资源有限，那就用 K 选择。

生物的繁殖策略不是固定不变的。当一个入侵物种进入新的生态环境时，如果环境可以利用的资源比较丰富且缺少天敌，那么其一般是 r 选择，即通过繁殖来占领相应的生态位。入侵物种在新的生长环境中占据了相应的位置并融入新的生态圈后，为了更加牢固地占据生态位，就需要转换新的生殖策略，即 K 选择。

大自然中的种群包括 r 选择也包括 K 选择，极少有纯粹的 r 选择或 K 选择，但 r–K 选择理论并不能解释所有生物。因此这个理论现在已经被有更详细模型的“生命史（life history）理论”所取代。表 23–1 是 K 选择和 r 选择种群的生活史适应典型特征。

表 23–1　K 选择和 r 选择种群的生活史适应典型特征

适应	K 选择	r 选择
初次生育年龄	较晚	较早
一生中生育次数	通常几次	通常一次
每次生殖后代数量	较少	很多
成熟时间	较长	较短
平均寿命	较长	较短
死亡情况	死亡率较低；比较有规律、受密度制约	死亡率较高；无规律、非密度制约
后代或卵的大小	较大	较小
亲代抚养	精心抚养照顾	没有或质量低
气候因子	稳定可测、可确定	多变难测、不确定
种内竞争	通常保持紧张	多变、通常不紧张
种群大小	密度临近环境承载力 K 值	通常低于环境承载力 K 值
存活曲线	AB 型，幼体存活率高	C 型，幼体存活率低
选择倾向	发育缓慢；延迟生育	发育快；提早生育

r 选择与 K 选择的实质区别如下：r 选择者是以提高增殖能力和扩散能力取得生存机会，K 选择者则以提高竞争能力取得生存机会。总之，生物种群的繁殖策略是典型自然选择的结果。

大千世界，芸芸众生，生命之间，相和相鸣，相生相克，不同生物演绎着个体的生命之歌，也合奏着动听的生态之歌。也许只有共舞共生，生命才能够更加精彩纷呈，才能够协同进化，才能够产生多层次的生物多样性。

系列关联概念
密度效应和领域性 生态系统的平衡 生物资源的利用

24　生物的种内关系和种间关系

环境中有许多因素都会影响生物体的形态、结构、生理和分布，生物在自然界长期发育和进化的过程中，出现了以食物、资源和空间关系为主的种内和种间关系。其中，种间关系是生物群落最为重要的数量和结构特征之一。种内关系不仅包括密度效应和领域性，还包括种内互助和种内斗争。种间关系通常可分为正相互作用、负相互作用和中性作用。

24.1　种内关系

24.1.1　密度效应

密度效应是指在一定时间内，当种群个体数目增加时，就必定会出现邻接个体之间的相互影响。植物的密度效应存在“最后产量恒值”现象，即不管初始播种密度如何，在一定范围内，当条件相同时，植物的最后产量差不多总是一样的。原因是在高密度条件下，植物之间的竞争加强，生长率下降，个体变小。密度效应存在的“自疏现象”指的是在高密度样方中，植物出现死亡，因此密度下降。

24.1.2 领域性

领域是指由个体、家庭或其他社群单位所占据的不让同种其他成员侵入的空间。生物会以鸣叫、气味标志或特异的姿势向入侵者宣告自己的领域范围，并作出威胁或直接进攻驱赶入侵者的领域行为。例如，当夏威夷蜜鸟领域内的食物丰富时，其几乎全天都在领域内活动；但当领域内的食物贫乏时，它便离开领域，在领域附近结成小群漂泊觅食，但即使是这时，它也不完全放弃自己的领域，每天总会花一定时间在领域内活动并不断驱赶侵入领域的其他个体。

24.1.3 种内互助

种内互助指同种生物的个体或种群在生活过程中互相协作，以维护生存的现象。很多动物的群聚生活方式就是常见的种内互助现象。群聚生活方式主要有两种类型：蚂蚁、蜜蜂等社会性昆虫的个体之间不仅有明确的分工，还有通力合作，共同维护群体的生存；与社会性昆虫不同的一些昆虫（如飞蝗）、鱼类、鸟类和哺乳类动物的个体之间没有明确分工，它们聚集在一定区域内，沿着一定的路径漫游，从而使种群在适于栖息的区域内分布得更加均匀。动物的群聚生活有利于捕食、御敌。动物通过种内互助能更有效地捕食、避敌，从而更好地适应环境。

24.1.4 种内斗争

种内斗争是指同种生物个体之间由于争夺食物、栖息地、配偶或其他生活条件而发生的斗争。它是种群数量调节的一个重要因素。植物种内斗争一般表现在对水分、养料、光照、空气等无机环境因素的需求上。动物种内斗争是指由于食物、栖所、繁殖或其他因素的矛盾而产生斗争，如有的雄性动物在繁殖期时往往会为了争夺雌性个体而与同种的雄性个体进行斗争。失败者往往会死亡，但这对于种族的延续是有利的，可以使同种内生存下来的个体得到比较充分的生活条件，或者使出生的后代能够更优良。

24.2　种间关系

种间关系是指不同种群之间的相互作用所形成的关系。两个种群的相互关系可以是间接的，也可以是直接的。这种影响可能是有害的，可能是有利的，也可能是无影响的。表 24–1 为生物种间关系特征。

表 24–1　生物种间关系特征

序号	类 型	种群 1	种群 2	特 征
1	偏利共生	+	0	对种群 1 有利，对种群 2 无影响
2	原始合作	+	+	对两物种都有利，但非必然
3	互利共生	+	+	对两物种都必然有利
4	中性作用	0	0	对两物种彼此无影响
5	竞争：直接干涉型	–	–	其中一物种直接抑制另一种
6	竞争：资源利用型	–	–	资源缺乏时其中一种物种间接抑制另一种
7	偏害作用	–	0	种群 1 受抑制，种群 2 无影响
8	寄生作用	+	–	种群 1 为寄生者，通常较宿主 2 的个体小
9	捕食作用	+	–	种群 1 为捕食者，通常较猎物 2 的个体大

注：有利、有害或无利无害的中间态，可分别用 +、–、0 表示。

24.2.1　偏利共生

若无显著利害关系的两种生物长期生活在一起，一方受利，另一方无利亦无害，则把这种共生中仅对一方有利的现象称为偏利共生。附生植物与被附生植物是一种典型的偏利共生，如地衣、苔藓、某些蕨类以及很多高等附生植物（如兰花）附生在树皮上，借助被附生植物支撑自己，并获取更多的光照和空间资源。

24.2.2 原始合作

原始合作指两种生物共同生活在一起时，双方都彼此受益，但分开后，各自也能独立生活。原始合作关系中有的是兼性的，即一种生物从另一种生物获得好处，但并未达到离开对方不能生存的地步，如寄居蟹和海葵的关系（图 24-1）。寄居蟹匿居在空螺壳里，海葵附着在螺壳上，海葵利用寄居蟹运动，并以它吃剩的残屑为食，寄居蟹则可受到海葵刺细胞的保护。

图 24-1 寄居蟹和海葵

24.2.3 互利共生

互利共生指两种生物长期生活在一起，双方彼此间有直接的营养物质的交流，并且相互依赖、相互依存、相互获利。固氮菌和豆科植物等根系的共生就是互利共生的典型例子。植物向根瘤菌提供有机养料，根瘤菌则将空气中的氮气转变为含氮的养料，供植物利用。另外，蚂蚁和蚜虫（图 24-2）也可看作一种共生关系，蚂蚁收集蚜虫的分泌物并保护蚜虫，蚜虫的分泌物则作为蚂蚁的食物；到深秋时，蚂蚁把蚜虫卵带到蚁穴越冬，第二年春天又把它送到地面孵化繁殖。

图 24-2　蚂蚁和蚜虫

24.2.4　种间竞争

竞争是共同利用有限资源的个体间的相互作用，会降低竞争个体间的适合度。竞争在利用共同资源的物种间发生即种间竞争。个体或物种的生态位（它所处的环境、利用的资源和它发生的时间）是决定该个体或物种与其他个体或物种竞争程度的关键。生物对资源的需求与生态习性越相似时，大范围的生态位重叠导致的竞争就越激烈。

种间竞争包括干涉性竞争和利用性竞争。在干涉性竞争方式下，个体直接相互作用，一般通过打斗或通过产生毒物（如植物异株克生）来进行竞争。竞争的结果可能是一个物种获得生存发展，另一个被淘汰。例如，桦木林中常出现云杉幼苗，随着云杉的生长，两者矛盾日趋尖锐。当云杉的高度超出桦木时，桦木因不如云杉耐阴而逐渐死亡，最终桦木林被云杉林代替。利用性竞争仅通过损耗有限的资源进行竞争，而个体不直接相互作用。但可利用资源不足会造成适合度下降，导致生态位分化。

24.2.5　偏害作用

偏害作用是指当两个物种在一起时，一个物种的存在可以对另一物种起抑制作用。例如，北美的黑胡桃抑制离树干 25 m 范围内植物的生长，其根抽提物含有化学苯醌，可抑制紫花苜蓿和番茄类植物的生长。

24.2.6 寄生

寄生是指一个种（寄生者）寄居于另一个种（寄主）的体内或体表，从而摄取寄主养分以维持生活的现象。动物中的寄生现象相当普遍，有的寄生在体表，有的寄生在体内，如蛔虫寄生在人体的小肠内。植物组织中也有寄生现象，在寄生性种子植物中还可分为全寄生与半寄生。全寄生的植物从寄主那里摄取全部营养，而半寄生的植物只是从寄主那里摄取无机盐类，它自身尚能进行光合作用制造养分。全寄生植物如菟丝子以茎部的不定根寄生在大豆等植物的茎内；半寄生植物如槲寄生常寄生在梨、榆、山楂等树上。

24.2.7 捕食

一种生物以另一种生物为食的现象叫作捕食，是群落中生物之间最常见、最基本的关系之一。在漫长的进化过程中，捕食者和被捕食者在形态、生理和行为上都产生了一系列的相互适应性。捕食者和被捕食者在种群数量上的关系复杂。一般情况下，被捕食者数量多时，捕食者因食物丰富数量随之增加，但这种增加必然导致被捕食者数量下降。这种相互作用常使许多捕食者和被捕食者种群出现周期性的数量波动规律，捕食者的数量高峰总是出现在被捕食者数量高峰之后。

自然群落内各种生物之间的关系是极其复杂和矛盾的，有的相互合作，有的相互抑制，总之，生物的种内、种间关系关乎着生态系统的平衡。

一个人要想在社会上立足，就要学会先给自己一个准确的定位。自然界中，任何一个物种在生态系统中生存，都要找好“自身”的位置，即各就其位、各司其职！

系列关联概念
生物的多样性 物种与种群 生物的种间关系 生态因子空间

25　物种在生态位上各就其位、各司其职

生态位是现代生态学领域中一个极为重要又最为基本的概念，它既抽象又有着十分丰富的含义。生态位指的是一个种群在生态系统中，在时间、空间上所占据的位置及其与相关种群之间的功能关系与作用。生态位又称生态龛，表示生态系统中每种生物生存所必需的生境最小阈值。生态位最初主要应用在动物生态学领域。随着研究的不断深入，生态位逐渐涉及研究动植物种间关系、群落结构、生物多样性、物种进化等方面，还在农业生产、城市规划、森林资源评价、经济评价领域得到了广泛应用。

25.1　生态位概念的产生与发展

早在 1894 年，密执安大学的斯蒂勒（Steere）在解释鸟类物种分离而分居于菲律宾各岛现象时就对“生态位”这一名词很感兴趣，但他未做任何解释。1910 年，约翰逊（Johnson）第一次在生态学论述中指出“同一地区的

不同物种可以占据环境中的不同生态位”，但他没有对生态位作出明确定义，也未将其发展成一个完整的概念。1917 年，美国学者格林勒（Grinnel）提出生态位是一个物种所占有的微环境，并把其定义为“每个物种由自身结构和功能上的限制被约束在其内的最后分布单位”，他是最早使用生态位概念的学者，实际上，他强调的是生态位的空间概念。

首次把生态位概念的重点转到生物群落上来的学者是埃尔顿（Elton），1927 年，埃尔顿写了著作《动物生态学》，表明生态位仅是动物的属性，强调物种与物种之间的营养关系。他把生态位概念的重点放在能量关系上，认为这种概念其实是营养关系，即营养生态位。1934 年，高斯（Gaulse）把生态位与种间竞争联系起来，提出排斥原则：“竞争的结果使两个相似的种极少占据相似的生态位。”后又发展成为竞争排斥原理。

1957 年，英国生态学家哈钦森（Hutchinson）用数学抽象方法，从空间、资源利用等多方面考虑，提出 *n* 维生态位，即生态位的多维超体积模式是可以使物种生存和不断繁殖的 *n* 维环境变量（时间、空间、海拔、温度、湿度、营养……）所形成的边界模糊的 *n* 维超体积。他还进一步提出基础生态位与实际生态位的概念，指出在生物群落中，能够为某一物种所栖息的、理论上的最大空间为基础生态位。但是，在自然界中很少有一个物种能全部占据基础生态位，所以一个种实际占有的生态位空间为实际生态位，由此将种间竞争作为生态位的特殊环境参数。

1959 年，美国生态学家奥德姆（Odum）把生态位定义为“一个物种在群落和生态系统中的位置和状态，而这种位置和状态决定了该生物的形态适应、生理反应和特有行为”。他曾形象地将栖息地比喻为生物的“住址”，而将生态位比喻为生物的“职业”。后来惠特克（Whittaker）等人建议：在生态位多维体的每一点上，还可累加一个表示物种反应的数量，如种群密度、资源利用情况等。于是，可以想象在多维体空间内弥漫着一片云雾，其各点的浓淡表示累加的数量，这样就进一步描绘了多维体内各点的情况。此外，可再增加一个时间轴，可以把瞬时生态位转变为连续生态位，使不同时间内采用相同资源的两物种，在同一多维空间中各占不同的多维体；如果进一步把竞争的其他物种都纳入多维空间坐标系统，所得结果便相当于实际生态位。

我国学者对生态位理论的研究开始于20世纪80年代，王刚等对哈钦森的研究进行了改进，给出了生态位的广义定义，即一个种的生态位是表征环境属性特征的向量集到表征种的属性特征的数集上的映射关系。刘建国和马世骏等认为之前提出的生态位定义大多只考虑了环境因子或只涉及生态位的实际利用性，只将物种作为生态位的利用者和占有者，因此他们提出了扩展的生态位理论，将生态位定义扩展为实际生态位、潜在生态位和非存在生态位，对促进生态位理论的发展具有重要意义。之后，又有学者对生态位理论进行了修正补充，使其定义不断得到发展与深化。

25.2 生态位的概念与理论

目前，人们一致认为生态位是指一个种群在生态系统中，在时间和空间上所占据的位置及其与相关种群之间的功能关系与作用（即一个种的生态位由它生存必需的全部环境因素组成，反映了物种对环境资源的需求）。这个定义既考虑到了生态位的时空结构和功能关联，也包含了生态位的相对性。

25.2.1 生态位宽度

生态位宽度（niche breadth）是指被一个生物所利用的各种不同资源的总和。在没有任何竞争或其他敌害的情况下，被利用的整组资源称为“原始”生态位（fundamental niche）。因种间竞争，一种生物不可能利用其全部原始生态位，所占据的只是现实生态位（realized niche）。生态位概念应用于植物尚有一定困难。几乎所有植物都需要阳光进行光合作用，而且在陆地上倾向于占有环境的相同部分——土壤表面上下一定高度和深度。然而，植物在自然环境水平地带和垂直地带中占据的区域及在生长季节、开花季节等方面出现的差异，可与动物的生态位相比拟。一般地，生态位宽度是指一个种群在一个群落中所利用的各种不同资源的总和。在可利用资源量较少的情况下，生态位宽度一般应该增加，以使种群得到足够的资源。

25.2.2 生态位重叠

生态位重叠（niche overlap）是种间生态学相似性的标度，是很重要的生态位测度（met-rics），在种群生态学和群落学的研究中占有重要地位，如图 25–1 所示。生态位重叠的两个物种因竞争排斥原理而难以长期共存，除非空间和资源十分丰富。通常资源总是有限额的，因此生态位重叠物种之间的竞争总会导致重叠程度降低，如彼此分别占领不同的空间位置和在不同空间部位觅食等。生态位重叠是种间生态学相似性的标度，它被一些生态学家用作竞争方程中的竞争系数，因而使重叠计测成为种群动态研究中引人注目的论题。生态位重叠也被用于极限相似性及资源划分等研究中，且由多个种对间的竞争系数组成的竞争矩阵常用于群落稳定性的讨论，因而生态位重叠的计测成为群落学研究所必需。

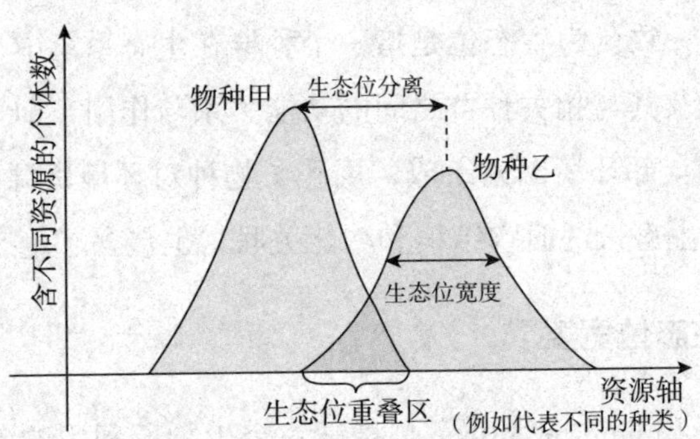

图 25–1　生态位重叠

25.2.3 生态位移动

生态位移动是与生态位压缩和生态释放有关的另一种反应。生态位移动是两个或更多个物种由于减弱了种间竞争而发生的行为变化和取食格局变化，这些行为或形态上的变化可以是对环境作出的短期生态反应，也可以是长期的进化关系。例如，生活在淡水中的两种涡虫重叠分布时，所占的温度梯度要比不重叠分布时小得多。这也就说明生态位发生了移动。

25.2.4　生态位分离

生态位分离是指同域的亲缘物种为了减少对资源的竞争而形成的在选择生态位上的某些差别的现象。例如，五种树莺和两种鸬鹚在觅食与栖息空间部位的选择上的差别即反映了生态位分离的现象。生态位分离是保持有生态位重叠现象的两个物种得以共存的原因，如无分离就会发生激烈竞争，使弱势物种种群被消灭。例如，将拟谷盗与锯谷盗共同饲养于面粉中时，锯谷盗在竞争中被消灭。如果向其中放入一根细管，容许体型较小的锯谷盗爬进去躲避拟谷盗的攻击，就能实现生态位分离，使两者共同存在于面粉中。因此，在珍稀物种保存工作中，如发现生态位重叠时，应设法创造条件令两者发生生态位分离。

生态位理论的发展是与生态位理论研究工作同时进行的，生态位理论的逐渐成熟为生态位理论的应用提供了稳定的前提。近年来，生态位定义及其理论的不断发展和深化，推动了现代生态学理论应用的发展。

25.3　生态位理论在生产生活中的应用

生态位理论是生态学的核心理论，是一个既抽象又十分丰富的生物学概念。在最初的几十年里，生态位主要应用在动物生态学领域，揭示生态个体、种群、群落物种的生存与竞争规律。20 世纪 80 年代以来，随着研究的不断深入，生态位逐渐在农业生产、城市规划、经济评价等领域得到了广泛应用。

25.3.1 生态位理论在农业生产中的应用

生态农业就是按照生态位理论而进行生产的整体协调、知识密集、高效无害、良性循环的科学农业。在实际农业生产中，人类通过高效合理利用现存生态位、开发潜能生态位、引进外部生态因子增加生态位的可利用性、定向改变基础生态位等途径，最大限度地开发组合利用各种形式的时间空间生态位，使地面和空间的土地、空气、光能、水分等环境资源得到充分合理的利用，使经济效益、生态效益和社会效益统一起来，创造高效的生态位效能。孙鸿良等将生态位理论应用于农业生态系统，鉴于农业生态系统具有强烈的经济性，提出将“生态因子空间”拓展为“经济生态因子空间”。刘建国提出了生态元的概念，使生态元的应用研究由单指生物系统的生态元拓展为包括种植制度、产业结构及其他实体在内的经济生态元。李自珍等将生态位理论引进作物生长系统的研究中，建立了作物种群的生态位适宜度理论模式和计策方法。所有这些都为生态位理论在农业生产上的应用起到了良好的促进作用，而且生态位理论是混农林业系统的理论基础，为高效可持续经营农林复合系统植物种群选择和结构合理配置提供了理论依据。在农林复合系统中，农林种群间通过对光、热、水分、养分等资源的吸收利用而存在着竞争关系。通过合理的时空配置，林木和农作物能够满足各自的生态位需要，使得混农林业系统能充分利用自然资源，获得较高的生态经济效益。

25.3.2 生态位理论在城市规划中的应用

经过 80 多年的发展，生态位的概念及其理论日趋完善，已超越了生物学的范畴，渗透到许多领域，把生态位理论应用于城市的研究是值得深入探讨的课题之一。

王如松将生态位理论应用于城市生态系统的研究，他将城市生态位定义为“一个城市或任何一种人类栖境给人类活动所提供的生态位是指它所提供给人们的或可被人们所利用的各种生态因子和生态关系的集合”。建立在生态位概念基础上的生态位理论、方法有很多，如生态位态势理论、生态位适宜度理论、生态势理论、生态位扩充理论、生态位重叠、分离理论。

25.3.3　生态位理论在经济评价中的应用

自然界中每个物种在进化过程中经过自然选择，形成特定的形态和功能，在生态空间中占有特定的生态位，形成生命系统的多样性。在自然生态系统中，只有生态位重叠的生命系统才会产生争夺生态位的竞争，这种竞争主要争夺最适宜生存的生态区域。自然物种的生态位实际上是物种能获得和利用的生态资源空间，生态位越宽，物种的适应性越强，可利用的资源越多，物种的竞争力越强。

企业界的情况与生物界十分类似，不同的企业也都有自己的“生态位”。许多规模和实力都很弱小的中小型企业也可以与那些具有一定发展规模的巨型企业在市场中共同生存和发展，其根本原因就在于它们拥有不同的生态位。企业与自然生命系统不同，自然生命系统之间的竞争是在现有资源空间中争夺生存资源的竞争，自然生命不能创造其自身需要的资源空间，而企业一般在它的生命过程中没有特定的形态，它不仅可以经营产品，还可以创造出生存所需的生存空间。因此，企业竞争生态位选择表现为在现有生态空间中的生态位选择和生态空间创新选择。

随着科学技术的不断进步及相关领域的发展，生态位理论的研究范围将会拓宽，未来将重新评价和发展以传统生态位理论为基础的其他理论。

日月轮回塑造了我们每一个独特的生命，我们理应适应并融入每一个季节更替，享受每一份阳光雨露。

26 生命律动的周期：生生不息的动力

系列关联概念
光周期现象 细胞分裂与细胞周期 短日照植物与长日照植物

日出日落，月圆月缺，潮起潮退，万物交替有序；花开花谢，冬去春来，四季更迭，一切依律而行。风物常新，生命在循环中推进，在变换后进化。生命的周期，渗透着诸多层次，富有力量与节奏，蕴含机理与启迪。

26.1 生殖周期：哺乳动物生殖的高级律动

传统的生殖周期（reproductioncycle），也叫作哺乳动物具有规律性的性周期。它是指雌性哺乳动物自初情期到性功能衰退的生命阶段中，在性行为以及生殖系统结构和功能上的周期性变化。在动物中，灵长类动物的生殖周期最具规律性，即表现为雌性生殖能力出现的周期性变化。例如，人类女性从青春期开始，子宫内膜发生周期性脱落，血管增生、腺体生长分泌并伴随阴道出血，这一周期性变化即月经周期（menstrualcycle），它是卵巢中卵泡的发育、成熟和排放的周期性反映。经比较分析发现，类人猿在雌性的月经周期和怀孕周期以及生理变化等方面与人类很相近，说明人类和类人猿的亲缘关系很近，类人猿可作为人类起源的重要证据。

北京大学白书农教授提出了有性生殖周期（sexualreproductioncycle，SRC）的概念，即指“一个经过修饰的细胞周期”。具体来说，有性生殖周期指一个二倍体细胞经由3个单细胞层面上发生的生物学事件——减数分裂、异型配子形成、受精作用而形成2个新的二倍体细胞的过程。许多有丝分裂的细胞可以周而复始地进入下一个分裂周期。而减数分裂却不然，一次完整的减数分裂过程完成后，1个二倍体细胞变成了4个单倍体细胞，包括卵细胞、第二极体（走向退化）精细胞。这4个单倍体细胞无法再继续进行减数分裂，它们必须通过细胞融合（受精作用），即2个单倍体细胞形成1个二倍体细胞之后，才可能再进行减数分裂。这就是有性生殖的独特性。因有性生殖周期，起始细胞和产物细胞在基因组构成上出现差异而第1次定义了遗传意义上的“代”，从而第一次定义了同一“代”内细胞分化的单向性。

26.2 生长大周期：植物生长的韵律各有差异

植物体的生长是一个动态的过程。从细胞水平来看，植物的生长实际上就是细胞数目的增多和体积的增大过程。体现在植物激素调节层面，主要是生长素（赤霉素）促进细胞伸长（体积）和细胞分裂素促进细胞分裂（数目）。在植物生长过程中，细胞、器官或整个植株的生长速率都表现出“慢—快—慢”的基本规律，即开始时生长缓慢，以后逐渐加快，达到最高点后又减缓以至停止，这是生命机体节奏与自然律动的契合。植物生长发育的整个过程叫作生长大周期（grandperiod of growth）。植物的生长具体可分为营养生长和生殖生长两个不同阶段。

各种生物的生存环境包括阳光、温度、气候、水源、土壤与食物条件等因素，生物不同阶段的生长发育都要受到生存环境的影响。随着上亿年的生态环境的选择，生物逐渐进化，产生了不同的形态结构、生理特点、生存技能和生殖机能，同时形成了最佳的生殖方式和孕产季节，以确保顺利繁衍子代，保证子代正常发育。这就有了光与温度等典型外界环境因素的节律性变化。

26.2.1 植物的光周期

光照对植物具有显著的影响。一天之中，光照期和暗期长短的交替变化称为光周期。而植物对白天和黑夜的相对长度的反应，称为光周期现象（photoperiodism）。

1920 年，美国科学家加纳尔（Garner）和阿拉德（Allard）发现一种名为“Maryland Mammoth”的美洲烟草在夏季时生长茂盛，株高达 3 ～ 5 m 仍不开花，而在冬天株高不足 1 m 时就会开花。经过实验，夏季人为缩短日照长度后，烟草正常开花；冬季温室延长日照长度后，烟草只茂密生长但不开花。由此可知，这种烟草开花的关键条件是短日照，他们称之为短日照植物（shortday plant），即在日照长度短于临界条件时才会开花的植物，如菊花、一品红和某些品种的大豆等。另一类在日照时间较长时开花的植物被称为长日照植物（longdayplant），如菠菜、胡萝卜和许多谷物等。此外，水稻、西红柿和蒲公英等开花不依赖日照长度的植物被称为中日性植物（day-neutral plant），它们的开花时间由自身的生长状况和温度、水分等环境条件所调控。。植物生殖生长中的光周期现象具有重要的实践意义，常被应用于农业生产上的引种、育种和作物栽培。

另外，温度因子也明显影响植物的整个生命周期的各个发育阶段，通常将植物对季节或昼夜温度变化的反应称为生长的温周期现象（thermoperiodicity of growth）。控制植物生长的昼夜温度，就可以有效提高农作物的产量。

26.2.2 动物的光周期

科学家对动物和光因素进行研究发现，动物对不同季节日照长短的发情反应也有差异，受季节性日照长短变化影响明显的动物大致分为长日照繁殖动物和短日照繁殖动物。日照长短是大自然最严格的周期变化，是形成生物节律最可靠的信号系统，鱼类与禽类动物是典型的季节性繁殖动物，它们的内源节律能够识别光周期，迁徙、洄游就是由日照长短的变化引起的季节性行为。

26.3 生物节律：周期各异适应不同变化

26.3.1 周期各异的生物节律

植物和动物在自然界中的活动是有节律的，有的以日为周期，有的以月或年为周期，这种现象即为生物节律（biologicalrhythm）。生物节律的分类和体现如表 26–1 所示。

表 26–1 生物节律的分类和体现

节律种类	实例体现
日节律	日节律即昼夜节律。包括细胞分裂、植物营养生长的温周期现象和植物的花开花谢光周期现象以及光合作用速率变化、高等动植物组织中多种成分的浓度、活性的 24 h 周期涨落等；动物的夜行性或昼行性活动，高等动物的昼夜性睡眠和取食行为，人的体温变化、激素分泌、心律和血压等
月节律	每月为一期，主要反映在动物动情和生殖周期上，女性的月经周期是典型的月节律
潮汐节律	潮汐是月亮对海洋的引力引起的，生活在沿海潮线附近的动植物的活动规律与潮汐周期相一致；也常和月周期对应，对月周期比较敏感
年节律	植物的发芽、开花、结实，动物的迁徙洄游、夏蛰冬眠、换毛换羽、休眠与繁殖等现象均有明显的年节律

20 世纪初，英国医生费里斯（Ferris）和德国心理学家斯沃博特（Swarbert）的研究表明，对人的自我感觉影响最大的 3 个因素是体力、情绪和智力，而且

体力、情绪和智力的变化是有规律的，这个规律不受后天影响，叫作人的“生物节律”，又称为“生物三节律”，它们有不同的周期变化规律，即体力节律23 d、情绪节律28 d、智力节律33 d。

26.3.2　生物钟：节律严格的时钟奥妙

绝大多数生物都可以预测并适应日常环境的变化。早在18世纪，天文学家让－雅克·奥托斯·德·梅朗（Jean Jacques d' Ortous de Mairan）就发现，含羞草的叶片昼开夜合。但是当将其持续置于黑暗中时，其叶片仍会维持正常的昼夜节律。该研究表明植物具有内源性的生物节律。之后又有研究者发现，动物和人体内同样存在类似的生物钟，使得机体能提前为日间活动做好准备。许多生物行为的研究表明，生物体内存在着一种无形的计时装置——生物钟（biological clock）。这种规律性的适应被称作昼夜节律（circadian rhythm），源自拉丁文词汇“circa”（环绕）和“dies”（一天）。生物钟实际上是生物体生命活动的“时钟”式的内在节律性（图26–1），由生物体内的时间结构序所决定。跨越世界东西方的飞机旅行也需要倒时差就是人体对生物节律的重新调整。

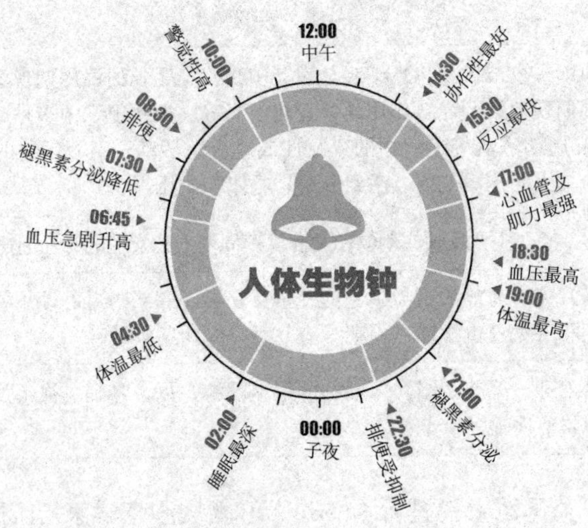

图26–1　人体生物钟

在哺乳动物中，生物钟是下丘脑结构的一部分，称为交叉上核（SAN）。广泛存在的节律使生物能更好地适应外界环境。20世纪70年代，西莫尔·本则尔（Seymour Benzer）与其学生罗纳德·克纳普卡（Ronald Konopka）首次在果蝇中发现了第一个控制昼夜节律的基因，并通过实验证明其突变可以干扰果蝇的生物钟。该基因被命名为"period"。但是，该基因如何控制昼夜节律呢？

2017年获诺贝尔生理医学奖的科学家杰弗理·霍尔（Jeffrey Hall）、迈克尔·罗斯巴希（Michael Rosbash）、迈克尔·杨（Michael Young）的研究工作揭示了动植物及人类生物钟的分子控制机制是如何来适应环境变化的。他们发现果蝇体内有一种名叫period（周期）的核基因，它编码的PER蛋白与生物节律密切相关。另一种timeless基因也参与了生物钟的调控。夜晚，该基因表达的TIM蛋白与细胞质中累积的PER蛋白结合，进入细胞核抑制period的活性，形成了昼夜节律。

生物钟理论在生产和医疗上已经有所应用。例如，人为控制昼夜的长度可提高家畜的繁殖能力，可以利用病人的病理过程的节律性治疗某些疾病等。通过研究生物钟，目前已产生了时辰生物学、时辰药理学和时辰治疗学等新学科。

2019年1月24日，我国科学家宣布世界首批疾病克隆猴——5只生物节律紊乱体细胞克隆猴在中国诞生，开启了克隆猴模型应用于生命科学研究的"春天"。科学家采集了一只一岁半的、睡眠紊乱最明显的*BMAL*1（生物节律基因）敲除猴A_6的体细胞，通过体细胞核移植技术，获得了5只克隆猴——这是国际上首次成功构建的一批遗传背景一致的生物节律紊乱猕猴模型。

26.3.3　每个生命律动的节奏保证：心脏节律周期

心脏的节律是生命力的特色力度。哺乳动物的心脏是一个由心肌组织构成的器官。作为血液循环的动力装置，在生命过程中，心脏不断进行收缩和舒张交替的活动，舒张时容纳静脉血返回心脏，收缩时把血液射入动脉，为血液流动提供能量。心脏的这种节律性活动具有周期性，表现为心电周期和心动周期两个方面。心电周期是指心脏各部分动作电位的产生和扩布的周期性活动。而心脏的一次收缩和舒张，构成一个机械活动的周期，称为心动周期（cardiaccycle）。从心肌的收缩性特点来说，一个心动周期是由收缩期和舒张期两部分组成。从心肌的兴奋性特点来说，一个心电周期是由兴奋期和不应期两部分组成。心脏的这种节律性活动以及由此而引起的瓣膜的规律性开启和关闭，推动血液沿单一方向循环流动。

26.4　树木年轮：刻载着对应气候变化周期

达·芬奇曾指出，树木年轮的密度和气候干燥度是相对应的，年轮数量和树木年龄也是对应的。1894 年，天文学家道格拉斯（Douglass）为了建造天文台砍树时注意到在一个指定区域内的所有树木年轮宽度都很相似。他观察到太阳黑子周期会影响气候变化，气候和树木年轮宽度间存在着某种关联。1904 年，道格拉斯开始进行年轮的科学研究，或称树木年代学（dendrochronology，dendro 即“树”的意思）。除了用以研究气候变化模式和考古遗迹的年代，树木年代学还被用来为冰川活动和火山喷发定年。树干被水平横切时就会展示出年轮，每一圈年轮都标志着树木某一年的生活轨迹。这些年轮是最接近树皮的细胞中维管形成层新增长的结果。在生长季节的早期，细胞的细胞壁很薄（早材），到了后期树木才会形成厚壁细胞（晚材）。

年轮代表着新增的维管组织，它们将水和营养物质从下往上运送到树叶中。在生长季，树木的导管张大，让更多的水通过，而在休眠季和旱季，新年轮的生长减缓，收紧的导管说明运送的水分也减少了。决定树木生长的气候因素包括天气、降水、温度、植物营养、土壤活性以及 CO_2 浓度等。

26.5　细胞周期：细胞增殖更新的严格周期

细胞的增殖是生物体生殖与遗传的细胞学基础，它是通过细胞分裂来实现的。通常将通过细胞分裂产生的新细胞的生长开始到下一次细胞分裂形成子细胞结束为止所经历的过程称为细胞周期（cellcycle）。

典型的细胞周期包括细胞间期和细胞分裂期两部分。细胞间期又可分为 G_1 期、S 期和 G_2 期，这是遗传物质积累时期。细胞分裂期则分为有丝分裂期（M 期）和胞质分裂期（C 期）两个过程。真核生物体细胞的有丝分裂往往具有周期性，并在严格的调控机制下沿着 $G_1 \rightarrow S \rightarrow G_2 \rightarrow M \rightarrow C$ 等 5 个时相循环运转。经过这一系列细胞内的重要事件，以实现亲、子代细胞之间遗传物质的均等分配，保证细胞遗传的稳定。诚然，细胞的寿命以分裂代数为标准，却又并非无限分裂下去，依据海夫利克（Hayflick）界限理论，细胞一般能够分裂 50 代左右。这与细胞周期的精密调节、高度有序息息相关。如若周期调节失控，则细胞易发生癌变，走向生命的歧路。

在细胞周期中，一些重要的结构也发生着动态的变化。例如，核膜与核仁呈现出周期性溶解和重现。尤其核仁，表现为“形成—消失—形成”的变化特征，即核仁周期。此外，中心体也呈现周而复始的“倍增—分配—倍增”的变化，称为中心体周期。这些结构的规律性变化，对细胞行使分裂功能具有积极的意义。

26.6 生活周期：每种生物都有自己的运行周期

动物、植物、微生物都具有发生、发展和死亡的全过程，也就是生活周期（lifecycle），又称为生活史。一般进行有性生殖的生物的生活周期是指从合子到个体成熟和死亡所经历的一系列发育阶段。不同生物的生活周期有所不同，一些低等动物（如水螅）和大部分植物具有有性世代和无性世代交替，也称世代交替。例如，高等植物从一个受精卵（合子）发育成为一个孢子体称为孢子体世代（无性世代）。孢子体经过一定的发育阶段，某些细胞特化进行减数分裂形成配子体，产生雌配子和雄配子，称为配子体世代（有性世代）。雌雄配子经受精作用形成合子，又发育为新一代的孢子体。

某些病毒（如噬菌体）的生活周期随种类的不同而有所差异。烈性噬菌体仅有裂解周期，即在短时间内能连续完成吸附、侵入与脱壳、生物合成、装配、释放这 5 个阶段实现繁殖。而温和噬菌体吸附并侵入细胞后，大多数情况下将 DNA 整合在宿主的染色体上，并可长期随宿主 DNA 的复制而同步复制，即进入溶原周期。只有在某些特殊情况下，才会脱离宿主整合状态，进入裂解周期。

总之，每个生物体都依赖自然环境而生存，每个细胞都离不开生活环境，他们都必然以适应环境为趋势小龙虾称得上中国美食界的“明星大咖”，麻辣、蒜蓉、十三香等各种口味都为人们所喜爱。但是，小龙虾除了是餐桌上的美食，还是一种破坏性极强的外来入侵物种，鱼类、水生植物等都深受其害。小龙虾酷爱打洞，给水库、湖泊、堤坝等也带来了不小的风险。2010年，小龙虾被列入《中国第二批外来入侵物种名单》。那么，什么是外来物种？什么是外来物种入侵呢？

系列关联概念
种群密度 种群增长曲线 生态安全 种间竞争 生物防治

27 外来物种入侵：事关生态安全的无声战争

“外来物种入侵”的概念在1958年首次出版的《动植物入侵生态学》中就已明确阐述，中国目前已经成为外来物种入侵最为严重的国家之一，由此引发了突出而严重的相关生态环境问题，给农林渔牧业及国家生态环境和经济发展都带来了许多影响。我国正处于大力推进“美丽中国”生态文明建设的关键历史进程，外来物种入侵问题是生态安全问题，是不可回避的。

27.1 外来物种入侵的概念

外来物种是指出现在过去或现在的自然分布范围及扩散潜力以外（即在其自然分布范围以外或在没有直接或间接引入或人类照顾之下而不能存在）

的物种、亚种或以下的分类单元，包括其所有可能存活、继而繁殖的任何部分、配子或繁殖体。人们身边的很多常见物种都是外来物种，如原产美洲的马铃薯、玉米等粮食作物，以及仙人掌和牵牛花等观赏植物。但是，这些外来物种没有给人们带来巨大灾难，反而可以造福于人类。

外来物种入侵是指物种由原产地通过自然或人为的途径迁移到新的地区，并在当地的自然或人工生态环境中定居、自行繁殖和扩散，最终破坏该地区生态平衡，引发生态灾难的现象。

外来物种入侵必备要素包括以下几点：①本地不产，经自然途径扩散或被人类有意或无意引入；②在野外存活，并建立种群，可世代繁衍；③入侵成功后，威胁本土种及当地生态系统，同时可能对农林牧渔业生产、人类健康等造成损害。最经典的例子是澳大利亚的外来兔子入侵。1859 年，英国人托马斯·奥斯汀（Thomas Austin）引进了 24 只兔子，为打猎而放养了 13 只，到 1907 年，野兔成功入侵澳大利亚全境；澳大利亚政府的“人兔围歼大战”长达一个多世纪，给人民带来了难以估量的损失。

27.2　外来物种入侵的途径

（1）自然入侵。这种入侵是通过风媒、水体流动或由昆虫、鸟类的传带，使得植物种子或动物幼虫、卵或微生物发生自然迁移而造成生物危害所引起的外来物种的入侵。例如，紫茎泽兰、薇甘菊以及美洲斑潜蝇都是靠自然因素而入侵我国的。

（2）无意引进。这种引进方式虽然是人为引进的，但在主观上并没有引进的意图，而是伴随着进出口贸易、海轮或入境旅游在无意间被引入的。例如，松材线虫就是我国贸易商在进口设备时随着木材制的包装箱被带进来的。再如，1907—1912 年德国、法国因造林需要引进白松幼苗，随将白松疱锈病带入北美，1915 年开始大流行，几乎毁灭了欧洲引种的全部白松，美国、加拿大的五针松也遭受毁灭性打击。

（3）有意引进。这是最主要的渠道，世界各国出于发展农林牧渔业生产、生态环境建设、生态保护等目的，往往会有意识地引进优良的动植物品种。例如，水葫芦开始是以净化水源为目的而引进到我国云南等地区的；福寿螺开始是作为一种营养价值较高的食用螺类被引入我国广东等地区的。

27.3　外来物种入侵的典型

2021 年 5 月，生态环境部发布的《2020 中国生态环境状况公报》显示，我国已经发现超过 660 种外来入侵物种。其中，属于国际自然保护联盟（IUCN）公布的全球 100 种最具威胁的外来物种共 71 种。中国自然生态系统外来入侵物种名单公布了 4 个批次（分别于 2003 年、2010 年、2014 年和 2016 年公布），下面列举几种典型的外来入侵物种。

（1）加拿大一枝黄花（图 27-1）：原产于北美，1935 年作为观赏植物引进，20 世纪 80 年代扩散蔓延成为杂草，被称为“恶魔之花”。各地作为花卉引种，目前在浙江、上海、安徽、湖北、湖南、江苏、江西等地对生态系统造成了一定的危害。

图 27-1　加拿大一枝黄花

（2）水葫芦（图 27–2）：学名叫凤眼莲，原产于南美，由于受生物天敌的控制，仅以一种观赏性种群零散分布于水体。在 1844 年举办的美国博览会上，曾称它为“美化世界的紫色花冠”。1901 年将其作为观赏花卉从日本引入我国台湾地区，20 世纪 50 年代作为猪饲料推广后大量逸生，其产生的危害如下：堵塞河道，影响航运、排灌和水产品养殖；破坏水生生态系统，威胁本地生物多样性；吸附重金属等有毒物质，死亡后沉入水底，造成水质的二次污染；覆盖水面，影响生活用水；滋生蚊蝇；破坏了江河生态平衡。

图 27–2　水葫芦

（3）互花米草：中国从 1979 年开始引入互花米草。互花米草秸秆密集粗壮、地下根茎发达，能够促进泥沙的快速沉降和淤积，因此 20 世纪初许多国家为了保滩护堤、促淤造陆而先后引进这一品种。虽然互花米草在海岸生态系统中有重要的生态功能，但是其在潮滩湿地生境中超强的繁殖力，威胁着全球的海滨湿地土著物种，所以许多国家正在将其作为入侵植物实施大范围的控制计划。

（4）小龙虾：小龙虾原产于北美洲，20 世纪 30 年代进入我国，20 世纪 60 年代其食用价值被发掘，养殖热度不断上升，并于 20 世纪 80—90 年代大规模扩散，现已广泛分布于除南极洲以外的世界各地。

（5）巴西龟：又名红耳龟、小彩龟、红耳彩龟等，原产于美国中南部，被列为全球最危险的 100 种外来入侵物种之一。20 世纪 80 年代经我国香港地区引入广东，宠物丢弃、养殖逃逸、错误放生等行为导致其在野外普遍存在，我国已经成为世界上巴西龟最多的国家。由于其没有天敌而且数量过多，许多国家已经颁布禁止进口巴西龟的禁令。此外，巴西龟还是沙门菌传播的罪魁祸首。

（6）红火蚁：拉丁名意指“无敌的”蚂蚁，属于最具破坏力的入侵物种之一。人被它蜇伤后会出现火灼感，敏感体质人群会出现局部或全身过敏，甚至会休克、死亡。它对农作物、其他动物、公共设施也会造成损害。

（7）尖吻鲈：1954年，因渔业需要，尼罗河尖吻鲈被引进东非，使约超过200种维多利亚湖（非洲最大的淡水湖）的特有原生鱼类完全灭绝，造成维多利亚湖生态系统的全面崩溃。这种“生态杀手”已被列为最具危害的世界百大外来入侵物种之一。

（8）栉水母：20世纪80年代，北美的一种淡海栉水母通过船舶的压舱水入侵黑海，成了摧毁渔业的噩梦。如今全球至少14片海域水母大爆发，栉水母被列为世界百大最恐怖的外来入侵物种之一。

南极洲应该是一块净土，是企鹅、海豹和鲸的故乡，而近些年科学家竟在此也发现生物入侵现象，如有跳虫和苔藓等多种非本土物种，一名瑞典科学家在从一块水域的采样中发现了8种不明生物，甚至在南佐治亚岛已发现了老鼠，这些应该引起人们的足够重视。

27.4 外来物种入侵的危害

27.4.1 破坏生态环境

大部分外来物种成功入侵后，往往呈大爆发趋势，其生长难以控制，会造成严重的生物污染，对生态系统造成不可逆转的破坏，造成巨大的经济损失。例如，薇甘菊是一种草质藤本，20世纪80年代由东南亚扩散到广东，这种植物繁殖能力特强，遇树攀缘，遇草覆盖，造成成片树林、地被植物枯萎死亡，形成灾难性后果。福寿螺原产南美，作为一种美味食物在20世纪80年代被引入广西，它以水稻和其他植物的叶茎为食，造成其他植物的死亡并危及当地螺的生长，给当地农民造成严重损失。在云南，小龙虾这个被村民当作美食引进的物种，不到5年便在元阳的3万亩梯田中迅速繁衍，给当地农民带来了巨大损失。

27.4.2 威胁人类健康

外来入侵物种不仅会给生态环境和国民经济带来巨大损失，还会直接威胁人类健康，如三叶裂豚草产生的花粉是引起人类花粉过敏的主要病原物，可导致花粉症。豚草开花时可使体质过敏的人突发哮喘，并可引起其他并发症。另外，福寿螺是人畜共患的寄生虫病的中间宿主，麝鼠可传播“野兔热”，红火蚁咬人并且有毒，严重时可导致人类、动物被咬后死亡。

27.4.3 危害经济发展

生物入侵导致生态灾害频繁发生，对农林业造成了严重灾害。例如，水葫芦在河道、湖泊中疯长，堵塞航道，造成航运无法进行，并且它的疯长使一些经济作物无法生存。我国每年因水葫芦造成的经济损失接近100亿元。又如，在南京中山陵发现的松材线虫可造成树木枯死，直接经济损失达25亿元，间接经济生态损失达250亿元。

27.5 外来物种入侵的防治

（1）物理防治。简单来说就是“拔”，即借助人工或机械的方式将入侵植物拔除、铲除。但也不可乱拔，要注意选择合适的时机，在种子结实前完成拔除。一旦开花，必须马上拔除，到结果实以后再拔反而变成了帮倒忙，帮助了入侵植物进一步扩散。

（2）化学防治。即利用除草剂杀灭外来入侵植物。但在杀灭的过程中，可能导致土壤、水源污染，从而造成新的生态环境问题。化学农药具有效果迅速、使用方便、易于大面积推广应用等特点，但在防治外来有害生物时，使用化学农药往往也杀灭了许多种本地生物，而且化学防治一般费用较高。

（3）生物防治。指从外来有害生物的原产地引进食性专一的天敌将有害生物的种群密度控制在生态和经济危害阈值之内，但这种方式也存在一定的风险，很可能无意间造成新的生物入侵。

（4）生态防治。这是治理生物入侵的最优选择。首先需要在正确的时机拔除外来种，随后选择当地植物进行替代种植，用多年生植物代替一年生植物，用木本植物代替草本植物。通过替代种植，恢复生物生态，借助自然植被来排挤外来入侵植物。虽然效果可能并非立竿见影，但若干年后，成效就会慢慢显现出来，当地的生态也会逐渐恢复到近乎未被破坏的样貌。

（5）综合防治。指将物理、化学、生物、生态防治等单项技术融合起来，发挥各自优势，弥补不足，达到综合控制入侵生物的目的。综合防治并不是各种技术的简单相加，而是使各种技术有机融合，彼此相互协调、相互促进，最终达到控制有害生物入侵的效果。

外来物种入侵严重威胁农林业生产安全、粮食安全、生物安全和生态安全，防控外来入侵物种、维护国门生物安全，不仅需要强而有力的防治和管控措施，还需要全社会共同努力。

关于生命的诞生，人类总有些疑惑。那么恰到好处的温度、水分、大气层，那么充满偶然和变数的一个进程，让人类止不住地去探索人类是不是世界中最特别、最孤单的存在？地球是世界中仅有的“生命摇篮”？

系列关联概念
生物圈Ⅱ号 物质循环与能量循环 生态系统的稳定性

28　地球以外的“生命摇篮”：生物圈Ⅱ号

地球是人类居住、活动的场所。古巴比伦人认为大地像个巨大的圆顶屋；古埃及人设想地球是个斜躺着的神；古印度人认为地球是三头大象驮着大地，而三头大象又站在乌龟背上。这一切全没有想到地球是一个圆的球。我国古代天文学家从日出日落、天体变化猜测大地是一个球体，天像鸡蛋壳，大地是蛋黄。直至1519年，航海家麦哲伦（Magalhães）驾驶帆船绕地球一周，才证实了地球是个球体。在广阔无垠的太阳系中，其他星球不是酷热炎炎，就是冷若冰霜，生命无法生存。只有地球才有生命需要的阳光、空气和水。地球从赤道到两极，从沙漠到海洋，都有生命活动的踪迹。那么地球以外，是否也有生命的诞生与文明的传承呢？

28.1　生物圈Ⅱ号的建造背景

美国建于亚利桑那州图森市以北沙漠中的“生物圈Ⅱ号”是人工建造的

模拟地球生态环境的全封闭的实验场（图 28–1），因把地球本身称作“生物圈Ⅰ号”而得此名，也有人把它称为“微型地球”或“火星殖民地原型”。它由美国前橄榄球运动员约翰·艾伦（John Allen）发起，并与几家财团联手出资，委托空间生物圈风险投资公司承建，历时 8 年，耗资 1.5 亿美元。实验的目的是考察人类离开了地球“生物圈Ⅰ号”是否能生存。

图 28–1　生物圈Ⅱ号俯瞰图

28.2　生物圈Ⅱ号的研究历程

1991 年 9 月 26 日，4 男 4 女共 8 名科研人员首次进驻“生物圈Ⅱ号”，并于 1993 年 6 月 26 日走出，停留共计 21 个月。这个微型世界中有海洋、平原、沼泽、雨林沙漠旅业区和人类居住区，是个自成体系的小生态系统。

“生物圈Ⅱ号”虽然与外界隔绝，但可以通过电力传输、电信与计算机与外部取得联系。工作人员在“生物圈Ⅱ号”内可以看电视，也可以通过无线电通信与亲友联系。“生物圈Ⅱ号”是一座复杂的人造建筑物，底部是一层金属板，与地面隔离。四周墙壁和屋顶都由白色的钢构件和巨大的玻璃嵌成，高约 26 m，总体积为 1.8×10^5 m^3。其内部主要由 7 种生态群落区和 2 个大气扩张室（也称作“肺”）组成。此外，还设有能量中心和冷却塔等设施。为了减轻立体结构的负荷，“生物圈Ⅱ号”的内部压力略高于周围大气压。众所周知，温度改变必然导致压力变化，而这种伸缩中的压力变化足以破坏玻璃窗板。为了解决这一矛盾，工作人员没有像通常那样采取抵抗压力的措施，而是为该圈装配了 2 个称为“肺”的体积可变室，以使大气在恒压下胀缩。两“肺”就如同巨大的活塞通过密封膜连接在气缸上一样，上下垂直运动距离约达 15 m。活塞重量产生相对于周围大气压力的内部正压。正压具有两大优点：不论什么地方有泄漏，内部大气就会向外扩散从而保证排除外界污染；活塞的持续下滑则表明某处出现泄漏。两“肺”的体积占到该圈密闭体积的 30%。除上述设施外，其内部还包括分析、医疗、兽医、监控、维修、锻炼、影视等室，它们分布在不同部位。

与地球生物圈类同，“生物圈Ⅱ号”在物质上闭环，通过工程手段禁止它与外界大气和地下土壤进行物质变换。在能量上开环，允许太阳光通过玻璃结构供植物进行光合作用，同时引入电能供技术系统操作运转。在信息上也同样开环，通过计算机系统、电话、摄像、电视与外界进行数据信息交换，并通过电视与外界工作人员及亲属进行面对面的交谈，还可以放映电影和收看商业电视节目。电能及热控能源从外界通过气密装置输送进来，当进行能量转移时，不允许内外流体进行任何形式的交换或混合。“生物圈Ⅱ号”的“神经系统”是一个完整的计算机数据采集和控制系统，它是从位于居住区的指挥室辐射出的微处理机网络系统。这一内部“神经系统”通过信息通路与外界附近的“飞行控制”楼内的计算中心相联通。该楼作为分析中心而成为“生物圈Ⅰ号”和“生物圈Ⅱ号”获取分析数据及通信的主要窗口。居住区内的指挥室通过遍布圈内的 5 000 多个传感器（每 15 min 记录一次并读入无限增长数据库）来有效控制所有主要的操作参数，如温度、湿度、光强、水流量、pH、CO_2浓度、土壤湿度、仪器运作状态等，并能进行数据传感器及所有报警装置的状态显示。每件装置均有手动控制开关以防“神经系统”任何部位的失灵。尽管整个圈内为热带气候，但由于不同生物群落的冷暖要求不同，因此各自又有相对独立的温度。由于“生物圈Ⅱ号”位于海拔1 200 m的沙漠上，其外围大气压不是标准压力，因此其内压只能略高。利用机械系统模拟地球自然环境，如制造海洋波浪、潮汐、溪流、瀑布及按照季节要求控制风、雨、湿度等，并控制盐分梯度、营养循环速度和进行海水淡化。

8名科研人员进入“生物圈Ⅱ号”后，就开始过着自给自足的“原始”生活。他们日出而作，日落而息，上午当“农民”，自己种植庄稼，饲养家禽、家畜，养着鱼和小昆虫；下午进行科学研究，记录分析“生物圈Ⅱ号”的情况。但试验进行不久，“生物圈Ⅱ号”内光合作用能力就不够了，密闭容器内的CO_2含量上升，比地球上正常含量高出10倍以上，使科学家出现疲倦、难以睡眠的缺氧状态。生物圈不得不接受外部供氧，以保证试验继续进行下去。又过了一段时间，土地中害虫猖獗，而且愈演愈烈，使农作物歉收。科学家只有80%的食物靠自己供给，另外20%依靠原先储存的粮食和种子。在相当长的时间内，科学家一直吃着红薯、大米、小麦，没有鸡蛋和肉吃，因此一直觉得饿。科学家原计划在“生物圈Ⅱ号”中生活两年，但一年多以后，“生物圈Ⅱ号”的生态状况急转直下，氧气含量从21%迅速下降到14%，而二氧化碳和二氧化氮的含量却直线上升，大气和海水变酸，很多物种死去，而用来吸收二氧化碳的牵牛花却疯长。同时，大部分脊椎动物死亡，所有的传粉昆虫死亡，造成靠花粉传播繁殖的植物也全部死亡。由于降雨失控，人造沙漠变成了丛林和草地。“生物圈Ⅱ号”内空气的恶化直接危及了科学家的健康，于是科学家被迫提前撤出了这个“伊甸园”。“生物圈Ⅱ号”的实验以失败告终。

28.3 生物圈Ⅱ号的研究意义

在首批4男4女共8名科研人员21个月的研究失败告终后，来自英国、墨西哥、尼泊尔、南斯拉夫和美国等5国的4男3女共7位实验人员在对首批结果进行评估并改进技术后，于1994年3月6日二次进驻，工作10个月后于1995年1月走出。两批共15位科学家在这期间对大气、水和废物循环利用及食物生产进行了广泛而系统的科学研究，在各自的研究领域内均积累了丰富的科学数据和实践经验。“生物圈Ⅱ号”是世界上最大的闭式人工生态系统，它使人类首次能够在整体水平上研究生态学，从而开辟了了解目前地球生物圈全球范围生态变化过程的新途径。更为重要的是，它将作为首例永久性生物再生式生保系统的地面模拟装置而有可能应用于人类未来的地外星球定居和宇宙载人探险。

28.4 生物圈Ⅱ号的启示

人类只有一个地球，也向往冲出地球的束缚迈向更远的太空，走向更大的生态空间。也许未来还可能再有“生物圈Ⅲ号”“生物圈Ⅳ号”的升级进展，但是“生物圈Ⅱ号”的失败不仅有技术或设备上暂时的短板，还能从深层更深刻地启迪人类。人类无法欺骗大自然，地球依然是人类唯一的家园！我们的生物圈是跨越几十亿年的风雨历程、久远进化才形成的。地球不是实验室，人类真的输不起，只有善待和保护地球才是眼前的必经之路。

但是工业革命以来，人类过度开发、无限扩张时无视生灵，已使数百种动物因过度捕杀而丧失家园或遭灭顶之灾。美国布朗大学的研究指出，当前物种灭绝速度是6 000万年前的1 000倍。另一项研究则发现，当前地球物种的灭绝速度比人类活动占据主导地位前的速度快100倍。当地球上最后一只老虎在人工林中徒劳地寻求配偶；当最后一只未留下后代的雄鹰从污浊的天空坠向大地；当麋鹿的最后一声哀鸣在干燥的沼泽上空回荡……结合“生物圈Ⅱ号”，忽觉风萧萧兮易水寒，众生一去兮怎复还？

当人为造成的物种灭绝事件就像多米诺骨牌一样纷纷倒下的时候，作为自然物种之一的人类就能幸免于难吗？我们应该用行动和生物圈一同走向美好的未来！

人类应该有一种超越凡俗的伟大情怀——对他人关爱，对生命呵护，对自然敬畏。同时，要能够把生活与生命的意义及比个人更宏大的永恒怀揣于心。而这种意义与永恒便是生命的代代相传、生生不息；是自然生态的丰富美丽与和谐发展——这即是人类所理解的生态伦理学的基本理念。

系列关联概念
可持续发展 生态工程 人与自然和谐共生 绿水青山就是金山银山

29　生态伦理学中蕴含的人类智慧

比尔·盖茨（Bill Gates）曾在世界环保大会上表示“人类未来最大的威胁不是核武器，也不是战争，而是传染病”。这让人类陷入了深刻的哲学思考，有时不能平息的疫情背后暴露的是人类在处理与自然的关系时所犯下的严重错误。当大自然在反馈调控时，必然要对人类疯狂行为所致的错误进行遏制，这就是自然的惩戒。从这个地球角度视角反观，人类一定要保护环境，维护好我们共同的家园。

29.1　生态伦理学及其发展

29.1.1　生态伦理学的提出与人类中心主义

生态伦理是从伦理的视角审视和研究人与自然关系，以“生态伦理”或“生态道德”为研究对象的应用伦理学。莱奥波尔德（Leopold）在 1933 年提出了生态伦理学说，他因此被称为现代生态伦理学的创始人。自然环境是人类生存的物质基础，人类的生活生产和国家的发展都与生态环境密切相连，世界环境危机对人类的威胁已被列为当代国际的首要问题，生态伦理学也因此而成为当今各国学界甚至政界共同关注的“显学”。

生态伦理学的研究内容包括人类行为、生态价值观和行为准则。世界生态局势让人们重新反思狭隘的人类中心主义思想，其主要表现为集团利己主义、人类主宰论、粗鄙的物质主义和庸俗的消费主义、科学万能论与盲目的乐观主义。这是导致当代的全球环境恶化加剧的深层根源，从人利益出发的“人类中心主义”倾向是人类所面临生态问题的狭隘表现。

29.1.2　生态伦理学在两种观点之争下进展

如何认识自然及人与自然关系是生态伦理观的基础，这种认识论从20世纪中叶起，人类中心主义与自然中心论之争贯穿西方生态伦理学发展过程。人类中心主义者认为，自然界其他物种的生存发展应以服从人类的生存发展为核心；自然中心论者则认为，人类只是世界的一分子，自然界其他物种与人平等，人类的生存发展应服从于自然环境的发展。这两种生态伦理观都有合理性，也有片面性。极端的自然中心论主张放弃对自然的合理开发和利用，人类发展必然迟缓。

生物、环境与人三者之间环环相扣，平衡联动，形成自然之网，即为生态整体观。莱奥波尔德在《大地伦理学》一文中说：“没有生态意识，私利以外的义务就是一句空话。所以，我们面对的问题是，把社会意识的尺度从人类扩大到大地。”大地伦理学是生态整体主义的代表。这位生态伦理学的创始人”把有助于保护生命共同体的完整、稳定和美丽的行为视为最高之善。把共同体本身的“好”视为确定其构成部分的相对价值的标准，应该是裁定人类中心主义和自然中心主义相互冲突矛盾的尺度。

发展的生态伦理学要求人类将道德关怀延伸到自然万物与环境，呼吁人类把人与自然的关系确立为一种道德关系——这标志着人类道德境界的提升。根据生态伦理的要求，人类应放弃算计、盘剥和掠夺自然的传统价值观，转而追求与自然同生共荣、协同进步的可持续发展价值观。

哈佛大学哲学教授曾鸣曾说：“我们有一种认为现代文明超越古代人的错觉，其实我们远远不如古代，比如中国诸子百家时代，我们现在连学习都达不到，更遑论超越。”我国生态伦理学的发展和生态文明建设，既要吸收借鉴西方生态伦理学思想的有益成果，也要领悟吸收我国古代生态伦理思想的精髓，坚持人与自然和谐共生。

29.2 融汇合一，走向美好未来

生态伦理学这一探讨人与自然和谐共生的哲学领域，虽根植于西方学术土壤，但其核心理念与我国悠久的生态伦理思想不谋而合。我国生态伦理思想的渊源，可追溯至古代先贤的智慧结晶，其中蕴含着超越人类中心主义与自然中心论之争的深刻洞见。

相较于西方生态伦理学中的人类中心主义与自然中心论之争，我国古代生态伦理观更显包容与智慧。它不拘泥于人与自然的二元对立，而是从更高的维度出发，寻求人与自然的和谐共处之道。这种超越性的视角，为人类解决当前生态环境问题提供了宝贵的启示。

在古代中国，人与自然的关系被赋予了极高的哲学意义。道家讲求“天人合一”，强调人与自然的和谐统一，认为人应顺应自然规律，其中列子被有些学者称为世界最早的生态伦理家，他提倡万物一体，极力反对人类中心主义；儒家倡导“仁爱”之道，旨在将仁爱之心推及至万物，提出了“仁爱及物”的生态伦理观；法家韩非子主张合理开发利用生态，以合理开发利用生态。

从我国传统生态伦理观中可以汲取到丰富的灵感与支撑。例如，道家“无为而治”的思想，启示人们在生态环境治理中应尊重自然规律，减少人为干预；儒家“仁爱及物”的观念，提醒人们要以更加宽广的胸怀去关爱自然，珍惜地球上的每一个生命；法家主张的可持续发展思想则提倡人们放眼未来。这些思想提醒我们，人类并非自然的主宰，而是自然的一部分，应与万物共生共荣。

综上所述，我国生态伦理思想不仅为我们提供了超越人类中心主义与自然中心论之争的哲学视角，还为解决当前生态环境问题提供了宝贵的智慧源泉。在生态伦理学研究中，应深入挖掘我国传统生态伦理观的精髓，将其与现代科学理念相结合，共同探索人与自然和谐共生的美好未来。

29.3　新时代的生态伦理学和生态文明建设

英国诗人约翰·邓恩（John Donne）说：“没有人是一座孤岛，在大海里独踞，每个人都像一块小小的泥土，连接成整块陆地。”

20 世纪联合国就提出了可持续发展的战略，如今依然难以遏制对生态环境的渐进式恶化，如森林遭到严重砍伐、野生动物大量灭绝、盲目捕捞使渔业资源受到破坏、大量使用农药使农作物及人体健康受到损害等问题被环境专家定义为严重威胁世界生态环境的十大问题。要遏制环境恶化，人类首先应遵循自然法则，要在生态伦理学基础上，运用生态学思维，认识与生命和生态有关的现象及规律性。生态文明建设下的绿色家园如图 29–1 所示。

图 29-1　生态文明建设下的绿色家园

人类已经经历了三大文明形态：原始文明（上百万年）、农业文明（上万年）、工业文明（三百年），今天在向第四文明形态生态文明迈进。生态文明是随着各种生态危机的加重后出现的逆势生长的反拨。

生态学思维是运用生态学的根本观点（如关于生态系统的各种要素的整体性观点、物质循环和转化的观点、物质输入和输出平衡的观点、发展演化的观点等），思考人和自然相互关系领域的问题，解决与生命和生态现象有关的问题，规范人类活动，减少生态破坏。

我国生态学家马世骏提出了“生态工程”的概念，指出生态工程是运用生态学中物种共生及物质循环再生原理和系统工程的生态设计，设计物质多层次利用的工程系统。它是依据生态学思想，模拟生态系统原理而建成的工程体系，根据工程的性质及其主要目标，分为 4 种类型：①物质、能量的多层分级利用；②循环再生工艺，物质转化与再生；③无污染工艺；④生物工艺。

基于生态伦理学的新时代发展，生态文明思想逐步成为各国普遍认可和遵循的伦理观念。党的十八大将生态文明建设战略纳入“五位一体”总体布局之中，使生态文明建设的战略地位更加明确，“绿水青山就是金山银山”的生态理念逐渐深入人心。2019 年 10 月，中华人民共和国教育部等四部门发布《关于在中小学落实习近平生态文明思想、增强生态环境意识的通知》，在立德树人的任务中也加入了生态文明建设的思想。

第5篇 思想之光芒：生命·科学史

生命，那是自然付给人类去雕琢的宝石。

——诺贝尔

现代科学的宏伟大厦，或许是人类心灵最伟大的胜利。

但是，它的起源、发展和成就的故事却是历史当中人们知道得最少的部分之一，而且我们也很难在一部文献中找到它的踪迹。

——W.C. 丹皮尔《科学史》

“科学思维”是指尊重事实和证据，崇尚严谨和务实的求知态度，运用科学的思维方法认识事物、解决实际问题的思维习惯和能力。学生应该在学习过程中逐步发展科学思维，如能够基于生物学事实和证据运用归纳与概括、演绎与推理、模型与建模、批判性思维、创造性思维等方法，探讨、阐释生命现象及规律，审视或论证生物学社会议题。

——《普通高中生物学课程标准（2017 年版 2020 年修订）》学科核心素养 2：科学思维

大概念：发酵工程利用微生物的特定功能规模化生产对人类有用的产品。

◆ 获得纯净的微生物培养物是发酵工程的基础。

◆ 发酵工程为人类提供多样的生物产品。

大概念：细胞工程通过细胞水平上的操作，获得有用的生物体或其产品。

◆ 植物细胞工程包括组织培养和体细胞杂交等技术。

◆ 动物细胞工程包括细胞培养、核移植、细胞融合和干细胞的应用等技术。

◆ 对动物早期胚胎或配子进行显微操作和处理以获得目标个体。

大概念：基因工程赋予生物新的遗传特性。

◆ 基因工程是一种重组 DNA 技术。

◆ 蛋白质工程是基因工程的延伸。

大概念：生物技术在造福人类社会的同时也可能会带来安全与伦理问题。

◆ 转基因产品的安全性引发社会的广泛关注。

◆ 中国禁止生殖性克隆人。

◆ 世界范围内应全面禁止生物武器。

——《普通高中生物学课程标准（2017 年版 2020 年修订）》课程内容：大概念与重要概念内容要求

他是振兴德国化学工业的巨擘，被称为“化学工业之父”和有机化学的创始人，也是历史上最伟大的化学教育家之一。他与化学家维勒（Wöhler）惺惺相惜，与微生物学家巴斯德（Pasteu）就发酵的解释各执一词，他首先清醒地站出来终结了培根的归纳论——他就是德国的化学大师李比希（Liebig）。

系列关联概念
酶的本质 尿素的合成 酵母菌的发酵 植物矿质营养学说

30 诠释生命的化学大家：李比希

2003年，德国共发行7个质量精致的贵金属纪念币项目，题材以反映德国文化发展的历史人物、事件或历史建筑为主，主题之一是化学家李比希（Liebig）。纪念币用纯银铸造，直径32.5 mm，面额10欧元。

李比希是19世纪著名的化学家，是有机化学、农业化学和营养生理学的奠基人。他发明了现代实验室导向的教学方法，发现了氮对植物营养的重要性，因此被称为“化学之父”和“肥料工业之父”。同时，李比希培养了大批一流化学家，被誉为历史上最伟大的化学教育家之一。

1822年，19岁的李比希获哲学博士学位；1840年，李比希当选为英国皇家学会会员；1842年，39岁的李比希当选为法国科学院院士。荣获1969年诺贝尔奖的遗传学家德尔布吕克（Delbruck）为分子生物学的诞生做出了卓越贡献，被尊称为“噬菌体教教皇”，其母亲就是李比希的孙女。

从1827年起，塔林大学、哥廷根大学、圣彼得堡、维也纳、伦敦和海德堡的大学均聘请李比希去授课，但是都被他拒绝了。1852年，李比希任慕尼黑大学教授。

1873年，李比希在慕尼黑因肺炎逝世，去世时许多市民为他送行。此后德国许多城市为他树立了纪念碑，包括慕尼黑和吉森，后来吉森的大学还以他的名字命名。

30.1　在药房开始，迷恋化学的种子慢慢萌发

李比希在家中排行老二，他的父亲是当地颇有名气的药剂师，在达姆施塔特开有一所药房。正是在这所不起眼的药房里，李比希体验到化学变幻莫测的神秘与魅力，并埋下了终生理想的种子。但是，李比希在上中学时成绩很差，他的老师曾经这样评价他："你就是一个榆木脑袋！你连当一个药铺学徒都不行。"这就可以看出李比希对功课并不上心。

李比希对化学很感兴趣，除了应付功课外，他总是埋头实验。李比希尤其喜欢研究各种炸药，父亲的药房成了他制造"小炸弹"的实验室，他甚至设计了一种压雷管的专业仪器。达姆施塔特的男孩子们非常喜欢这些小炸弹，围着看李比希演示小炸弹的威力。当时，李比希心中充满了自豪感，他认为只有那些在实验室中能够加以模仿再现的东西，才是值得研究且有意义的。

1820 年，父亲将李比希送进波恩大学跟随化学教授卡斯特纳（Kastner）学习，导师很快发现了他的天分，让他做自己的实验助手（后来的挚友维勒也是在海德堡大学得到了化学家梅林的赏识）。这一年，李比希才 17 岁。当时，德国大学虽以古典学术和哲学研究著称于世，却依然在讲授一种混杂的自然哲学。1821 年，李比希随导师转入爱尔兰根大学，开始写博士论文，但 1822 年因参加了自由主义的学生反对当局的示威而被通缉，被迫逃回家乡。

30.2　在吉森实验室开展波澜壮阔的教育与研究

1824 年，李比希回到德国，他关于醋酸汞的工作引起了德国科学界泰斗亚历山大·冯·洪堡（Alexander von Humboldt）的关注。洪堡帮他获得了一份去欧洲当时化学最领先的巴黎索邦大学学习的奖学金。李比希天资聪慧，对于新事物有着强烈的好奇心和近乎疯狂的求知欲，因此得到了路易斯·盖－吕萨克（Louis Gay–Lussac）等著名化学家的指导，并获得了当时最先进的化学讲义，呼吸到了法国学术界的清新空气。

在巴黎，李比希发现了德法两国大学的教育差距，并决心改变德国教育的落后状况。刚刚 21 岁的他学成回国后，成为吉森大学的特殊化学和药学教授，从此拉开了他波澜壮阔的化学研究与教育传播序幕。吉森是个小城，工作条件非常差，因此李比希薪水很低，只有很少的钱来买仪器、化学药剂、煤等。为了保证教学能够进行，他只好用自己的钱来购买许多仪器或药物。

1824 年，在盖－吕萨克的实验室内，李比希发现雷酸银与维勒（Wöhler）测定的氰酸银的组成完全相同。两种不同性质的物质何以组成相同？李比希认为维勒的实验结果有错误。一向理性谦逊的维勒再次验证了分析结果，发现双方数据都准确无误，终于，化学界“同分异构体”首次被发现。缘于此契机，李比希与维勒成为密友。1835 年，维勒给贝采里乌斯（Berzelius）写信说：“有机化学当前足够使人发狂。它给我的印象就好像是一片充满了最神奇事物的原始热带森林；它是一片狰狞的、无边无际的、使人没法逃得出来的丛莽，也使人非常害怕走进去。”

李比希深知，作为一个真正的化学家，仅有哲学思辨是不够的，化学知识只有从实验中获得。他曾说过："学习化学的真正中心，不在于讲课，而在于实际工作。"而这种实验训练在那时的德国大学中还没有普及。李比希下决心在吉森开创性地建立一个现代化的实验室，改革德国传统化学教育体制与教学方式，探索造就新一代化学家的方法。他创办的吉森实验室成了德国化学研究的中心，也成为在19世纪中下叶世界化学的中心，为近代化学教育体制奠定了基础。

李比希一生为化学事业培养出了一大批闻名于世的化学家，包括德国的霍夫曼（Hofmann，为染料化学和染料工业奠定基础）、被誉为"化学建筑师"的凯库勒（Kekule，提出苯环状结构学说，为有机结构理论奠定坚实基础）、俄国的沃斯克列先斯基（Voskresenskiy，被门捷列夫誉为"俄国化学家之父"）、英国的武兹（Wunz，发现卤代烷和金属钠作用制备烃）等。

李比希在化学上建树极多，如发现并分析了马尿酸，合成了氯醛和氯仿，和维勒鉴定出苯乙酰基，提出乙醇、乙醚等可视为乙基的化合物，并命名了乙基，等等。1837年，李比希还提出了有关多元酸的理论，开展了对有机酸的研究，说明了酸和氢的内在联系。

30.3　突破领域，思考阐述植物营养与生命现象

李比希40岁时开始研发农业化学和生物化学这些较为复杂的课题，他是第一个尝试用化学肥料代替天然肥料的学者。

李比希的有机化学思想突破了无机化学与有机化学之间的绝对界限，动摇了当时的化学界与生物界，乃至哲学界长期流行的"活力论"。在争取创建德国化学家学会和有关生物学的思考研究过程中，李比希意识到自己的使命是"向人们证明化学家既能研究非生命界，也能研究生命界。化学将会引起农业和工业以及食物的革命"。李比希在吉森近郊的一块土地上进行实

验，晚年迁居慕尼黑后也积极向农民科普土地合理使用的知识。

30.3.1　关于植物营养："李比希三大学说"

李比希在植物营养方面提出了体系性的理论，即植物矿质营养学说、归还律学说和最小因子法则。

植物矿质营养学说指出，土壤中矿物质是一切绿色植物的唯一养料，无机矿物质是植物生长发育所需要的最原始、最基本的养分。李比希认为，矿物质是营养植物的基本成分，进入植物体内的矿物质为植物生长和形成产量提供了必需的营养物质，而腐殖质是在有了植物以后而非在植物出现以前出现在地球上的，因此植物的原始养分只能是矿物质。

归还律学说指出，植物以不同的方式从土壤中吸收矿质营养，使得土壤养分肥力逐渐减少，只有用矿质肥料将植物吸收的矿质养分以施肥的方式归还给土壤，才能保住土壤的肥力。

最小因子法则指出，低于某种生物需要的最小量的任何特定因子，是决定该种生物生存和分布的根本因素。1840 年，李比希通过实验发现，作物的产量与作物从土壤中所获得的营养物呈正相关。营养物完全缺失，植物就不能生存，如果这种营养物少于一定的量而其他营养物又足够的话，那么植物的生长发育就取决于这种营养物的数量，这就是李比希的最小因子法则（law of minimum）。有学者对此做了补充：此定律只适用于稳定状态；要考虑各生态因子间的相互作用。研究表明，这个理论也适用于其他生物种类或生态因子。

30.3.2　关于发酵：化学家与微生物学家的交锋

1839 年，李比希研究了"发酵"和"腐败"问题，并对此理论进行说明。李比希后期主要研究发酵的生理学，否认所有能说明酵母是生命有机体的证据。他的化学理论与法国微生物学家路易·巴斯德（Louis Pasteur）的理论针锋相对，虽然巴斯德的观点并非全错。

李比希认为发酵是一个无菌的化学过程，而巴斯德则认为发酵只有在有微生物参加时才能进行（并非完全正确）。后来的研究证明两人均有谬处，发酵既有有微生物参加的（如酒的发酵），也有没有微生物参加的。李比希没有完全使自己摆脱“活力说”的旧观念束缚，他花了许多时间和精力来研究可以取代烤面包时使用的容易变坏的酵母的方法，为发酵问题做出了一定的贡献。

此外，李比希还研究了尿酸的衍生物、生物碱、氨基酸、胱胺、肌酸等多种有机化合物的结构和性质。他认为，只有绿色植物才能利用那些从空气和土壤中所吸取的简单无机元素来制造复杂的有机物。植物是化学合成的工厂，而动物则是化学降解的加工者。他认为，生命体内的反应与实验室中的化学变化实质相同，化学反应的物质不灭定律同样适用于生物界。

30.4 “错误之柜”，四年时长与重大科学发现失之交臂

李比希曾经说：“对于犯错误一点不要害怕。相反，不犯错误倒是可怕的。因为不犯错误就意味着停顿。”

1826 年 8 月 14 日，法国青年化学家巴拉（Balla）宣布发现了新元素“溴”，此元素性质介于氯和碘之间，这一发现震惊了化学界。李比希看到了巴拉的报告《海藻中的新元素》，顿时想起 4 年前一位德国商人请自己鉴定一瓶棕红色的液体，据说是海藻灰的滤液，他只用肉眼看了看，便武断地猜测定论为“氯化碘”，然后就束之高阁，柜里一放就是 4 年。他赶紧翻箱倒柜，找出那瓶液体，认真进行了化学分析。原来，那瓶液体成分正是新发现的“溴”。这一分析结果使李比希激动又痛心。

以 4 年前李比希的实验设备和实验技术，完全有能力从中发现新元素溴。如果李比希严谨认真地分析，那么新发现者将是李比希，而不是巴拉（他的好友维勒也因一时疏忽与元素钒失之交臂）。他懊悔不已，恨自己进

行了多年的化学研究，却粗心大意，缺乏严格的科学态度。他特别把那瓶棕色液体放在原来的柜子里，并把柜子搬到大厅中，在上面贴上一个工整的字条：错误之柜，并以此自我警醒。

归纳论曾经声称科学家用不着有任何假设和事先期望，只要记录测量描述他所遇见的事物就能做出客观结论。现在看这句话显然违背了生命科学的研究规律。李比希是第一个清醒地站出来反对并一举终结这一归纳论的大科学家，是思想的智者！

重温科学史上那一个个激动人心的时刻，我们意识到科学并非只存在于象牙塔中，而科学家的个人奋斗与成就从来都与人类的历史进程息息相关。许多探索者致力了解人体的构造，维萨里（Vesalius）的毕生心血——《人体的构造》，就开创了近代人体解剖学的新纪元。

31 走近人体：维萨里的绝美丰碑

系列关联概念
体循环与肺循环 人体解剖生理学 希波克拉底与盖伦

31.1 跨时代的杰作：《人体的构造》

1543年，有两部伟大的科学著作出版，一本是哥白尼（Kopernik）的《天体运动论》，从此天体理论实现了跨越，树立了一座新的里程碑；另一本是维萨里（Vesalius）的《人体的构造》，这部权威巨著被视为西方医学史上最有影响力的作品之一，它的出版标志着一个理性曙光的新时代到来。

《人体的构造》配图达73幅，图文高度融合，描述了人类身体的完整结构，书页考究，印制精良，堪称精美。这本书呈现了器官、肌肉、骨骼、关节和神经，以及姿态各异的躯体，给人以强烈震撼，直至今日，它都被认为是医学与科学史上最著名的书籍之一。

《人体的构造》用拉丁文写成，系统地诠释了维萨里多年来的解剖学实践和人体器官研究。全书共分为7卷，记述骨骼、肌肉系统、动脉与静脉、血液系统、神经系统、大脑与感觉器官、心脏与肺、腹部的生殖和消化器官，最后有2个附录，介绍活体解剖的方法。有人评价说,《人体的构造》是“文艺复兴时期人文主义的一次胜利”。自此，解剖学开启了全新的时代。

维萨里出生在比利时布鲁塞尔一个医生世家。1533年，维萨里进入巴黎大学医学院学习。他的老师多是当时的学界翘楚，为维萨里奠定了学业思想基础。

1543年的维萨里仅仅28岁，就做出了历史性的贡献。甚至悉达多·穆克吉（Siddhartha Mukherjee）在《细胞传》中赞誉有加地说：“维萨里由扬·范·卡尔卡参与绘图的《人体的构造》等著作，彻底改变了人体解剖学研究，即便是在19世纪30年代，也没有能与之媲美的综合性生理学或病理学教科书。”《人体的构造》不仅画作精确，还纠正了医学权威盖伦流传了一千多年的许多处错误。

31.2　盖伦思想笼罩下的医学世界

伽列诺斯·盖伦（Galenos Galen）是古代医学家中聪明敏锐又最多才多艺的解剖学家，据说他13岁时就已经写了3本书。盖伦17岁时开始学医，曾在希腊、巴勒斯坦、塞浦路斯和亚历山大等多地学习医学，深入研究各种医学著作。他曾经是帕加马古国的角斗士医师，医治了许多角斗士和达官贵人，是一位著名的医生。他曾给一位著名哲学家治愈了疟疾，又给凯撒的一名重要高官的妻子治愈了疾病，因此很快名扬四方，受到了尊敬和庇护。他忙于实践，也著书立说，论文达数百篇（所说不一），大多为医学类，其中解剖学类15篇。

在盖伦生活的时代，古罗马作为伊斯兰教国家禁止人体解剖。因此，盖伦只能解剖一些体型较大的动物，他尤其喜爱解剖直布罗陀猿猴（也叫叟猴），并认为猿猴与人类非常相似。其代表作《论解剖准备》（*On Anatomical Preparations*）在一千多年中一直是标准的解剖学权威教材，他自诩是“希波克拉底传人中第一个阐明医学之父教义的人”，他的确向世界展示了解剖学概念和相应知识体系，他的成就也确实达到了希腊医学的顶峰。但他的解剖学著作中有许多严重的错误，如他说胸骨有 7 块（针对猴而言，人体应为 3 块）；胎儿出生前未形成脑，因为生之前不需要大脑。

盖伦还曾在《论身体各部分的功能》中写道：“如果想要观察大自然的杰作，不应该埋首于解剖学书籍，而应该相信自己的眼睛并刻苦练习解剖技能。”但是，当时的巴黎大学教条主义盛行，不追求亲自动手实验，不崇尚实践考察，一切知识都只从古代学术权威的著作中寻找。在解剖学的课堂上，通常由朗读书籍的解剖学家、手持铁棒旁观的指挥者和负责实施切割的操刀者分工负责。解剖学家悠然高座，读着盖伦的书籍，傲慢地看着两个人操作，直接动手执刀的工作交给屠夫或理发师等来做，各种教授只重复盖伦的观点，自己从不屑于动手操作。

另外，盖伦提出的“一神论”，推行人体及其结构是创世主能力与智慧的呈现，彰显了神圣的设计。他信奉世界的每一物什都是上帝的意志创造的这一论述恰好迎合了基督教教会宗旨，因此其著作有了广泛传播的根基，其中的错误也被赋予了巨大的权威，对盖伦理论持怀疑态度的人都可能落入被指控为异教徒的险境，因此他的理论在一定程度上阻碍了医学的健康发展。

但是，历史终有如维萨里、哈维这样的智者和勇者冲破迷雾，横空出世！

31.3　独立思考、知行合一的执着者

盖伦的《论解剖准备》被看作疾病诊断与治疗的要素，但当时维萨里观察到的结果却常常不同于书中所述，于是维萨里决定亲自解剖深入研究。

1536 年，维萨里当着同学们的面，首次执刀解剖尸体。维萨里相信尸体是解剖学知识的基本来源，但尸体一般很难得到，而许多教学中心缺少人体骨骼。他曾同一位同样热衷解剖学的朋友夜间挖掘无主墓地，也曾到绞刑架下偷过尸体；他还在一具具腐败不堪的尸体中搜集骨头，冒险拼凑出一具几乎完整的人体骨骼，只是这样的机会并不多。正是在这些艰难冒险后，维萨里掌握了丰富的第一手人体解剖学知识，也发现了盖伦学说中的诸多错误。

1537 年，由于维萨里在课堂上与教授就盖伦学说的正误进行了争执，因此毕业时巴黎大学医学院未授予他学位。

1537 年 9 月，维萨里启程前往意大利，帕多瓦大学了解到维萨里在解剖学方面的独到见解，聘用他做了解剖学教授，并于 12 月破例授予他医学博士学位。维萨里在获得任命的第二天，就打破传统在学生面前亲手执刀示范尸体解剖，讲解演示教学。与同时代的其他学者不同，维萨里拒绝空谈，此时的解剖学课本仍是盖伦的著作，但他直言不讳地指出了其中的错误之处。他兼做讲师、演示者和解剖者，制作骨骼标本。他不回避当时流传的各种解剖学文献，而是让人们亲眼看到男女的肋骨是一样多的，用事实之拳砸碎了圣经神迹。他也是第一个发现脑灰质和白质之间存在区别的人，他指出，围绕脑主体的呈灰色的薄薄物质（皮质）与脑组织呈现白色的部分不同，这种差异是由包裹神经纤维的绝缘层所致。

鲁汶大学教师伊拉斯谟的教育理念深深影响了这所大学的学术氛围，包括他的批判性阅读和理性思维革新知识体系，当时的人文主义氛围比较开朗，加上鲁汶大学的良好教育，维萨里深受影响，成了兼有人物气质与学者风范的人，当时的人文主义氛围比较开明，再加上鲁汶大学良好的教育，维萨里成了兼有人文气质与学者风范的人，兼备成熟的艺术家与科学家的人格魅力。当时，维萨里和哥白尼一样，是敢于独立思考、大胆摒弃传统知识的“先行人”。

16 世纪的意大利是当时世界形成的 5 个科学人才中心之一，文艺复兴运动促进了科学发展，孕育了一批如达·芬奇、哥白尼、伽利略等的历史巨人。而帕多瓦大学此时一直处于医学研究最前沿，是医学教育中心。医学院每年至少进行一次解剖演示，会在冬季持续 21 d，这段时间能吸引大批渴望一窥解剖学的学生。最令维萨里开心的是，帕多瓦大学可以向他提供更多的尸体（来自被处决的罪犯）。

维萨里的解剖与教学工作认真，他引进了新的解剖工具，又特地绘制了逼真的挂图，以便学生直观高效地观察人体结构。后来这些挂图于 1538 年被制作成大幅版画出售，维萨里和著名意大利画家提香（Titian）的高足简・范・卡尔卡（Jane van Calca）合作完成了图文并茂的《解剖六图》并出版。帕多瓦大学位于当时的世界艺术中心附近，艺术人文与科学相得益彰。后来市面上很快冒出《解剖六图》的各式山寨版本，可见其影响力和传播力。

1540 年 1 月，维萨里受邀在博洛尼亚（意大利城市）分享解剖教学方法，当着圣弗朗西斯科教堂中近 200 名观众的面，他与当时的解剖学教授马泰奥・科尔蒂（Matteo Corty）发生了冲突。当时维萨里负责解剖，而年龄稍大的科尔蒂则在一旁朗读蒙迪诺・德・鲁齐（Mondino de Lucci）的《解剖学》。后者还在讥讽解剖就是一种体力活，维萨里就当众纠正了科尔蒂、蒙迪诺、盖伦以及他本人在《解剖六图》中共同犯下的一个错误：肝脏并没有 5 个叶。

31.4 精美巨著面世却遭到攻击

之后，维萨里大量研究阅读盖伦的著作，又专注投入实践解剖中，他在解剖台工作时，一定会安排一位艺术家在旁边将成果用绘画记录下来。这些画作之后会被制作成精美木刻版画，即把图画直接贴在木板上刻版。积累了大量第一手人体确切解剖素材，同时留下了确切的画作之后，维萨里终于完成了《人体的构造》一书。

1543 年，不朽杰作《人体的构造》终于在 7 月面世，书中继承了盖伦和亚里士多德的许多观点，也提出了许多不同的看法。正如维萨里在该书序言里所说："我在这里并不是无故挑剔盖伦的缺点，相反地，我肯定盖伦是一位大解剖学家。他解剖过很多动物，但限于条件，就是没有解剖过人体，以致造成许多错误。在一门简单的解剖课程中，我能指出他的200种错误。但我还是尊重他。"维萨里秉持的学术原则是尊重客观真实地描写人体构造，不管这种描述是否与古代权威相悖。

维萨里证明了动脉中含有血液，这被普遍认为他对医学最重要的贡献。他的前辈们认为，动脉只是"气"的通道，"气"被肺吸入，沿肺静脉这一大血管传送至心脏，而后从左心室运出，流经动脉。而事实上，切开动脉时流出了血液，这一现象在当时被假定的但仅是想象的理由搪塞过去，即动脉和静脉存在一系列连接或吻合，一旦动脉被切断，血液就通过这些接口自静脉涌入动脉，造成了出血。维萨里通过一项实验重演了这种假想，他在活体动物的动脉放置了两个扎带，将血管的一部分隔离得足够短，以至于可以证明它不包含来自静脉的吻合。切断动脉后，处于间隔部位的血液被证明确实存在于动脉之中。他还使用结扎丝来表明动脉搏动起源于心脏，而不是像他的同时代人所认为的那样，由其内部的"气"节奏性扩张引起。这是解剖学的成功，但是生理学上并无大的突破。

《人体的构造》引起了神学家和保守医学家的不满，因为它对许多流行观点提出了挑战，激怒了盖伦的信徒，所以连维萨里的老师也不支持他。例如，盖伦认为人的腿骨像狗腿骨一样是弯的，维萨里却说人的腿骨是直的；《圣经》上说男人的肋骨比女人少一根，而维萨里却说男人和女人的肋骨一样多；《圣经》上还说，人身上都有一块不怕火烧、不会腐烂的复活骨，它支撑着整个人体骨架，而维萨里却否认有这样一块骨头存在；亚里士多德认为心脏是生命、思想和感情活动发生的地方，维萨里则说大脑和神经系统才是发生这些高级活动的场所。

当时出版这种著作既需要有独立思考的魄力，又需要有巨大的勇气和革命性精神。这次维萨里在帕多瓦大学遭到了猛烈的攻击，他不得不于1544年离开了这里。恰好这时查理五世请他去做宫廷御医，他便到了西班牙。

1556 年，维萨里被封为伯爵，在那里为王室服务了近 20 年。

《人体的构造》获得了时间的检验和后人的认可，1555 年再版修订，当时就被屡屡盗印和抄袭，甚至长达几个世纪。但是，维萨里的反对者最终还是不放过他，他们控告维萨里搞人体解剖，宗教裁判所立即判处他死刑。由于西班牙王室的调解，死刑改为去耶路撒冷朝圣。维萨里比他的朋友塞尔维特（Servetus）幸运，当年塞尔维特被判决与其著作一同施以火刑，虽然当时塞尔维特逃离了，但他最终再次被捕，并于 1553 年被处以火刑。

1564 年，在朝圣回来的路上，维萨里乘坐的船遭到破坏，全体乘客被困在赞特岛。最后，一代大师维萨里也不幸在那里病逝。

美国历史学家林恩 · 桑戴克（Lynn Thorndike）在《世界文化史》中说："若是我们要指定中世纪科学终止是哪一年，我们就推举 1543 年，那年根据实验方法而确立的两本基本的近代著作出世了，一本是维萨里所著的《人体的构造》，一本是哥白尼所著的《天体运动论》。"桑戴克认为这两本著作的主要意义在于使科学逐渐从神学的桎梏中解放出来。

出身贫寒的孟德尔（Mendel）通过豌豆杂交实验，发现了遗传学的奥秘，在1865年开创性提出了遗传的分离定律与自由组合定律，将这一超越时代的伟大理论公之于众。但当时并没有引起多大的反响，直至他孤独终老。1900年，孟德尔的遗传定律被再次发现，遗传学研究进入了一个新纪元。

系列关联概念
遗传学 自交与测交 表现型和基因型 假说—演绎法 基因分离定律 基因自由组合定律

32　孟德尔：超越时代的孤独先行者

孟德尔被称为“遗传学之父”，是遗传学的奠基人。1822年7月20日出生于原奥地利西里西亚地区（现属捷克）海因多夫村。

孟德尔的主要贡献是提出遗传定律，明确区分了两个关键概念——遗传元素（基因型）和遗传元素所决定的特征（表现型），这是极其伟大的洞见。孟德尔对这两个概念的系列性剥离与根本性区分开启了现代生物学探索遗传奥秘的第一步，他创造性地将数学模型引入到生物学实验分析之中，这种独创性注定了他能够挖掘到其他生物学家难解的深层次规律。

32.1　身居陋巷志趣远：孟德尔杂交育种的背景

孟德尔对园艺的喜爱是祖传的，他从小便跟着父亲在田间劳作，外祖父又是园艺工人，家有一个面积可观的果园，于是孟德尔在耳濡目染中逐渐对多彩多姿的园艺植物积累了浓郁的兴趣。

孟德尔读小学的时候，班主任托马斯·马基塔（Thomas Markita）对他青睐有加，在其劝说下，孟德尔被送入更高一级的莱比尼克的中学学习，后来他以全班最佳的成绩毕业。

1840 年，孟德尔考入奥尔米茨大学哲学院，主攻古典哲学，期间他学习了数学。1843 年，孟德尔在生计无着的情况下求助自己的老师迈克尔·法朗兹（Mikell Franz）教授，教授给修道院写了一封推荐信，孟德尔进入布隆（Brunn，现在是捷克的布尔诺 ）修道院，道名格雷戈尔。他在给朋友的信中写道:“我进入修道院并非宗教信仰，而是生活所迫。”

1843 年 10 月 9 日，21 岁的孟德尔进入修道院当修道士，他遇到的第五任修道院长弗朗蒂谢克·西里尔·纳普（František Cyril Napp）指导他研究植物杂交，纳普可以说是给予孟德尔最有力、最持久、最重要支持的伯乐，在父母、老师和院长的影响下，孟德尔开始对自然科学和园艺育种进行深入探究。1846 年，孟德尔参加了由迪布尔（Diebl）教授讲授的有关果树和葡萄栽培学的课程，学习了植物通过人工授粉产生新品种的理论与实践。

1851—1853 年，孟德尔在修道院院长纳普的帮助下，去维也纳大学对自然科学课程进行系统学习，两年中他学习了物理、数学、植物、动物和显微镜知识。期间，孟德尔受到了许多著名科学家的深远影响，如多普勒（发现了多普勒效应）、克内尔、芬次尔等，从他们那里学到了很多动植物学知识以及科学技术的使用方法。例如，他跟着弗朗茨·恩格尔（Franz Unger）教授学习了教材中讨论到的蔬菜、果树或花卉品种中不同性状通过种子从母本传递给子代的问题。

孟德尔在 1854 年开始豌豆杂交实验之前就已掌握了大量的园艺育种的知识。纳普本人恰好热衷并致力推动农业发展，在修道院的植物园内栽培了各种树木，因此这个植物园中存留着摩拉维亚地方的几乎所有珍奇植物标本。此外，纳普曾在布隆主持召开全德农业学会会议，强调了遗传规律对于育种的必要性:“形成杂种并改良品种的方法总是需要很长的时间，这是因为人们不了解生物的遗传法则的缘故，所以我们今后必须致力阐明遗传法则的研究。”1837 年，纳普在总结学会讨论时明确提出：应该讨论的问题不是培育的过程，而是遗传了什么、怎么遗传的。这实际是遗传学的核心问题，由此定义了尚未诞生的遗传学。院长没有想到也没有看到的是，他栽培的后辈孟德尔日后在这一领域竟奏出了巨响。

1856 年，从维也纳大学来到修道院后，孟德尔就开始了长达 8 年的杂交实验。孟德尔一生中与杂交育种有关的事迹如图 32–1 所示。

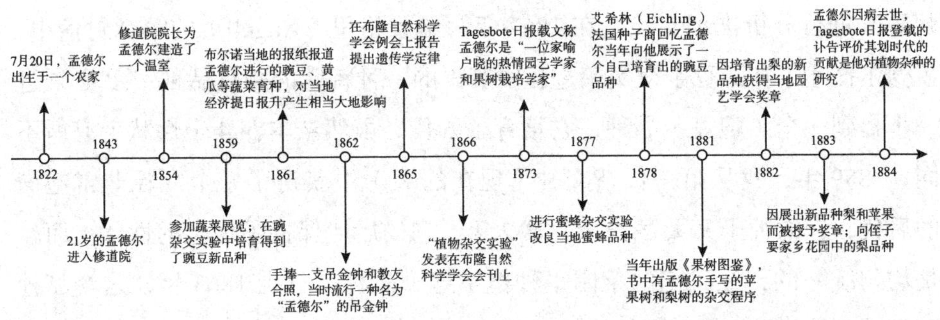

图 32–1　孟德尔一生中与杂交育种有关的事迹

32.2　车马无喧深种豆：孟德尔杂交育种的实践

最初的孟德尔豌豆杂交实验并非有意进行遗传规律的探究，其初衷是要获取优良豌豆品种，只是在进程中，逐步深入和转向到了遗传规律。

事实上，孟德尔的研究广泛，除植物杂交实验外，他曾进行过气象观察（有论文发表）及果树育种等科学研究活动。他还研究过豌豆象鼻虫，做过老鼠遗传实验。保存至今的孟德尔遗物中，在包括《物种起源》在内的多本达尔文著作上面留着孟德尔的手批，足见他对达尔文及其著作的关注。

从 1855 年起，孟德尔一直是布隆农业学会的会员，而纳普是学会的主席，这个学会非常活跃。1868 年纳普离世后，孟德尔当选为学会主席，仍然积极进行动植物研究，晚年他的研究转向了蜜蜂养殖与杂交实验，他饲养了 50 箱蜜蜂，试图用来自美欧和埃及的蜂群进行杂交。

32.2.1　经典材料豌豆的杂交育种

孟德尔在 1856—1863 年进行了豌豆杂交实验。他一共种植了 29 000 株豌豆来进行分析推理实验。在 1867 年写给耐格里（Nägeli）的第 2 封信中，孟德尔描述了在豌豆杂交实验过程中获得的一种特殊的豌豆品种："我必须进一步提到一个（豌豆）品种，它培育了 6 代，虽然亲本在 4 个性状上有所不同。1859 年，我从第一代杂交种（现在的 F_2）中获得了一个颗粒非常饱满的后代，它的种子又大又美味。第 2 年，它的后代保持了理想的性状，而且是均匀统一的，在我们的菜园里种植了这个品种。直到 1865 年，这个品种还在被栽培着。"据孟德尔的信中所述，他通过多因子杂交的方式进行了豌豆实验，并且获得了具有优良性状组合的第一代杂交种（F_2），成功繁育出了一个在产量和品质上具有优势的豌豆新品种。此外，种子公司推销员艾希林（Eichling）回忆了 1878 年自己对孟德尔的访问："孟德尔进口了超过 25 个品种的豌豆，这些豌豆果荚很容易开裂，但因为有矮灌型植株所以产量不太理想。我记得他说过，他将这些豌豆和当地高茎食荚型豌豆进行杂交，由此获得了高茎开荚型豌豆。"据此可知，孟德尔将矮茎开荚型豌豆与高茎食荚型豌豆杂交，获得了开荚型高茎高产的优良性状，从而培育了一个豌豆新品种。

32.2.2　多种蔬菜和花果的杂交育种

孟德尔园艺育种实验对其他植物也进行了大量的类似研究，其中主要包括豌豆、蔬菜、花卉及果树等 4 个方面，如紫罗兰、紫茉莉、康乃馨以及黄瓜和玉米等，以期证明他发现的遗传规律对大多数植物都是适用的。

孟德尔进行了黄瓜的杂交育种。当时的报道称："孟德尔的探究性实验旨在改进当地种植的蔬菜和花卉品种。孟德尔通过人工授粉种植的蔬菜在生产上的效果令人惊叹不已，例如，豌豆、绿豆、黄瓜和菜豆均为塔状高灌丛株型，它们的果实高产、个大、口感好，没有任何一个品种能与孟德尔种植的品种相媲美。它们甚至对当地的经济发展产生了相当大的影响，故孟德尔的工作理应受到更多的关注。”可以看出，从豌豆到黄瓜等各种蔬菜品种的育种操作中，孟德尔重点关注的是园艺作物的株型、产量和口感等农艺性状，目的就是要获得优质高产的蔬菜品种。

孟德尔还参与了菠菜的海外引种、育种及马铃薯的杂交育种工作，他早在1859年就参加过一次蔬菜展览，当时的蔬菜品种引起了人们的广泛注意。

孟德尔将他的实验范围扩大到了康乃馨和吊金钟，其中有几百盆吊金钟，以其丰富鲜亮的色彩受到瞩目。孟德尔对吊金钟情有独钟，在1862年布隆的圣托马斯修道院奥古斯丁修道士们的合照中，孟德尔手里就拿着一朵吊金钟的花。可推测这朵花极可能是他自己培育的新品种，这表现了他对自己花卉育种成果的满意与自豪。

孟德尔曾在约翰（John）、卢卡斯（Lukas）和奥伯戴克（Oberdieck）合著的《果树图鉴》一书的空白页上写下了自己的苹果树的杂交程序。孟德尔苹果树的杂交程序包含12个品种的母本植物和17个品种的父本植物，共30个不同的杂交组合。1882年，孟德尔在布隆水果展上因新培育的苹果品种而获得了一枚奖章。

32.3 远在深山人不识：孟德尔遗传定律的发现

32.3.1 精挑细选，科学程序成就不凡理论

植物品种千千万，为什么孟德尔如此钟情于豌豆呢？原因之一是他在维也

纳大学学习期间曾深入地研究过豌豆蟓对豌豆的危害，进而对豌豆生长、发育、遗传特性有了更多了解。此外，孟德尔的前辈，英国园艺学家奈特、塞顿等人都曾用豌豆做过杂交实验，观察到某些遗传规律。总之，孟德尔选择豌豆进行杂交实验并非完全出自他个人的爱好与灵感，而是继承与受惠于前辈科学家的实践。他之所以取得成功，是因为他比他的前辈具有了更丰厚的交叉学科知识、更敏锐的观察能力、更深入完整的思考，这样的人才能够后来居上，才能够青出于蓝而胜于蓝。

孟德尔的豌豆杂交实验历经 4 个阶段：第一阶段是培养具有性状相对稳定的良种；第二阶段是探索单个相对性状的遗传规律；第三阶段是探索 2 个及 2 个以上相对性状的遗传与变异规律；第四阶段是扩大到其他植物上以印证遗传规律。孟德尔种植了数千株豌豆植株，挑了近 5 万颗种粒，其规模之大、困难之多，在杂交实验方面确是史无前例的。

首先，孟德尔必须确立豌豆的可明显区分的相对性状，并从众多的豌豆中培育出这种具有相对稳定性的品种，这样才能确保实验的可靠性。从 1854 年夏天开始，在修道院内一块园内，孟德尔陆续汇集了从商人处购买的 34 个豌豆品种。他选择的标准之一就是有相互区分的稳定性状，如高茎或矮茎、花位顶生或腋生、种皮灰色或白色等。孟德尔要对这些植株进行逐代筛选，以确保这些植株都是纯种的，因为只有纯种的豌豆才能保证实验结果的可靠性。经过 2 年试种，最终孟德尔得到了 22 种性状能够稳定遗传的品种，这为他的杂交实验提供了可靠的基础。

实验的第二阶段，孟德尔又精心选择了可供实验的 7 组相对性状的豌豆植株作为杂交材料。孟德尔确立的这 7 种性状恰巧分别位于豌豆的 7 对染色体上，这固然属于偶然，但也充分说明了孟德尔观察的敏锐性。植株性状的确定，为孟德尔观察它们的遗传现象提供了条件。为了能方便又直观地看清实验结果，孟德尔采取了单因子分析法（就是在一个系统内，不考虑其他因素，仅分析其中的一组因素 / 性状）。他将具有一对可区分性状的植株作为一组进行杂交，如高茎 × 矮茎、圆粒 × 皱粒等。孟德尔的高明之处在于他摒弃了之前杂乱无章的计算方法，在差异纷繁的 22 个变种中只挑选 7 对适合研究的性状，并对每对性状单独观察分析其遗传现象，而不是像他的前辈那样笼统地观察植株全部性状的传递。

经过实验，孟德尔观察到在所有 7 组实验中，杂种性状都类似于两个亲本中的一个，不表现为融合的中间形态。例如，圆粒同皱粒品种杂交，产生的杂种全为圆粒。孟德尔把在子一代中表现出来的性状叫作“显性”，把子一代中不表现而在子二代中表现的性状叫作“隐性”。这样，像前辈们一样，孟德尔也观察到了杂种的显性现象（孟德尔称之为“同一性”）和杂种后代性状的分离现象。但他没有停留在这一步。他进而分析了杂种后代性状的分离比率。例如，在上述的杂交中，圆粒是 5 474 颗，皱粒是 1 850 颗，两者之比为 2.96 ：1，在 929 棵子二代豌豆植株中 705 棵为红花，224 棵为白花，显性性状与隐性性状的个体比为 3.05 ：1。其他几对实验结果也很相似，显性性状与隐性性状之比都接近 3 ：1 这个比率。

孟德尔很清楚，这个 3 ：1 绝非偶然的数字游戏，它反映了植物性状遗传的数量统计规律性，但是如何解释它呢？当时，“融合遗传”理论盛行，即认为对性状遗传起作用的是双亲的血液，子代所表现出来的性状是由父母融合或混合而成，子代的性状是双亲性状的折中。按照这种理论，双亲的不同特性在融合中会各自消失一部分，经数代之后，某些双亲的性状就会逐渐消失。孟德尔从杂交实验中否定了这种理论。他认为翁格尔老师的颗粒遗传因子理论似乎更加正确些，即双亲性状在遗传过程中独立存在、互不融合可能更能说明遗传的事实。他也记起了多普勒老师以果推因的假说—演绎法。他根据豌豆子一代完全出现的显性性状和子二代出现 3 ：1 的分离性状和颗粒遗传因子的可能存在及数理统计规律，大胆地提出了自己的假说，即每一植株中，每一相对性状是各由两个相同的因子或颗粒决定的，显性为 CC，隐性为 cc，并在细胞中成对存在，一个来自父本，一个来自母本，在形成配子时，成对的遗传分子彼此分离，分配到不同的配子中去，每个配子只有成对遗传因子中的一个。杂种一代的体细胞中的遗传因子则形成杂合子（Cc），遗传因子则有显性、隐性之分，但它们独立存在、互不干涉，表现出显性因子控制的性状。到杂种子二代，则由于隐性、显性因子相互分离，出现了不同的组合，即出现了显性及隐性性状，其分离比为 3 ∶ 1。孟德尔提出的假说与 7 种相对性状杂交实验的结果完全符合。但孟德尔并未就此止步。他是受过严格训练的科学家，假说只能解释实验事实，但不是最可靠的。这个假说如果正确，还必须以此作为普遍原理演绎出可实验的其他事实，并获得实验的证实。于是，他又设计了豌豆的“回交”实验，进一步验证遗传因子在形成配子时彼此分离。回交实验的特点是利用杂种子一代与亲本之一进行交配，这个亲本既可以是隐性，也可以是显性，但为了严格检测出遗传因子是否分离，用隐性亲本与之交配更能说明问题，这种以隐性亲本作交配的杂交实验又称“测交”。孟德尔利用测交实验，进一步验证了遗传因子在杂交过程中也是分离的。其预计结果子二代的红花与白花比为 1 ∶ 1，实验结果证明了预计结果。这样，孟德尔发现了一条重要的遗传学规律：当具有成对不同性状的植物杂交时，所生第一代杂种的性状都只与两个亲本中的一个相同，另一亲本的性状在杂种第一代隐而不显。而将杂种第一代再自相交配（自花授粉）时，所生后代（子二代）的性状就不再相同，而会发生分离，并且显性性状个体数与隐性性状个体数间呈一恒定比数——3 ∶ 1。这条规律后来被人们称为“孟德尔第一定律”或“分离定律”。

接着，孟德尔开始了第三阶段的工作。他很清楚，植物的性状并非只有一个，而是多种性状并存，必须进一步探索 2 对及 2 对以上性状植物杂交的遗传规律。他又开始进行新的豌豆杂交实验。孟德尔以圆形、黄色种子的植株与皱形、绿色种子的植株进行杂交，结果子一代的种子全为圆形黄色，这说明圆黄种子性状为显性。杂种自交子二代除了有圆形黄色、皱形绿色种粒外，还出现了两类新的组合型——圆形绿色和皱形黄色种粒。孟德尔对杂种个体数进行了统计分析，发现在 556 颗种粒中，圆黄为 105 粒，皱黄为 101 粒，圆绿为 105 粒，皱绿为 32 粒，其比例大约为 9 ∶ 3 ∶ 3 ∶ 1，恰好是（3 ∶ 1）^{2} 的展开式。其中，圆形与皱粒、黄色与绿色种粒数目之比仍为 3 ∶ 1。孟德尔进一步尝试了各种不同组合，从表现形式上看实验结果与理论分析完全吻合！

为了验证这个假说的可靠性，他又做了回交实验，其理论预测又一次在实验结果中显示了出来。这证明了假说的正确性。这样，孟德尔发现了又一条重要规律：当同时具有2对或2对以上不同性状的植物杂交（如圆粒黄豌豆 × 皱粒绿豌豆）并产生第二代杂种时，其中每一个性状各自按3：1的比数独立分离、互不干涉、自由组合。这条规律后来被称为“孟德尔第二定律”或“自由组合定律”。

孟德尔随后又对3对可区分性状的植物杂交遗传进行了实验，他用圆粒、黄色子叶、灰色种皮的豌豆与皱粒、绿色子叶、白色种皮的豌豆杂交，子一代表现为明显的显性，子二代发生性状分离，出现了8种表现类型，其比例为27：9：9：9：3：3：3：1，它正是$(3:1)^3$的展开式！孟德尔由此推而广之，将之上升为普遍法则，即多种相对遗传因子杂交的$(3:1)^n$的遗传法则。这个遗传法则不仅有理论意义，它还是选优种的指南，揭示了遗传性的数量规律。孟德尔从豌豆杂交实验中发现了单个性状和多个性状的遗传规律，他必然想到用其他植物来验证这一遗传规律的普遍适用性，于是又进入了第4个阶段的实验。

孟德尔曾以菜豆进行实验，经过多年种植和杂交实验，他发现其相对性状在杂种后代出现的数目比例及规律与豌豆相同。此外，他还进行了山柳菊、金鱼草、大巢菜、紫茉莉、水杨梅、毛蕊花等14个属30多个品种的植物杂交实验，但一些植物表现出来的杂交遗传规律不同于豌豆，产生的杂种介于两个亲本之间，而不表现为显性。孟德尔百思不得其解，他认为“这是一个悬而未决的问题，现在我们只能提出它，但不能做出解答”。当时的孟德尔还不知道，山柳菊具有特殊的生殖行为，这个属的一些品种是无融合生殖，即雌雄配子并不发生核融合，而由未受精的卵或反足细胞或助细胞直接发育成胚，因而后代性状就不发生像豌豆那样的性状分离。这一现象到了20世纪才为人们所发现，所以我们就不能苛求孟德尔了。

孟德尔发现豌豆遗传规律也有其很微妙的历史偶然性。他当时并不知所选的7种不同相对性状的因子恰恰分别位于7条非同源染色体上，不发生遗传因子的连锁现象，而是在杂交过程中都独立而自由组合。假若不是选择这7对性状而是其他性状，那么光耀生命科学史的遗传学定律就很可能从孟德尔身边悄然溜走。

32.3.2 意义重大，时间淘洗最终震古烁今

1865年，孟德尔在布隆自然科学学会每月例会上做了两场报告（2月8日和3月8日），正式阐述了他利用豌豆所做的杂交实验过程、结果及结论。在报告中，孟德尔着重根据统计数据进行理论论证，详细地陈述了他独特的遗传学分析方法，提出了关于遗传因子分离和自由组合的新概念。遗憾的是，当时参会者仅40人左右，且少有人进行植物学研究。

1866年，孟德尔的遗传学经典论文的《植物杂交实验》发表在《布隆自然科学学会会刊》第4卷上，文章长达45页。该学会虽不大，但当时它与世界各地120余所学术机构互换会刊，因此孟德尔的遗传学论文应该被各国研究者读到。孟德尔似乎意识到了他的杂交实验与结论的重要意义，于是向学会订了40份其论文单行本，将其分送至德、英、法国家科学院和维也纳大学及美哥伦比亚大学等国内外130多个科研机构或大学的图书馆，以此吸引他们对自己研究的关注。但是，各方面都没有作出任何的反应，大家似乎并未真正理解其论文内涵及其重要性，包括孟德尔崇拜的德国慕尼黑大学著名的植物学家冯·耐格里（Von Negri），他把孟德尔的工作看作“仅仅是经验的，而非理性的”，根本不予重视。

孟德尔曾经和好友尼耶塞尔谈论过自己的发现，尼耶塞尔听后表示，这些观点若被人们接受，就意味着像哥白尼那样带来一场思想领域的革命。

综上所述，孟德尔通过实验得到了两个遗传重要定律：一是分离律，决定同一性状的成对遗传因子彼此分离，独立地遗传给后代；二是自由组合律，确定不同遗传性状的遗传因子间可以自由组合。并且，孟德尔提出了“显性遗传因子”和“隐性遗传因子”等一系列的概念，解释了为什么新的特征没有被简单地杂合回到种群的平均水平，而是能遗传下去。根据传统的“融合遗传”，生物的性状会因为融合而越来越单一，不存在多样性的可选择性状，因而“物竞天择”立据虚弱。而孟德尔的结论推翻了“融合遗传”理论，为达尔文和华莱士的自然选择理论的确立扫除了最大障碍，弥补了其

理论的不足，为其提供了至关重要的作用机制。后来，英国生物学家和统计学家罗纳德·费舍尔（Ronald Fisher）又实现了基因论和进化论的成功融合。

孟德尔的一系列科学方法，使得他的实验能够成功推进，其设计思路行云流水，尤其他运用的假说—演绎法让他的遗传定律扎实严谨，无可辩驳。假说—演绎法其实是发现新事物的现代科学方法，之所以被广泛采用是因为它使科学具有更大的伸缩性和进取精神。

32.4　守得云开见月明：孟德尔遗传定律的再发现

1900 年春，有 3 位植物学家——荷兰的雨果·德弗里斯（Hugo De Vries）、德国的卡尔·科伦斯（Carl Correns）、奥地利的埃里希·冯·切尔马克（Erich Von Tschermak），在短短几个月内先后发表文章称他们各自独立地在实验中发现了重要的遗传定律，却不料在查阅文献时三人不约而同地得知 34 年前孟德尔发表在会刊上的论文已领先他们揭示了这一定律（此后不断有人怀疑这 3 位植物学家的说法的真实性。沉寂了 34 年之久的长达 3 万字的《植物杂交实验》论文，再度回到公众的视野，并得到了科学界的一致认可，遗憾的是，孟德尔直到去世（1884 年 6 月 6 日）也不知道自己的研究是近代遗传学的起点。

英国剑桥大学的动物学教授威廉·贝特森（William Bateson）于 1900 年 5 月 8 日在剑桥前往伦敦出席皇家园艺学会的旅途列车上读到了孟德尔的原始论文，他受到很大的启发，称孟德尔是“清晰性和叙述技艺的楷模”。1901 年，贝特森率先把孟德尔的论文《植物杂交实验》由德文翻译成英文并加以评注，发表在英国皇家园艺学会杂志上。也正是这篇译文，让孟德尔遗传定律首先引起了英语国家的注意，进而在世界各地产生了巨大的反响。贝特森还发现了不同于孟德尔遗传定律的一些“例外”现象。他创立了“遗传学”（Genetics）概念和许多相关的重要概念，使孟德尔真正扬名于世。因此，贝特森被称为遗传学的早期倡导者。1900—1909 年，经过酝酿之后遗传学正式诞生。

自 1900 年以后，遗传学学术活动迅速被引燃，因此迫切需要为独立遗传性状的物质基础更新一个规范的概念。1909 年，丹麦遗传学家约翰逊（Johannsen）建议将“泛子”（pangen）这个词简化为“gene”（基因）来表示孟德尔所述的“遗传因子”（即遗传性状的物质基础），因为他发现遗传因子的作用与德弗里所提出的泛子概念很相似。

1965 年，英国一位演化论专家在庆祝孟德尔重要论文发表 100 周年的讲话中，指出“一门科学完全诞生于一个人的头脑之中，这是唯一的一个例子”。

回顾孟德尔发现遗传定律的历史，不难发现他在困境中志趣不降，孜孜以求，勤奋钻研，他天才的数学直觉和超前于时代的深刻洞见让人惊叹。历史流逝，巨星流转，后来者摩尔根、艾弗里、沃森、克里克、文特尔等遗传学家如群星闪耀，遗传物质论证、遗传密码推理、双螺旋结构建构、遗传机制相继揭晓，基因测序纵深推进，遗传疾病基因鉴定、作物育种性状改良等成果辈出，而所有这一切，都与修道院那个投身豌豆实验的平凡身影紧密相连，孟德尔的发现必将继续对人类产生更加深远的影响。

如同两朵豌豆花向孟德尔“绽放”了遗传的秘密，两只果蝇为摩尔根（Morgan）“定位”了基因的载体，摩尔根由此发现了遗传学的第三大定律——连锁与互换定律。

系列关联概念
基因线性排列 染色体遗传理论 一个基因一个酶 基因的连锁与互换定律

33 遗传学的摩尔根时代

1900 年，德弗里斯等人重新发现了孟德尔遗传定律，重启了经典遗传学的引擎，人们对遗传学的热情空前高涨。摩尔根一开始并不相信孟德尔的学说和染色体理论，对孟德尔的学说表示怀疑，但 1900—1910 年，摩尔根根据染色体对性别决定的证据以及他自己以果蝇为材料发现的性连锁的遗传性状，矫正了对孟德尔学说的看法，从而致力遗传学的研究。

33.1 摩尔根的相关研究背景

摩尔根自幼热爱大自然，童年时期就漫游了肯塔基州和马里兰州的大部分山村和田野，还曾经和美国地质勘探队进山区实地考察。所有的这些活动，使摩尔根熟谙了大自然的历史，并在他今后的一生中留下了深刻的印象。14 岁时，摩尔根考进肯塔基州立学院（现为州立大学）预科，2 年后升入本科。1886 年春，他以优异成绩获得了动物学学士学位，并于同年秋天进入约翰·霍普金斯大学学习研究生课程。读研究生期间，摩尔根系统地学习了普通生物学、解剖学、生理学、形态学和胚胎学课程，并在威廉姆·基思·布鲁克斯（William Keith Brooks）指导下从事海蜘蛛的研究。1888 年，摩尔根的母校肯塔基州立学院对摩尔根进行考核后，授予他硕士学位和自然史教授资格，但摩尔根没有接受，而是继续攻读博士学位。2 年后的春天，摩尔根完成论海蜘蛛的博士论文，获得约翰·霍普金斯大学博士学位。1891 年秋，摩尔根受聘于布林马尔学院，任生物学副教授，并于 1895 年升为正教授，从事实验胚胎学和再生问题的研究。1903 年，摩尔根应爱德华·威尔逊（Edward Wilson）之邀赴哥伦比亚大学任实验动物学教授。

1909—1928 年，摩尔根创建了以果蝇为实验材料的研究室，从事进化和遗传方面的工作。1928 年，62 岁的摩尔根不甘心过颐养天年的清闲生活，应聘为帕萨迪纳加州理工学院的生物学部主任。他重建了一个遗传学研究中心，继续从事遗传学及发育、分化问题的研究。摩尔根发现了染色体的遗传机制，创立了染色体遗传理论，是现代实验生物学的奠基人。由于发现了染色体在遗传中的作用，他于 1933 年获得了诺贝尔生理学或医学奖。摩尔根一生中的几个大事件如图 33-1 所示。

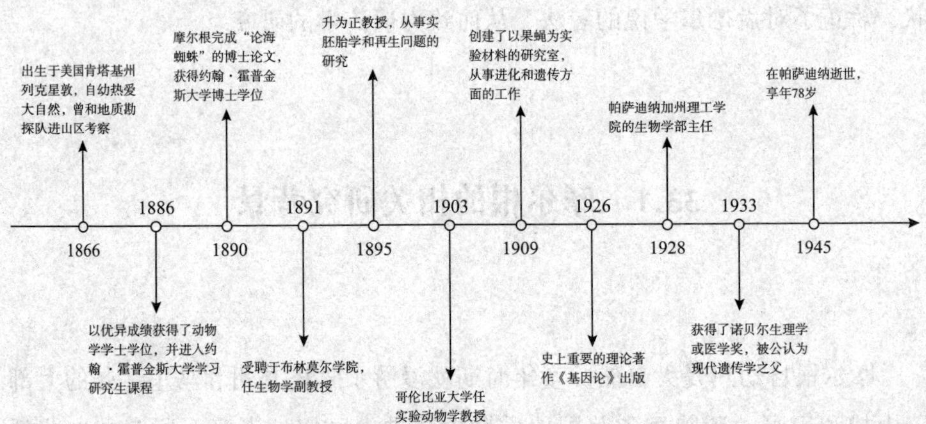

图 33-1　摩尔根一生中的几个大事件

33.2 摩尔根的主要研究工作

33.2.1 证明基因在染色体上

1900年，孟德尔的遗传学说被人们重新发现，摩尔根也逐渐将研究方向转到了遗传学领域。摩尔根起初很相信这些定律，因为它们是建立在坚实的实验基础上的，但后来一些问题使摩尔根越来越怀疑孟德尔理论的普适性。例如，摩尔根曾用白腹黄侧的家鼠与野生型杂交，得到的结果五花八门。与此同时，摩尔根对德弗里斯的突变论越来越有兴趣，他开始用果蝇进行诱发突变的实验，他的实验室也被同事戏称为"蝇室"。1910年5月，摩尔根的妻子兼实验室的实验员发现了一只奇特的雄蝇，它的眼睛不像同胞那样而是白色的，这显然是个突变体。摩尔根极为珍惜这只果蝇，将它装在瓶子里，睡觉时放在身旁，白天又带回实验室。这只果蝇在与一只正常的红眼雌蝇交配以后死去，留下了突变基因，以后繁衍成一个大家系。这个家系的子一代全是红眼的，显然红眼对白眼来说是显性，正符合孟德尔的实验结果。

摩尔根当然不会放过检验前人理论的机会，他用第一代杂交果蝇互相交配，得到了第二代杂交果蝇，其中红眼有3 470个，白眼有782个，基本符合3 ∶ 1的比例，实验结果符合孟德尔从豌豆中总结出的规律。当摩尔根坐在显微镜旁边，再次观察这些白眼果蝇时，他发现了一个不同于孟德尔规律的现象。按照孟德尔的自由组合规律，那些长着白眼的果蝇的性别应当有雄性的，也有雌性的。但这些白眼果蝇居然全部是雄性，也就是说突变形成的白眼基因伴随着雄性个体遗传。摩尔根终于从果蝇身上看到了孟德尔在豌豆上观察不到的现象。摩尔根知道，果蝇的4对染色体中，有一对是决定性别的，其中雌性果蝇中的两条性染色体完全一样，记为XX染色体；雄性果蝇中的性染色体一大一小，记为XY染色体。摩尔根判断，白眼基因位于X染色体上。因此，当他的那只白眼果蝇与正常的红眼果蝇交配后，由于控制红眼的基因是显性基因，因此后代不论雌雄，都是红眼果蝇；当第二次进行杂交时，体内含有白眼基因的雌性红眼果蝇与正常的雄性红眼果蝇交配，就会出现含有一条带白眼基因X染色体的卵细胞与不含白眼基因Y染色体的精子结合的现象，从而生成 F_2 的白眼类型，而且都是雄性的。

摩尔根把这种白眼基因跟随X染色体遗传的现象叫作“连锁”。白眼基因和决定性别的基因，好像锁链一样铰合在一起，伴随细胞中成对染色体的分离一同行动，组合时也一同与另外的染色体结合。这就是果蝇的伴性遗传现象，摩尔根的这一成就具有划时代的意义。发现突变的白眼果蝇，花费了摩尔根和他的学生整整2年的时光。但在第一个突变果蝇发现后的几个月内，他们又发现了4种眼色突变。例如，果蝇中出现了粉红眼，这个性状的分离和组合与性别无关，也与白眼基因无关。显然，粉红眼基因位于另外的染色体上，而且不在性染色体上。朱砂眼果蝇的遗传特点与白眼果蝇完全一致，也是伴性遗传的，说明两个基因都位于X染色体上。

摩尔根首先把一个特定的基因（控制眼色基因）和一条特定染色体（X染色体）联系起来，从而证明了基因在染色体上。1911年，他提出了“染色体遗传理论”，并于1926年出版了经典遗传学史上重要的理论著作——《基因论》。

33.2.2 发现基因的连锁与交换定律

摩尔根的学生发现了一种突变性状——果蝇的小翅基因，给摩尔根新创立的理论带来了挑战。这种突变基因是伴性遗传的，与白眼基因一样位于X染色体上。但是当染色体配对时，这两个基因有时却并不像是连锁在一起的。例如，根据连锁原理，携带白眼基因与小翅基因的果蝇产生的下一代应该只有2种类型，要么是白眼小翅的，要么是红眼正常翅的。但事实上，下一代还出现了一些白眼正常翅和红眼小翅的类型。摩尔根指出，染色体上的基因连锁群并不像铁链一样牢靠，有时染色体也会发生断裂，甚至与另一条染色体互换部分基因。两个基因在染色体上的位置距离越远，它们之间出现变故的可能性就越大，染色体交换基因的频率就越大。白眼基因与小翅基因虽然同在一条染色体上，但是相距较远，因此当染色体彼此互换部分基因时，果蝇产生的后代中就会出现新的类型，这就是“互换”定律。摩尔根在长期的实验研究中发现，同源染色体的断离与结合使基因的互相交换现象产生，不过交换的发生概率与环境条件（温度、水分、营养、射线、化学药品等）和基因型关系密切。

33.2.3 发现基因在染色体上呈线性排列

摩尔根及其同事、学生用果蝇做实验材料，到 1925 年已经鉴定了约 100 个不同的基因。由交配实验而确定的连锁的程度，可以用来测量染色体上基因间的距离。摩尔根和他的学生还发明了测定基因位于染色体上的相对位置的方法，推算出了各种基因在染色体上的位置，并画出了果蝇的 4 对染色体上的基因所排列的位置图。摩尔根发现，代表生物遗传秘密的基因的确存在于生殖细胞的染色体上。基因在每条染色体内是直线排列的，染色体可以自由组合，而排在一条染色体上的基因是不能自由组合的。

33.3 摩尔根的遗传学术传承

摩尔根应诺贝尔物理学奖得主罗伯特·密里根（Robert Millikan）的邀请，于 1928 年创建加州理工学院的生物学部，这样一个小而精的系却多年领先世界。他直接影响了乔治·皮特尔（George Beadle），后者于 1931—1936 年在加州理工做博士后时研究果蝇的遗传重组，其间到巴黎一年研究果蝇眼睛颜色的遗传。根据 1935—1936 年从果蝇中获得的结果，皮特尔与鲍里斯·埃弗鲁斯（Boris Ephrussi）提出基因与化学反应的关系，意识到基因可能直接控制酶。最后，皮特尔在斯坦福大学与爱德华·劳里·塔特姆（Edward Lawrie Tatum）进一步合作，提出“一个基因一个酶”的概念，开创了生化遗传学。1946年，皮特尔任加州理工生物学部主任，1958年获得了诺贝尔生理学或医学奖。

摩尔根的学生缪勒（Muller）于1927年证明X光可以诱导基因突变，其作用与X射线的剂量相关，获得了1946年的诺贝尔生理学或医学奖。他的另一项重要工作是于1918年提出和制造平衡致死系，这是一种非常方便的用来维持隐性致死突变的果蝇品系。这种染色体本身不仅携带致死突变，还含有多重倒位，如果与另一条染色体重组也会致死，所以果蝇研究者希望跟踪的染色体与平衡染色体配对后，可以不用每代再挑果蝇，因为活着的后代都是被跟踪的染色体对。其他多数模式动物迄今无平衡致死系，每代需要花费大量的时间和精力。所以，缪勒的发明在近百年来省去了果蝇研究者的大量苦力。

摩尔根学派对中国也有直接影响。摩尔根在女子学院的研究生艾丽斯·博爱礼（Alice Boring）于1923—1950年任教燕京大学，影响了中国的生物学以及当时一大批学生。国际著名遗传学家谈家桢曾在摩尔根实验室进行学习，并于1936年获得博士学位。谈家桢是中国现代遗传学奠基人，是一位杰出的科学家和教育家。

摩尔根传奇的一生对于生物学特别是遗传和胚胎学的根本影响是使这些具有描述性而且带有高度推测性的科学转化为定量和分析的科学。人们对他最好的纪念，也许就是将果蝇染色体图中基因之间的单位距离叫作“摩尔根”。他的名字作为基因研究的一个单位而长存于世，如同他影响世人的科研探索精神。

“夫天地者，万物之逆旅也；光阴者，百代之过客也。”在漫漫地球历史中，生命的进化可能是最复杂也最具争议性的一个章节。而在这万千章节中，最为耀眼的著作者莫过于唯物主义生物进化理论的先驱拉马克（Lamarck）。

系列关联概念
遗传和变异 古典遗传学 表观遗传学 脊椎动物与无脊椎动物

34 拉马克：生物进化理论的先驱

拉马克和达尔文的确有着千丝万缕的无法割裂的联系。早在达尔文出生的那一年（1809 年），拉马克就在《动物学哲学》中提出了自己的进化学说。1909 年，英国在隆重纪念达尔文出版《物种起源》50 周年的日子，法国也在纪念《动物学哲学》出版 100 周年。在生物学历史上，达尔文理论一直如日中天，占据着统治地位，而拉马克主义则一直受着有些不公的待遇。

随着表观遗传学的发展，越来越多的证据表明拉马克主义也是科学的。在生物学上，有些生物基因没变，但能够把一些性状遗传给下一代，这被称为表观遗传学，这一理论的主要提出者就是拉马克。

拉马克被誉为 18 世纪最后一位伟大的生物学家，达尔文称赞他是第一个在物种起源问题上得出结论的人，在《物种起源》一书中曾多次引用拉马克的著作。可见，称拉马克为生物进化理论的先驱一点儿都不为过。

34.1 拉马克的著述在科学史上具有重要地位

1744年8月1日，拉马克生于法国皮卡第的一个落魄贵族家庭，是家里的第11个孩子，本名约翰摩纳。拉马克幼时就读于教会学校，1761—1768年在军队服役，他在里维埃拉驻屯时对植物学产生了兴趣。1768年，拉马克与他的良师让·雅克·卢梭（Jean-Jacques Rousseau）相识，卢梭是当时法国著名的思想家、哲学家、教育家、文学家，对拉马克的成才起了巨大的作用。卢梭经常带拉马克到自己的研究室里去参观，并向他介绍了许多科学研究的经验和方法，使拉马克专注于生物学的研究。从此，拉马克花了整整26年的时间来系统地研究植物学，于1778年写出了名著《法国全境植物志》。后又研究动物学，并于1783年被任命为科学院院士，为《系统百科全书》撰写植物学部分。

1793年，拉马克应聘为巴黎博物馆无脊椎动物学教授，于1801年完成《无脊椎动物的系统》一书。在动物分类方面，他把无脊椎动物分为10个纲，首先提出“无脊椎动物”概念。他也是现代博物馆标本采集原理的创始人之一。1809年，拉马克出版了《动物学哲学》，当时他虽已65岁，但仍潜心研究并写作，又于1817年完成了《无脊椎动物自然史》，在科学史上具有重要地位。

值得一提的是，“生物学”的创立，和拉马克有着重要关系。“生物学”最早出现在德国医学文献的一个注释中，2年之后，法国的拉马克和德国的一位博物学家戈特弗里德（Gottfried，细菌即是由他命名的）分别独立地在他们的论著中又一次使用这个词，极大地引起了人们的关注。到1820年，这个新词已经在英语中有些流行了，但是仅有一个新词还无法构建一门新科学。拉马克曾在论著中认为："生物学是大地物理学三个分支中的一个，涵盖了与生命体相关的所有方面，尤其生命的构造、发育过程、由于长期的生命活动而获得的结构上的复杂性，以及创造特殊器官并通过专注于某种行为而使其与众不同的倾向等。"

34.2 拉马克学说的主要观点

拉马克的进化论观点如下：第一，现在存在的生物是由其他物种进化而来；第二，用进废退，即生物体的器官经常使用就会变得发达，而不经常使用就会逐渐退化；第三，获得性遗传，即生物后天获得的性状是可以遗传的；第四，定向变异，即生物的变异一定是沿着适应环境的方向改变的。

拉马克强调在适应新条件时，大自然具有创造能力。他提出了所有有机形式的等级排列方式，他认为这代表了生命从简单向高级的发展过程。他相信这种进化的多样性是每个有机体适应生存环境的结果。拉马克认为，生物体的器官经常使用就会变得发达，而不经常使用就会逐渐退化。例如，越是勤思考勤用脑，大脑就会越灵活；越是懒惰不动脑，大脑便越会像生锈的链条，难以正常运转。同时，拉马尔认为长颈鹿由于习惯啃食乔木而进化了它的长颈。拉马克相信在动物进化过程中的获得性状可以遗传给后代，并代代相传。

拉马克第一次从生物与环境的相互关系方面探讨了生物进化的动力，为达尔文进化理论的产生提供了一定的理论基础。但是，由于当时生产水平和科学水平的限制，拉马克在说明进化原因时，把环境对于生物体的直接作用及获得性状遗传给后代的过程过于简单化了，成为缺乏科学依据的一种推论。同时，拉马克错误地认为生物天生具有向上发展的趋向，认为动物的意志和欲望也在进化中发生作用。达尔文后来对他的观点进行了驳斥。

34.3 关于长颈鹿的进化理论例证

以长颈鹿为例，拉马克认为长颈鹿的祖先较矮，因为要吃高的树叶，就拼命“长”脖子，然后遗传给下一代。这个学说有一个致命破绽，即虽然身体改变了，但基因没有改变，长再高也不会遗传给下一代。

达尔文认为，长颈鹿因为基因的隐性和显性的问题，而出现有的脖子长，有的脖子短，脖子长的存活下来，基因得以遗传给下一代；而脖子短的因为没有食物而死亡，基因很难遗传下去，所以最后消失了。

拉马克的理论经不起古典遗传学（孟德尔遗传学）的推敲。德国的科学家奥古斯特·魏斯曼（August Weismann）曾经做过一个实验：将雌性和雄性的老鼠尾巴都切断，再让其互相交配来产生子代，子一代的老鼠依旧都是有尾巴的。再让子一代互相交配产生下一代，下一代的老鼠也仍然是有尾巴的。他一直这样重复进行至第 21 代，发现子代仍然是有尾巴的，就此推翻了拉马克的学说。

现代分子遗传学显示，生物的性状功能无论再常用或不常用，也不会编码到染色体中。由于基因在拉马克的学说中不作为参考因素，较不符合现代遗传学，因此在目前的科学界中，拉马克的学说普遍不被接受。目前，较能解释生物的演化的学说是达尔文提出的“物竞天择，适者生存”学说。

拉马克一生勤奋好学，坚持真理，与当时占统治地位的物种不变论者进行了激烈的斗争。拉马克曾经举荐晚辈居维叶（Cuvier），但居维叶做大之后却恩将仇报，处处打击和迫害这位与自己的激变论观点有异的前辈。拉马克处之坦然，他曾说：“科学工作能予我们以真实的益处；同时，还能给我们找出许多最温暖、最纯洁的乐趣，以补偿生命场中种种不能避免的苦恼。”然而命运并没有放过这位老人，他最后只能混葬在贫民公墓里。

拉马克晚年双目失明，虽被病痛折磨，但他仍顽强地工作，把毕生精力贡献于生物科学的研究上，终于成为一位生物科学的巨匠，成为伟大的科学进化论的创始者。1909 年，在纪念他的名著《动物学哲学》出版 100 周年之际，巴黎植物园为他建立了纪念碑，铜像底座刻着女儿的一句话："您未完成的事业，后人总会替您继续的；您已取得的成就，后世也总该有人赞赏吧！爸爸。"相信人们会永远缅怀这位伟大的唯物主义进化论理论的先驱。

这是一处海阔天高、无与伦比的天堂圣地，这是一个繁复幽深、包容万千的浩瀚迷宫，这是一曲含义悠长的壮美史诗，这是一座冶炼活力生命的巨大熔炉。这里百鸟翔集、百兽欢腾，这是桃花源，是博物馆，是激发场，这便是加拉帕戈斯群岛。

35 加拉帕戈斯群岛：达尔文进化理论的灵感源泉

系列关联概念
生物进化理论 地理隔离 生物进化博物馆 共同的原始祖先

加拉帕戈斯群岛风景优美、气候宜人，宛如天堂圣地。这里山海相连、悬崖林立，奇花异草荟萃，珍禽怪兽云集；这里海湾曲折、大小鱼类海鸟铺天盖“海”，蔚为奇观，是野生动物的天堂。这里是充满着活力的生命熔炉，被称为“独特的活的生物进化博物馆和陈列室”。

“人们必然对显现在这些荒芜的岩石小岛上的创造力（如果能用这个词）之伟大，深感惊讶。尤有甚者，此种创造力在如此靠近的小岛上竟能使类似的生物产生差异，实在惊人。”达尔文在《物种起源》中曾如此记述加拉帕戈斯群岛。

35.1　加拉帕戈斯群岛的地理特点与探索历史

加拉帕戈斯群岛（西班牙语：Islas Galapagos），即科隆群岛（Archipiélago de Colón），位于中太平洋东部，于北纬 1º 40′～南纬 1º 25′ 和西经 89º 14′～92º 01′，跨赤道两侧，由 7 个大岛、13 个主岛及附属的 23 个小岛、50 多个岩礁组成（此说有差别）。其中，伊莎贝拉岛最大，第二大岛是圣克鲁斯岛。陆地总面积约 8 000 km^2，散布在约 59 500 km^2（群岛东西约 300 km，南北约 200 km）的海面上。属厄瓜多尔领土，离厄瓜多尔本土 1 100 km，从厄瓜多尔首都基多乘飞机约需 1.5 h。其中 96.6% 的面积现为国家公园，其周围为面积 79.9 km^2 的海洋保护区。1978 年被联合国列入首批世界遗产目录。

加拉帕戈斯群岛全部由火山堆和火山熔岩组成，高持续的地震和火山活动形成了岛屿独特的怪石嶙峋地貌，岛上耸立着一座座高大的火山，面积直径达 20 km。最大的沃尔夫火山（海拔 1 707 m）在伊莎贝拉岛上，从海面上看过去，犹如海外仙山；次高的是一座死火山，名为阿苏尔山（1 689 m），也在该岛。加拉帕戈斯群岛的地质年代很年轻，大概不超过 500 万年的历史。一些火山口形成的天然湖泊犹如镶嵌在火山顶峰的碧玉，晶莹闪亮。这里的火山仍处于活跃期，最近一次喷发是在 2015 年。

加拉帕戈斯群岛原为无人荒岛，近半个世纪没有主人。十万年前，第一批现代人类拉开迁徙序幕，走向地球各处宜居之地，但当时加拉帕戈斯群岛面积足够大，如同超级空调般凉爽，堪称天堂，为什么没有人类居住呢？也许因为火山频发，也许因为最近的美洲大陆原住民没有发展出优秀的航海技术而无法到达；而在太平洋上扩张的波利尼西亚人，也因为加拉帕戈斯群岛特殊的洋流风向，无法到达这个安静角落。

直到16世纪初，欧洲人开启了大航海时代。1535年，一艘巴拿马航船遭遇强劲的洋流偏离了航线，船上的巴拿马主教发现了该岛，因为岛上巉岩峭壁，就命名为“魔鬼岛”（音“拉斯恩坎塔达斯岛”）。后来因为岛上栖息着大量世界罕见的巨龟，又被称为“加拉帕戈斯群岛”（意为“巨龟之岛”）。后在一些岛上发现了印加族陶器碎片，证明以前有人曾占领这些岛屿。16世纪有许多西班牙航海家在岛上逗留，17世纪末一些海盗以这些岛作为隐匿之所，19世纪初捕鲸和海豹活动取代了海盗掠夺。1832年，刚建国两年的厄瓜多尔正式占领群岛，将其设立为加拉帕戈斯省，后将之改名为“科隆群岛”，在圣玛利亚（Santa Maria）岛上开始殖民统治。

35.2 独特的活的生物进化博物馆和陈列室

加拉帕戈斯群岛上生活着700多种地面动物，80多种鸟类和许多昆虫，其中以象龟和鬣蜥闻名世界，据说象龟是地球上生命最长的动物。此外，岛上还有海狮、海豹、企鹅等寒带动物，海鸟类有不会飞的鸬鹚和鹈鹕、信天翁、火烈鸟等。加拉帕戈斯企鹅也是在北半球被发现的唯一企鹅种。两栖动物很少，爬虫也不多，当地特有的陆地哺乳动物只有7种啮齿动物和2种蝙蝠。岛上没有猛兽，所以动物都没有防卫意识，不怕人。

群岛的象龟是世界上体型最大的龟类物种，每个龟超过250 kg，大多是200岁以上的寿星。巨型陆龟已生存几百万年，而且是在与外界完全隔离的状况下进化的。

早年群岛上的象龟有数十万只，但许多航海者、海盗把这里当作补给站，常常把象龟活捉搬到船上，由此获得长期航行中新鲜的龟肉。达尔文在日记中也记录过吃象龟肉、喝象龟汤等细节。人类对这些岛屿上动物的影响很大，以至于如今只余下1万多只海龟，而且一些亚种已经灭绝。人类曾试图让平塔岛亚种的最后一只象龟和其他象龟杂交，以留下一点亚种基因，但它却宁可孤独地死去，也没有提起对其他亚种雌象龟的欲望，因此得名“孤独的乔治”。

加拉帕戈斯群岛距赤道不远，这里受秘鲁寒流的影响，并非终年高温多雨，不适于植物繁茂的热带雨林的生长，只有一些仙人掌和灌木丛分布在其沿海地区；高大的树木生长在较高的山坡，树下铺满羊齿类植物。该群岛的位置极其特殊，处于三大洋流的交汇处，来自南部的秘鲁寒流和北部的赤道暖流交汇于此。因此，这里成为各种海洋物种融合进化的“大熔炉”（图35–1），喜寒、喜暖动物一应俱全，丰富异常。

图 35–1　加拉帕戈斯群岛的海洋鱼群

35.3　丰富实据和灵感之源：与一位伟大的智者相逢之后

达尔文的故事开启于1831年，剑桥大学毕业的他被教授推荐选中参加“贝格尔号”（Beagle）军舰绘制南美海岸地图的探险航行（图35–2）。在5年考察时间里，达尔文领略了大洋沿岸森林岛屿的各式丰富的生物多样性。1835年9月16日，26岁的他登岛采集标本达35 d，他对加拉帕戈斯群岛上形态各异却又联系紧密的各种生物感到震惊，这为进化论理论的横空出世奠定了基础。

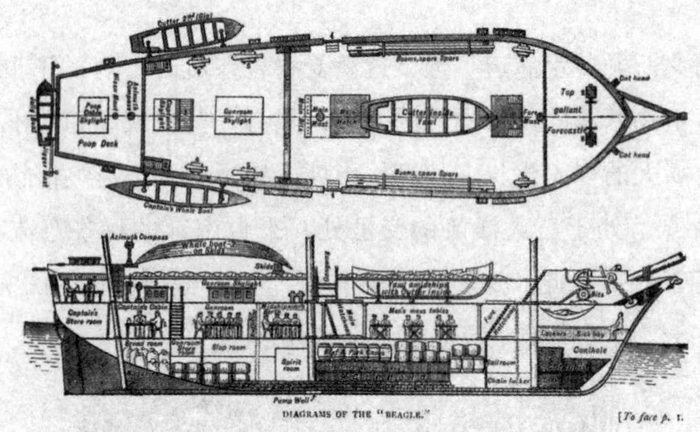

图 35–2　达尔文乘坐的“贝格尔号”纵剖面图

（引自达尔文《小猎犬号航海记》，陈红译，译林出版社 2020 版）

达尔文形容加拉帕戈斯群岛是一个“自我世界”，称它与众不同。如同纪录片《加拉帕戈斯群岛》所说：“世界上再没有什么地方像加拉帕戈斯群岛一样，同时见证着物种的诞生与消亡。”

达尔文注意到，相似的物种特征随着地域不同而发生某种变化，这种地理分布特征使他想到，生物的种系是随着物种从一个地区迁移到另一地区的过程逐渐变化的。在加拉帕戈斯群岛 800 多种植物中，约 300 种是群岛特产，岛上鸟的种类和亚种只有约 80 种。令达尔文吃惊的是，他遇到的陆龟并非都一样，事实上捕捉这些陆龟的当地居民和水手，只要看一眼它的壳就知道它来自哪一个岛。达尔文对对比该群岛物种与南美大陆物种的相似与差异性产生了强烈兴趣。达尔文发现样子乌黑的海鬣蜥，只吃海底的海藻，而陆鬣蜥却主要吃以仙人掌为代表的陆地植物。这些相对年轻的火山岛屿的动植物都是独立被创造出来并直接在加拉帕戈斯群岛上，它们为什么不和其他相似气候条件的岛屿上的动植物相似呢？为什么只是和相邻近的南美海岸的动植物相似呢？他发现同一种动物在外形、习性上出现了明显的差异，其他物种也和临近陆地有着密切的亲缘关系，如地雀（后人命名为达尔文地雀）和南美洲西海岸发现的地雀极其相似。

达尔文由此推测，这些龟或鬣蜥都源于同一祖先，它们从陆地到达这些岛屿，被隔离在各岛屿后，其外表发生了不同的进化。从南美洲漂洋过海来到加拉帕戈斯群岛的鬣蜥最终进化出两个种群，分别用各自的特长获取不同食物。

最具代表性的是岛上的地雀。达尔文在加拉帕戈斯群岛上发现了一些小体型、暗羽色的雀鸟，最初他并未在意，后来他把采集的标本交给了著名的鸟类学家约翰·古尔德（John Gould），请他分类。1837 年 3 月，古尔德得出结论，这些小鸟是不同新物种，但它们在外形、筑巢、鸣叫等方面极为相似，最大的差别在喙形（他依此将其分成了 13 个种，如图 35-3 所示）。古尔德的研究结果让达尔文顿悟到这些地雀都应是偶然从南美洲飞抵群岛的古老品系的后裔，因在不同小岛环境差异，采集各异食物，导致喙出现了明显的差异 。《物种起源》中写道："看了这些体型小而密切相关的鸟类在构造上的级进和多样性之后，人们确实会推想，后来由外边引进了一个物种，然后这个物种为了各种不同的目的，发生了变异。"

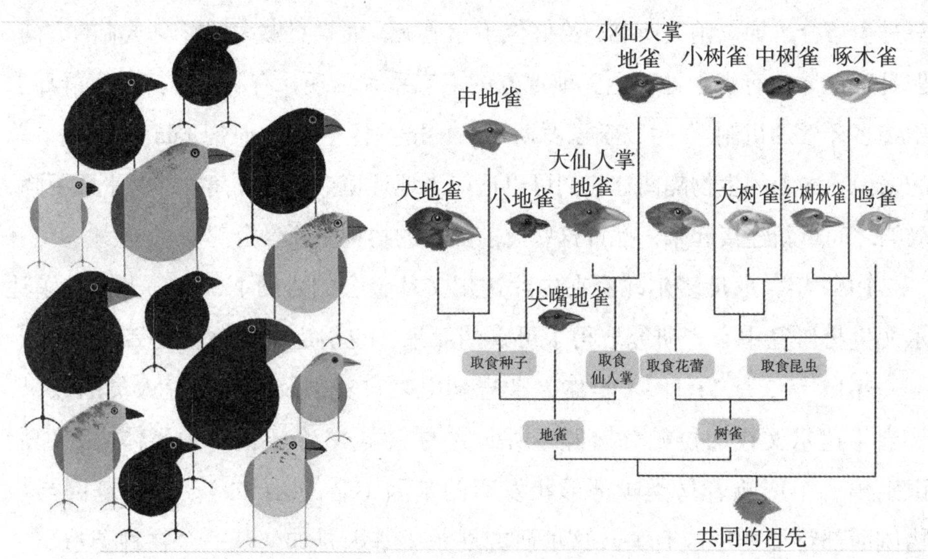

图 35-3　加拉帕戈斯群岛的 13 种地雀

观察岛上各种动物的实据给了达尔文阐述进化理论的原动力和信心，他指出这些岛上独有物种的地雀来自共同的祖先，进而推出岛上的动物群和中美、南美洲的动物群有较近的亲缘关系，由此提出“所有的动物（植物）有一个共同祖先”。最后，他提出“适当的地理隔绝是物种进化的必要条件”这一思想。

至此，一个被人类久久绕过的小群岛，与一位伟大的智者相逢后备受启悟，它改变了达尔文的命运，改变了世界固守的神创论，为“共同由来”和“自然选择”学说的诞生奠定了坚实基础。

35.4　新的发展让加拉帕戈斯群岛和进化理论仍富活力

科罗拉多大学教授克里斯多弗·喀纳斯卡斯（Kristopher Karnauskas）说:“这只是个巧合，加拉帕戈斯群岛恰好位于赤道上，而且足够大到影响洋流的方向。但是这也导致有别于地球上其他地方的生态系统出现，有利于维持这座群岛上生物多样性的机制。”生物学家罗斯玛丽·格兰特（Rosemary Grant）表示:“总的来说，岛上的生物隔离让它们可以适应当地环境。解除隔离，即海平面下降，岛屿之间重新连接起来，允许这些此前隔离的物种重新融合起来。”

1959 年，厄瓜多尔政府在国际达尔文基金会的协助下，在岛上建立了达尔文生物研究中心，研究取得了可喜的成果，也引起了国际生物界的重视。

2015 年 2 月 11 日,《自然》杂志刊出来自美国及瑞典研究人员的成果，从当年达尔文在加拉帕戈斯群岛所研究的一类 15 个不同种地雀体内，他们识别出一个影响着鸟类喙部形状发育的基因（名为 *ALX*1），这一基因与生物体面部特征的形成有关。这项研究展示了基因是如何从一个物种塑造出一个新物种的，引发了人们的广泛关注。

历史深处的“痨病”白色瘟疫曾肆虐人间，从平民百姓到天才名家，都难以抵御侵袭。有了卡介苗，就诞生了“出生第一针”，给人类带来了一份福音。其发现过程，有灵感智慧的迸发，也有艰辛曲折的探索。

系列关联概念
结核分枝杆菌 细胞免疫 细胞内寄生菌 外毒素

36 卡介苗：激发对结核分枝杆菌的免疫

36.1 疫苗研究思路的由来：慧心妙手偶得之

1907年一个金秋的下午，巴黎近郊的马波泰农场（Mapotai Farm）的一条小路上，场主马波泰（Mapotai）遇上一高一矮两个人。他们正在讨论着：“既然詹纳能够在牛身上取得牛痘疫苗的成功，结核分枝杆菌在其他动物身上接种，也能够行得通呀！为什么我们在两头公羊身上实验就失败呢？”“别急，可能是我们分离提取结核分枝杆菌有问题。”这是两位细菌学家——莱恩·卡默德（Leon Calmette）和卡米尔·介兰（Camile Guerin）正在做实验讨论。

走着走着，他们来到马波泰面前。他们发现田里的玉米秆儿很矮，穗儿又小，便问农场主：“这些玉米是不是缺乏肥料呢？”农场主说：“不是，先生。这玉米引种到这里已经十几代了，可能有些退化了，一代不如一代啦！”

卡默德和介兰从玉米的退化马上联想到：如果把毒性强烈的结核分枝杆菌一代代培养下去，它的毒性是否也会退化呢？用已退化了毒性的结核分枝杆菌再注射到人体中，不就可以既不伤害人体，也能使人体产生免疫力了吗？

36.2 结核分枝杆菌肆虐人间：无数生命被感染

结核病又称“痨病”，是一种古老的至今依旧肆虐的传染病，是危害人类的主要杀手。它曾在全世界广泛流行，夺去了数亿人生命。

古希腊时，西方医学先辈希波克拉底（Hippocrates）也曾对结核病做过描述，他将结核病命名为 phthisis。结核病在拉丁文中被记作 cunsumptio，19 世纪的西方用 consumption 表示，consumption 直译为“消耗”，这与中文的“肺痨”含义相通，传神地表达了这种白色瘟疫慢慢耗尽一个人生命的特征。世界卫生组织（WHO）发布的《2021 年全球结核病报告》称：2020 年，全球新发结核病患者 987 万，发病率为 127/10 万。2020 年全球结核病病死率为 15%，高于 2019 年的 14%。按这个数据计算，每天约有 4 000 人被结核病夺走生命，这一数字甚至已经超过了艾滋病。

考古学证据表明，至少从新石器时代起，结核病就开始折磨欧、亚和非洲大陆上的先民；公元前 3 000 年的埃及木乃伊中，有脊柱结核存在的证据。中国考古发现，马王堆汉墓出土女尸的左肺存在结核钙化灶，说明早在 2 000 多年前，中国就已经存在结核病了。

染上肺结核的名家也颇多，如死于此病的英国诗人约翰·济慈（John Keats），波兰作曲家弗里德里克·肖邦（Frederic Chopin），千年一遇的天才数学家拉马努金（Ramanujan），现代派文学鼻祖表现主义文学先驱弗兰茨·卡夫卡（Franz Kafka），等等。此外，英国著名浪漫主义诗人雪莱（Shelly）染有肺结核，死于海上风暴，年仅 30 岁。患有肺结核的中国作家还有鲁迅和林徽因，才女萧红死于肺结核时只有 32 岁。

1882 年 3 月 24 日，德国细菌学家罗伯特·柯赫（Robert Koch）在柏林生理学会上宣布，结核分枝杆菌是引起结核病的病原菌。1883 年，其学名正式更名为“结核分枝杆菌”。这株被分离出的第一个菌株，至今仍被收藏在英国伦敦皇家外科医学院的亨特博物馆。1890 年，科赫又提出用结核菌素治疗结核病，对结核病的控制做出了极大贡献。因此，他获得了 1905 年的诺贝尔生理学或医学奖。

近几年，科学家发现结核分枝杆菌在细胞壁外尚有一层荚膜。具体来说，在电镜下可看到菌体外有一层较厚的透明区，也就是荚膜，荚膜对结核分枝杆菌有一定的保护作用。结核分枝杆菌可侵犯全身各器官，但以肺为最多见。结核分枝杆菌不产生内、外毒素。其致病性可能与细菌在组织细胞内大量繁殖引起的炎症、菌体成分和代谢物质的毒性以及机体对菌体成分产生的免疫损伤有关。

36.3　疫苗探索之路的曲折：坚持不懈出成果

1907 年，法国医学家卡默德和兽医学家介兰用牛型结核菌株进行动物实验，他们将有毒力的牛型结核分枝杆菌接种到甘油、胆汁和马铃薯的培养基上，结果生长物呈密集颗粒状。

两位科学家共同经过 13 年连续传代分离的反复实验，对小牛、羊或豚鼠进行接种实验。通常情况下，0.01 mg 未减毒的结核菌会使豚鼠发生结核病变，直至死亡。该菌株在初期被移种至第 33 代后，1 mg 结核菌都不能使豚鼠致死；被移种到第 60 代时，对豚鼠、猴子均不能致病，而对家兔和马还有致病力。1912 年开始，在法国北部牛群牧场用该菌液接种小牛、小羊预防感染，得到的结果良好。1921 年成功培育了第 231 代（另说 283 代）被驯服的结核分枝杆菌，并将其作为人工疫苗。1921 年在巴黎的医院中，有一名产妇患有肺结核，产后死亡，而抚养孩子的祖母也患肺结核。儿科医师征得卡默德同意，用口服法将菌苗给其新生儿服用，一年后婴儿发育正常，无任何异常反应。1924 年，该疫苗公布于世，之后即在各国推广。

可是，前进之路并非一帆风顺。1929 年，德国西北部卢贝克市立医院对从巴黎引进的卡介菌菌种进行培养，以制造疫苗。由于经办操作者疏忽，误把一种毒性很强的结核菌混入菌苗之中，接种到 271 名新生儿身上，造成其中大多数婴儿染上结核病，其中有 77 名新生儿死亡。消息传开，人们对卡介苗的效果和安全性大为怀疑，甚至完全否定。不少国家的医学界完全停止接种卡介苗，卡介苗的声誉受到极大损害。8 年安全应用的卡介苗，何以突然在德国出现事故？经过全面调查后，研究者在卢贝克市立医院找到了那株混入污染致病力很强的菌种，卡介苗所蒙受的“冤屈”得以平反，因此重新造福人类。

这一疫苗是由两位法国学者卡默德与介兰发明的，为了纪念他们，将这一预防结核病的人工疫苗定名为“卡介苗”（BCG）。抗生素、卡介苗和化疗药物的问世是人类与肺结核抗争史上里程碑式的胜利。

36.4　婴儿出生的第一针：预防结核好福音

卡介苗是一种用来预防结核病的预防接种疫苗，特别是能防止那些严重类型的结核病，如结核性脑膜炎。接种主要对象为新生 3 个月以内的婴儿或用旧结核菌素试验阴性的婴幼儿。接种后 4 ～ 8 周才产生特殊免疫力，免疫可维持 3 ～ 4 年。

此外，卡介苗还用于预防小儿感冒、治疗小儿哮喘性支气管炎以及防治成人慢性气管炎。卡介苗属于一类疫苗（免费），公民有义务接种。

卡介苗接种被称为“出生第一针”，产院多在新生婴儿出生后 24 h 之内就接种。目前，世界上多数国家都已将卡介苗列为计划免疫必须接种的疫苗之一。接种卡介苗对儿童的健康成长很有好处。故有句云：“儿童要防痨，快种卡介苗。”如果出生时没能及时接种，在 1 岁以内一定要到当地结核病统治所卡介苗门诊或者卫生防疫站计划免疫门诊去补种。

世界卫生组织确定每年 3 月 24 日为“世界防治结核病日”。

36.5 卡介苗的接种原理：细胞免疫是主要

疫苗分成死疫苗与活疫苗，伤寒疫苗和霍乱疫苗是死疫苗，因其用量大，副作用也大；麻疹疫苗、鼠疫疫苗是减毒活疫苗，其毒力很弱不会引起疾病。卡介苗是由减毒的牛型结核分枝杆菌悬浮液制成的活疫苗。

结核分枝杆菌是细胞内寄生菌，因此人体抗结核的特异性免疫主要是细胞免疫。卡介苗人工接种进行初次感染，接种后可以增强巨噬细胞活性，加强巨噬细胞杀灭肿瘤细胞的能力，同时将其抗原信息传递给免疫活性细胞，活化 T 淋巴细胞，使 T 细胞分化增殖，形成致敏淋巴细胞。这样一来，当机体再遇到结核分枝杆菌感染时，巨噬细胞和致敏淋巴细胞迅速被激活，引起特异性免疫反应，从而增强机体总体抵抗力。

释放淋巴因子是致敏淋巴细胞免疫功能之一。其中，趋化因子（MCF）能吸引巨噬细胞及中性多核白细胞，使其向抗原物质与致敏淋巴细胞相互作用的部位移动；巨噬细胞抑制因子（MIF）能抑制进入炎症区的巨噬细胞和中性多核白细胞的移动，使它们停留在炎症或病原体聚集的部位，利于发挥作用。

MIF 可使巨噬细胞发生黏着，并使吞噬反应显著增加。巨噬细胞激活因子（MAF）的主要作用是增加巨噬细胞的吞噬与消化能力，并加强巨噬细胞对抗原进行处理的能力，从而提高抗原的免疫原性作用。

参考文献

[1] 高崇明 . 生命科学导论 [M]. 2 版 . 北京：高等教育出版社，2007.

[2] 艾伯茨，布雷，霍普金，等 . 细胞生物学精要 [M]. 3 版 . 丁小燕，陈跃磊，译 . 北京：科学出版社，2012.

[3] 拉弗，约翰逊 . 生物学 [M]. 6 版 . 谢莉萍，张荣庆，张贵友，译 . 北京：清华大学出版社，2008.

[4] 王从彦 . 古细菌：生命世界里的独行者 [J]. 科技导报，2017，35（7）：101.

[5] 庚晋 . 古细菌不是细菌 [J]. 大科技（科学之迷），2003（4）：44–46.

[6] 高尚荫 .20 世纪病毒概念的发展（代序）[J]. 病毒学杂志，1986，1（1）：1–7.

[7] 迈克尔 · C. 杰拉尔德，格洛丽亚 · E. 杰拉尔德 . 生物学之书 [M]. 傅临春，译 . 重庆：重庆出版社，2017.

[8] 刘学礼 . 病毒概念的起源及发展 [J]. 自然杂志，1991，46（9）：657–663.

[9] 谢天恩，胡志红 . 普通病毒学 [M]. 北京：科学出版社，2002.

[10] 史钧 . 进击的病毒 [M]. 北京：世界图书出版有限公司，2021.

[11] 周程 . 从首个病毒的发现看 5G 时代的科学文化建设 [J]. 科学与社会，2020，10（2）：54–62.

[12] 奎曼 . 致命接触 [M]. 刘颖，译 . 北京：中信出版集团，2014.

[13] 赵德刚 . 生命科学导论 [M]. 1 版 . 北京：科学出版社，2008.

[14] 齐默 . 病毒星球 [M]. 刘旸，译 . 南宁：广西师范大学出版社，2019.

[15] 徐耀先，周晓峰，刘立德 . 分子病毒学 [M]. 武汉：湖北科学技术出版社，2000.

[16] 吴庆宇 . 基础生命科学 [M]. 2 版 . 北京：高等教育出版社，2006.

[17] 诸葛健，李华钟 . 微生物学 [M]. 2 版 . 北京：科学出版社，2009.

[18] 姜林锟 . 病毒化学本质的探讨 [J]. 广州化学，2011，36（2）：72–77.

[19] 穆克吉 . 基因传：众生之源 [M]. 马向涛，译 . 北京：中信出版社，2018.

[20] 布罗克曼 . 生命：进化生物学、遗传学、人类学和环境科学的黎明 [M]. 黄小骑，译 . 杭州：浙江人民出版社，2017.

[21] 方元 . 朊病毒研究进展 [J]. 病毒学报，2000，16（4）：378–382.

[22] 刘玮红，侯佩强 . 朊病毒及朊病毒病的研究进展 [J]. 生物学教学，2003，28（2）：9–11.

[23] 王阳兰 ."对细胞膜结构的探索"相关疑问的讨论 [J]. 中学生物教学，2021（25）：46–48.

[24] 赵宗江 . 细胞生物学 [M]. 北京：中国中医药出版社，2016.

[25] 马清瑜 . 揭秘膜转运蛋白 [J]. 教学考试，2023（6）：7–9.

[26] 王加彦，郝振文，李琳 . 水和离子是怎样通过细胞膜的：2003 年诺贝尔化学奖简介 [J]. 化学教学，2003（12）：26–27.

[27] 颜红，宫思璠，于亮，等 . 脂质体作为药物载体的最新研究进展 [J]. 药物生物技术，2023，30（3）：325–330.

[28] 邓斯茜，邓兆燕 . 血液透析膜的应用及其改性研究进展 [J]. 中国社区医师，2019，35（20）：8–11.

[29] 吴志强 . 探微细胞世界的"三剑客"：克劳德、德迪夫和帕拉德 [J]. 生命世界，2015（4）：66–69.

[30] 翟中和，王喜忠，丁明孝 . 细胞生物学 [M]. 4 版 . 北京：高等教育出版社，2011.

[31] 饶毅，鲁白，谢宇 . 繁荣与危机 [M]. 北京：人民邮电出版社，2017.

[32] 王海杰，谭玉珍 . 溶酶体途径在细胞自噬过程中的功能意义 [J]. 生命科学，2011，23（8）：723–729.

[33] 刘慧莲 . 溶酶体与人类疾病 [J]. 潍坊学院学报，2002（2）：116–118.

[34] 李明义，杨世杰. 紫竹梅雄蕊毛细胞发育过程中胞间连丝超微结构的变化 [J]. 植物学报，1996，38（2）：105–108，173–174.

[35] 杨世杰，李明义，张孝英 . 紫竹梅雄蕊毛发育过程中胞间连丝通透能力的动态变化 [J]. 植物生理学报，1995，21（4）：356–360.

[36] 吴伯骥，谢明唐，崔亚亚，等 . ACHT 促使次生胞间连丝和胞间通道的形成 [J]. 中国科学（B 辑　化学　生命科学　地学），1993，23（11）：1175–1179，1233–1234.

[37] 苗龙 . 高等植物大分子胞间运转的可能机理 [D]. 北京：中国农业大学，1999.

[38] 娄成后，吴素萱，张伟成，等 . 大蒜中原生质的细胞间运动与有机物的运输 [J]. 植物学报，1956（4）：345–362.

[39] 吴素萱 . 细胞核穿壁运动现象的初步报告 [J]. 植物学报，1955（2）：91–100.

[40] 郑国锠，王耀芝，陈济世 . 花粉母细胞中染色质穿壁转移现象的普遍性与一般性的补充资料 [J]. 科学通报，1957（14）：436–437.

[41] 郑国锠，聂秀菀，陈尚文，等 . 百合花粉母细胞间染色质穿壁运动前次生胞间连丝形成的研究 [J]. 实验生物学报，1987（1）：4–14.

[42] 黄晓梅 . 植物组织培养 [M]. 2 版 . 北京：化学工业出版社，2019.

[43] 陈宜瑜，祁国荣，宋大祥 . 英汉生物学大词典 [M]. 北京：科学出版社，2009.

[44] 吴庆余 . 基础生命科学 [M]. 2 版 . 北京：高等教育出版社，2006.

[45] 张成军 . 光合作用与诺贝尔奖 [J]. 中学生物学，2007（5）：3.

[46] 艾伦，考林 . 牛津通识课：细胞 [M]. 张艺林，译 . 杭州：浙江科学技术出版社，2021.

[47] 杨国宏，孙晓冬 . 胚胎干细胞的研究进展 [J]. 中国当代医药，2015，22（33）：25-27.

[48] GUAN J，WANG G，WANG J，et al.Chemical reprogramming of human somatic cells to pluripotent stem cells[J].Nature，2022，605（7909）：325-331.

[49] 许艺红，庄云婷，肖义军 . 一些重要干细胞的概念及其应用 [J]. 生物学教学，2023，48（1）：5-8.

[50] 李婷，陈莉智，黄文华 . 干细胞的基础研究及其临床应用前景 [J]. 中国医学物理学杂志，2019，36（11）：1325-1329.

[51] 梁卫红 . 细胞生物学 [M]. 北京：科学出版社，2012.

[52] 薛雨帆，朱亮亮 . 整合拓展科学史构建观念体系：以 DNA 复制为例 [J]. 中学教学参考，2022（35）：77-80.

[53] 周悦寒，彭文裕，侯金海 .《DNA 的复制》延伸与拓展 [J]. 教学考试，2023（24）：46-51.

[54] 吴国玲 . 解析高中生物“中心法则”各过程中所需要的酶的种类 [J]. 中学生数理化（学习研究），2016（8）：53-56.

[55] 向义和 . 遗传信息的转录和翻译机制是怎样发现的 [J]. 自然杂志，2005（6）：339-345.

[56] 刘锐 . 遗传密码的解析与生命公式的完善 [J]. 科技导报，2022，40（15）：130-136.

[57] 刘学礼 . 病毒概念的起源及发展 [J]. 自然杂志，1991（9）：657-663.

[58] 瑞安 . 病毒的进化：从流感到埃博拉病毒 [M]. 牟文婷，译 . 北京：人民日报出版社，2021.

[59] 尹烨 . 生命密码 2[M]. 北京：中信出版社，2020.

[60] 陈蓉霞 . 破译生命密码：诺贝尔奖和遗传学 [M]. 北京：商务印书馆，2008.

[61] 穆克吉 . 众病之王：癌症传 [M]. 李虎，译 . 北京：中信出版社，2013.

[62] 谢蜀生 . 一个病毒与三次诺贝尔奖 [N]. 中华读书报，2005–02–28（4）.

[63] 彭学勤，甘润良 . 肿瘤病毒的发现历程及在肿瘤发生机制中的研究意义 [J]. 现代生物医学进展，2012，12（18）：3596–3600.

[64] 玛格纳 . 生命科学史 [M]. 刘学礼，译 . 上海：上海人民出版社，2012.

[65] 郭晓强 . 逆转录的发现及启示 [J]. 生物学通报，2007（10）：61–62.

[66] TEMIN H M，MIZUTANI S.RNA–dependent DNA polymerase in virions of Rous sarcoma virus[J].Nature，1970，226（5252）：1211–1213.

[67] VERMA I.RNA–Dependent DNA Polymerase in virions of RNA tumor viruses[J]. Nature，1970，226：1209–1211.

[68] 张艳 . 课程思政融入高中生物学教学初探 [J]. 黑龙江教师发展学院学报，2021，40（6）：72–74.

[69] 王丽娟，刘家熙 . 表观遗传及表观遗传学概述 [J]. 生物学教学，2017，42（1）：2–4.

[70] 刘洋，马琳娜 . “表观遗传”概念拓展 [J]. 中学生物教学，2022（4）：43–44.

[71] 何红星 . 高中遗传学中的“表观遗传现象”知识重构 [J]. 理科考试研究，2020，27（9）：63–65.

[72] 沈兆瑞 . 浅析高中生物教学中的表观遗传学案例 [J]. 中学生物学，2020，36（11）：5–6.

[73] 吴相钰，陈守良，葛明德 . 陈阅增普通生物学 [M]. 4 版 . 北京：高等教育出版社，2014.

[74] 高崇明，张爱琴 . 生物伦理学十五讲 [M]. 北京：北京大学出版社，2004.

[75] 杨焕明，深蓝，张秀清，等 . 生命大解密 [M]. 北京：中国青年出版社，

2000.

[76] 陈竺，李伟俞，曼熊慧，等．人类基因组计划的机遇和挑战：Ⅰ．从结构基因组学到功能基因组学 [J]. 生命的化学，1998（5）：7–15.

[77] 柯林斯．生命的语言 [M]. 杨焕明，译．长沙：湖南科学技术出版社，2018.

[78] 方舟子．叩问生命：基因时代的争论 [M]. 天津：天津教育出版社，2001.

[79] 吴晏．人类基因组计划进展及其影响 [J]. 科学新闻，2000（19）：6–7.

[80] 屈新运，孙晓东．人类基因组计划研究现状与展望 [J]. 中学生物教学，2006（Z1）：17–19.

[81] 肖亮．人类基因组计划的负面影响及《人类基因组宣言》[J]. 生物学教学，2003（10）：58–59.

[82] 王延光．后基因组计划的研究进展及其伦理问题 [J]. 中国医学伦理学，2010，23（2）：13–17，21.

[83] 卢俊南，褚鑫，潘燕平，等．基因编辑技术：进展与挑战 [J]. 中国科学院院刊，2018，33（11）：1184–1192.

[84] 王立铭．上帝的手术刀：基因编辑简史 [M]. 杭州：浙江人民出版社，2017.

[85] 刘冬梅．基因编辑婴儿事件及相关问题探讨 [J]. 医院管理论坛，2020，37（3）：8–9，19.

[86] 牛宁宁．斩获诺贝尔奖：重写生命的基因剪刀 [J]. 张江科技评论，2020（6）：10–12.

[87] 郭晓强．CRISPR–Cas9 技术发展史：25 年的科学历程 [J]. 自然杂志，2016，38（4）：278–286.

[88] 宁静，李明煜，鲁凤民．CRISPR/Cas9 介导的基因组编辑技术 [J]. 生物学通报，2016，51（4）：1–5.

[89] 汪颖，焦雨玲．聚焦基因 [M]. 北京：人民教育出版社，2018.

[90] O’CONNELL M R，OAKES B L.Programmable RNA recognition and cleavage by CRISPR/Cas9[J].Nature，2014，516（7530）：263–266.

[91] 刘世利，李海涛，王艳丽 .CRISPR 基因编辑技术 [M]. 北京：化学工业出版社，2021.

[92] 仲崇山，蔡姝雯，王拓，等 .“基因编辑婴儿”打开了潘多拉魔盒 [N]. 新华日报，2018–11–28（15）.

[93] 杨建军，李姝卉 .CRISPR/Cas9 人体基因编辑技术运用的法律规制：以基因编辑婴儿事件为例 [J]. 河北法学，2019，37（9）：44–57.

[94] 孙伟平，戴益斌 . 关于基因编辑的伦理反思 [J]. 重庆大学学报（社会科学版），2019，25（4）：1–9.

[95] 基因编辑婴儿试验：一次疯狂的冒进 [J]. 中国科技奖励，2018（12）：87–88.

[96] 杨蓉，梁瑜，于秋霞，等 . 医学分子生物学 CRISPR 基因编辑与社会法规的进步与完善 [J]. 医学与社会，2019，32（6）：33–35，38.

[97] 徐娟 . 基因编辑婴儿技术的社会风险及其法律规制 [J]. 山东大学学报（哲学社会科学版），2020（2）：98–107.

[98] 陈根 . 由从治疗到预防，基因编辑边界在哪 ?[EB/OL].（2023–01–31）[2024–10–25].https：//www.163.com/dy/article/HSDN3S5O0553JKBK.html.

[99] 国务院发展研究中心国际技术经济研究所 .2023 世界前沿技术发展报告 [M]. 北京：电子工业出版社，2023.

[100] 王孔江 . 生命起源中的 RNA World（核糖核酸世界）[J]. 科技导报，2004（6）：12–14.

[101] 戎茜 .RNA 生物学功能的新发现 [J]. 生物学教学，2004（4）：4–5.

[102] 薛良交 .RNA 知多少 [J]. 生物学教学，2003（10）：51–52.

[103] 潘正军 .RNA 的酶及遗传信息载体两重性与生命起源 [J]. 生物学教学，2002（4）：3–4.

[104] 金由辛 . 面向 21 世纪的 RNA 研究 [C]// 中国科学技术协会，浙江省人民政府 . 面向 21 世纪的科技进步与社会经济发展（下册）. 中科院上海生化所分子生物学国家重点实验室，1999：1.

[105] 刘文，胡巍 . 生命起源于 RNA 世界的现存证据与分析 [J]. 生物学通报，2008，43（12）：11–12.

[106] 郭晓强，冯志霞 . 生命起源 RNA 世界的提出者：奥吉尔 [J]. 生物学通报，2009，44（3）：57–59.

[107] 莱恩 . 生命的跃升 [M]. 张博然，译 . 北京：科学出版社，2016.

[108] 胡涛波，龙孟平，袁德健，等 . 遗传等距离现象：分子钟和中性理论的误读及其近半世纪后的重新解谜 [J]. 中国科学：生命科学，2013，43（4）：275–282.

[109] 唐先华，赖旭龙，钟扬，等 . 分子钟假说与化石记录 [J]. 地学前缘，2002（2）：465–474.

[110] 中国科学院自然科学史研究所 .20 世纪科学技术简史 [M]. 北京：科学出版社，1985.

[111] 韩济生 .20 世纪神经科学发展中 10 项诺贝尔奖成就简介 [J]. 生理科学进展，2001（2）：187–190.

[112] 李相尧 . 拉蒙 · 卡哈尔和神经元学说 [J]. 生物学教学，2004（11）：56.

[113] 方可，甄橙 . 神经传递理论的历史探索 [J]. 生物学通报，2022，57（10）：17–20.

[114] 纽曼 . 大脑之美：卡哈尔绘图集 [M]. 严青，译 . 长沙：湖南科学技术出版社，2020.

[115] 吴坚，张沛云 . 关于轴突生长的导向分子机理的探讨 [J]. 神经解剖学杂志，2005（3）：317–322.

[116] 王玢，左明雪 . 人体及动物生理学 [M]. 3 版 . 北京：高等教育出版社，2009.

[117] 王超 . 神经递质的种类 [J]. 中学生物教学，2017（22）：53–54.

[118] 孙庆伟，周光纪，白洁，等 . 人体生理学 [M]. 3 版 . 北京：中国医药科技出版社，2011.

[119] 王艳 . 浅谈胃肠道激素 [J]. 生物学通报，2007（3）：23–24.

[120] 杨桂染，周晓隆 . 生理学 [M]. 2 版 . 北京：人民卫生出版社，2019.

[121] 王志均 . 班廷的奇迹：胰岛素的发现 [J]. 生物学通报，2007（11）：3–5.

[122] 吕吉尔 . 弗瑞德里克 · 桑格（1918—2013）[J]. 世界科学，2014（2）：62–64.

[123] 熊卫民，王克迪 . 合成一个蛋白质: 结晶牛胰岛素的人工全合成 [M]. 济南: 山东教育出版社，2005.

[124] 孙兴 . 乙烯处理对中国水仙花生长发育的影响 [D]. 福州：福建农林大学，2022.

[125] 孙艳玲 . “其他植物激素的调节”一节的教学设计 [J]. 中学生物教学，2016（6）：46–48.

[126] 袁晶，汪俏梅，张海峰 . 植物激素信号之间的相互作用 [J]. 细胞生物学杂志，2005（3）：325–328.

[127] 赵星 . 植物激素间的相互关系 [J]. 中学生物学，2011，27（2）：3–4.

[128] SAKAKIBARA H.Cytokinins：activity，biosynthesis，and translocation[J]. Annu.Rev.Plant Biol.，2006，57（1）：431–449.

[129] 臧润国，井学辉，刘华，等 . 北疆森林植被生态特征 [M]. 北京：现代教育出版社，2011.

[130] 曲格平 . 环境科学词典 [M]. 上海：上海辞书出版社，1994.

[131] 马小明 . 生物之间的关系 [J]. 生命世界，2018（10）：46–51.

[132] 戴攀峰，李雅倩，叶茂林，等 . 三叶草属 2 种草坪草出苗和幼苗生长阶段的种内与种间关系 [J]. 现代园艺，2023，46（3）：12–15.

[133] CHAPMAN R N.Animalecology[M].London：Sidgwick and Jackon，1927.

[134] 朱春全 . 生态位理论及其在森林生态学研究中的应用 [J]. 生态学杂志，1993（4）：41–46.
[135] 马世骏 . 现代生态学透视 [M]. 北京：科学出版社，1990.
[136] 王刚，赵松岭，张鹏云，等 . 关于生态位定义的探讨及生态位重叠计测公式改进的研究 [J]. 生态学报，1984（2）：119–127.
[137] 丛沛桐，颜廷芬，周福军，等 . 东北羊草群落种群生态位重叠关系研究 [J]. 植物研究，1999（2）：93–99.
[138] 王如松 . 城市生态位势探讨 [J]. 城市环境与城市生态，1988（1）：20–24.
[139] 李希明，刘锡凯 . 生命“周期”知多少 [J]. 生物学教学，2014，39（3）：73–74.
[140] 白书农 . 有性生殖周期 [J]. 植物学报，2017，52（3）：255–256.
[141] 泰兹，奇格尔 . 植物生理学 [M]. 5 版 . 宋纯鹏，王学路，周云，等译 . 北京：科学出版社，2015.
[142] 张继澍. 植物生理学 [M]. 北京：高等教育出版社，2006.
[143] 袁力，谢启光，徐小冬 . 生物钟与光周期响应 [J]. 自然杂志，2019，41（3）：168–173.
[144] 肖岚 . 动物光周期性的进化 [J]. 江西植保，2010，33（2）：49–56.
[145] 武维华. 植物生理学 [M]. 北京：科学出版社，2003.
[146] 田清涞. 普通生物学 [M]. 北京：海洋出版社，2000.
[147] 陈阅增. 普通生物学 [M]. 北京：高等教育出版社，1997.
[148] 王金发. 细胞生物学 [M]. 北京：科学出版社，2017.
[149] 刘玉宝. 噬菌体 [J]. 生物学通报，1992（10）：17.
[150] 曹建平 .“外来物种”与“生态灾难”[J]. 试题与研究，2013（6）：91–96.
[151] 雷英杰 . 外来物种入侵，经济不能承受之重 [J]. 环境经济，2021（20）：

28–33.

[152] 顾噜 . 我国有哪些外来入侵物种 [J]. 生命与灾害，2021（5）：14–17.

[153] 郑雪婷 . 外来物种入侵 [J]. 科技视界，2014（29）：208.

[154] 廖迈伦 . 物种入侵：没有硝烟的生态战争 [N]. 北京科技报，2021–04–26（006）.

[155] 张艳 . 习近平生态文明教育思想探析 [J]. 黑龙江教育学院学报，2018，37（12）：1–3.

[156] 管文平，王立军 . 生命的摇篮 [J]. 家教指南，2004（6）：4–6.

[157] 陈立民，吴人坚，戴星翼 . 环境学原理 [M]. 北京：科学出版社，2003.

[158] 刘慈欣 . 流浪地球 [M]. 北京：科学普及出版社，2021.

[159] 杨通进 . 环境伦理学的基本理念 [J]. 道德与文明，2000（1）：6–10.

[160] 余谋昌 . 惩罚中的醒悟 [M]. 广州：广东教育出版社，1995.

[161] 朱耀洪 . 我国传统生态伦理观及其当代价值 [N]. 人民日报，2014–07–18（7）.

[162] 刘奇 . 生态文明是一种全新的道德观 [J]. 黄金时代，2019（10）：53.

[163] 傅世侠，张昀 . 生命科学与人类文明 [M]. 北京：北京大学出版社，1994.

[164] 孙毅霖 . 生物学的历史 [M]. 南京：江苏人民出版社，2009.

[165] 迈尔 . 生物学思想发展的历史 [M]. 涂长晟，译 . 成都：四川教育出版社，1990.

[166] 蒋佩明，陈其荣，孙涛 . 世界 100 位科学家 [M] 南昌：江西科学技术出版社，2003.

[167] 乐宁 . 李比希：振兴德国化学工业的巨擘 [J]. 自然辩证法通讯，1983（3）：69–79.

[168] 努兰 . 蛇杖的传人：医学史上闪耀的群星 [M]. 许恒敏，译 . 北京：中信出版集团，2021.

[169] 罗宾逊 . 伟大的科学家 [M]. 丁曼旎，译 . 北京：商务印书馆出版，2022.

[170] 吴国盛 . 科学的历程 [M]. 长沙：湖南科学技术出版社，2018.

[171] 斯皮克曼，张丽娜 . 格雷戈尔 · 孟德尔之谜 [J]. 科学世界，2018（12）：136–137.

[172] 饶毅 . 一意孤行的伯乐 [J]. 科学文化评论，2010，7（5）：107–114.

[173] 耿甜甜，汪颖，李凤英，等 . 孟德尔：一位鲜为人知的园艺育种学家 [J]. 生物学通报，2020，55（8）：56–59.

[174] 赵占良 . 生物学概念教学论 [M]. 南宁：广西教育出版社，2022.

[175] OREL V，VÁVRA M.Mendel's program for the hybridization of apple trees[J]. Journal of the History of Biology，1968，1：219–224.

[176] 刘锐 . 孟德尔“分离”与“自由组合”定律被埋没、质疑原因浅析 [J]. 自然辩证法通讯，2022，44（9）：79–85.

[177] 冯永康 . 孟德尔《植物杂交实验》及湮没原因初探 [J]. 科学新闻，2022，24（5）：37–41.

[178] 中泽信午 . 孟德尔的生涯及业绩 [M]. 庚镇城，译 . 北京：科学出版社，1985.

[179] 沈善炯 . 摩尔根和他的学生 [J]. 细胞生物学杂志，1997（2）：96–97.

[180] 肖玲，吴志强，宋树宿，等 . 遗传学巨星：摩尔根 [J]. 生命世界，2018（12）：76–81.

[181] 杨建基 . 现代实验生物学奠基人：摩尔根 [J]. 生物学教学，2018，43（10）：73–74.

[182] 崔艳，孟志刚 . 飞翔吧！果蝇 [J]. 生命世界，2018（5）：6–7.

[183] 谢平 . 生命的起源—进化理论之扬弃与革新：哲学中的生命，生命中的哲学 [M]. 北京：科学出版社，2017.

[184] 科尔曼 .19 世纪的生物学和人学 [M]. 严晴燕，译 . 上海：复旦大学出版，2000.

[185] 迈尔 . 进化是什么 [M]. 田洺，译 . 上海：上海科学技术出版社，2009.

[186] 秦伯强 . 书评：《从生态学透视生命系统的设计、运作与演化——生态、

遗传与进化通过生殖的整合》（谢平，科学出版社，2013）[J]. 湖泊科学，2013，25（4）：617.

[187] 沈银柱，黄占景，王正询，等. 进化生物学 [M]. 2 版 . 北京：高等教育出版社，2008.

[188] KIMURA M.The Neutral Theory of Molecular Evolution[M].Cambridge：Cambridge University Press，1983.

[189] 文讯 . 美科学家发现“达尔文地雀”进化的关键基因 [J]. 科学大观园，2015（9）：28–29.

[190] 汪子春，田洺，易华 . 世界生物学史 [M]. 长春：吉林教育出版社，1997.

[191] 塔克 . 输血的故事：科学革命中的医学与谋杀 [M]. 李珊珊，朱鹏，译 . 北京：科学出版社，2018.

[192] 李建瑞 . 卡介苗的发现 [J]. 实验教学与仪器，1996（2）：30.

[193] 张文宏 . 张文宏说传染 [M]. 北京：中信出版集团，2020.

[194] 谭永平 . 生物学课程哲学 [M]. 杭州：浙江教育出版社，2020.

后 记

我欠自己一本书。在十多年前就想写一册高中角度的生物学读本，这个想法源于对学科教学的思考和对“生命”的感悟，始终萦绕于心，挥之不去。

本书是一本有助于高中生物教材核心知识教学、关联于生命科学发展历史的书。自加的使命，或许出于热爱，或许为了结晶出来一些教学的东西，许多内容在头脑中堆叠着，或在电脑里时而更新时而沉睡着。就像久别的老友慢慢地向我走来，但一直未到近前，我竟迟迟没有系统性地推进。

大学毕业后，我一直站在高中讲台，每天紧张忙碌于课堂教学，如一位农夫般躬耕于垄亩之间，期间做班主任、做高三把关教师、做年级主任、做课改教研，各类事务如藤蔓缠绕，这似乎是一贯的常态。时光如水，一抬头二三十年飞逝而去。我明白高中教师的价值在课堂教学，高中教师的核心在课内外无处不在的启智润心，高中教师的分量在备考助力最终的高考成绩，为学子做好秀美的嫁衣远行，为少年插上强劲的翅膀高飞，这些几乎占据了我的全部时间，连带校内远超 8 小时和下班后在家的大把时光，也常身心难离教育教学。可以一晚上沉浸于书房安静地读书是很奢侈的事情，但是却少见与高中生物学贴合度高的系统性概念发展解读的书。

期间自己也算争光，多次创造出打破学校历史纪录的各种好成绩。我带领的班级高考成绩成为校最高记录；拿到现场课教学的全市团队第一名；带着学年将市联考九科全市二分二率的半数第一名收入囊中，带领的备课组学科均分超市最好学校 4.8 分。回望硝烟弥漫处，是不见刀光剑影的拼搏，这些是我和战友们全力以赴的成绩。众望重托必当全心奉献，何况我们做着看似平常但并不平凡的事业。而所谓师者荣誉，宛若昨夜入冬的那场大雪覆盖后，惟余莽莽苍苍一片，但是自信永远深扎在心底，如同冰寒中的那几株干草枯枝，孤零零地倔强挺立着，难以吹倒。何况，许多脚印都是种子，在师生心底已然孕育，终会发芽成长为素养的大树。

但是我在疾驰不辍的教学步履中，还是偷空品味这个学科的内涵与机理，期间常被历史中穿行而过的身影吸引，被生命的奥义浸润，被隐没于平淡文字后那些奇崛的风景或思想启悟，于是驻足品味再三，有时就玩味不尽，于是再探进而深挖，于是积淀进而多方穷究。曾经的想法有了轮廓，再后来愈而清晰，有些呼之欲出。于是萌生了自己梳理为教学读本的冲动，但以什么角度切入，用什么金线串联，我头脑中没有满意的落定，但自己明确的是，此书绝不限于备课手册的起点。相关内容一直处于零散的半成品状态。我在寻找，那时“概念”还没有出现。

为什么我开始慢慢地专注起概念，甚至后来难以自拔呢？我看到高中生物学许多概念背后常常蕴藏着科学史，隐含着一个个跌宕起伏的故事，只是教材中不可能详尽展开。我想梳理来龙去脉，探寻这些迷人的过程。那么如何愈加深入以至于开阔呢？我深度阅读文献书籍，那些故事如涓涓细流，那些科学探索者缜密智慧的实验设计、那些奇思妙想的假说与争议、那些别致又突发的灵感火花，无一不在吸引着我。那是魅力满满的历史，在书卷中如环佩叮当，如珍珠光芒闪耀，悦耳又夺目。拓荒者书写历史，后继者丰富发展，演绎推理的逻辑链条并没有淹没在历史的尘埃中，而是被聚焦和传接，那是庄严又艰难的科学之旅。这些书籍吸引并启发着我，读完依然意犹未尽，还想深入探寻更广袤的物事。

我试着将这些引入课堂，融会课节知识，许多思维脉络就更加完整清晰了，许多探索者的精神感染着学生，一些思维方法启发着学生。这绝非那些浅层情绪迎合所能替代的，这是生命科学的深层魅力，这里蕴含着科学史的思维美感和深邃思想。这对于提升高中生的科学素养一定大有裨益。

但是这些故事与轨迹、实验与方法、概念与思想该以什么纽带来连接？

该朝哪个方向展开？这些问题的答案始终吸引我不断探索。

2017 年，受市教育局和市教师发展学院的信任，我被赋予大庆市名师工作室主持人的重任。工作室的各位老师合力深耕细研，共享共进。第 2 年市教师发展学院韩凤臣主任和姜天宇主任来校调研名师工作室进展情况，期间两位专家的建议提醒了我：工作室要有一个聚焦深研的方向引领，应该聚焦一项中心主题，深挖深研。这句点穴之语让我思考，我也希望能够为工作室同人寻一方可扎根课堂、立足教学的既有实用价值又能提升专业思想的主题研究方向。

那么，这个主题是什么呢？我和同伴们深思讨论了好久。

几年来，自己又密集读了一些专业内外的书籍文献，我一直注意学习人民教育出版社赵占良老师等专家对生物学教学的高位理论构建，尤其是他的《学科思想方法》《概念教学刍议》和《核心素养》等系列论述，还有谭永平老师的《生物学课程哲学》等深度思想给我很多启示。如何将自己的积淀、工作室研究方向以及大家的教学实情三者融汇，是我们的探寻方向。回到历史深处，看到一个个概念如同一枚枚新生命般，被那些探索者一点点孕育，最后诞生，再修饰，我心里无比激动。我的思考是，探索者一步一个脚印迈进累积出的每个生物学问题，从模糊推理到反复细化论证，到最后明朗成型，本质上都是概念的建构与更新。教材和教学的根，就是概念。这条线索，就应该是生物学概念。高中老师需拓展聚焦、需灵活应用的，就是生物学概念。

2018 年初春，“生物学概念”成为我和工作室同人的核心主题词，工作室明朗了主研方向。我们聚焦的概念层级主体是重要概念，也有一部分次位概念，然后我们便开始有体系地分批分点拓展解读。我们怀着对美丽生命的仰望，分模块把概念群解读次第铺展开来，作为高中教学视野的解读延伸，再提炼重组，形成我们心中的概念体系。一年时间里，工作室就成型推出了两模块的专辑印发共享。这是《生物学概念发展与解读》的最早雏形。

当一个个生物学概念落地于高中教科书的某一段落里，成为一则理论，抑或只是某个角落里一个固化的词时，个别老师仅仅捡拾起来搬到课堂，却未知晓那些概念背后包含诸多逻辑推理和修正发展，包含诸多思想观念和思维方法，甚至许多内容已定格成经典，如干细胞，如生态位，如细胞凋亡，如神经递质，等等。而这些故事很多不是必须放到课堂，如同钱钟书所言："如果你吃到一个鸡蛋，觉得好吃，你又何必去认识下蛋的母鸡呢？"。可是没有对概念演化发展历程的了解，就无法洞明其内涵与底蕴，难以构成教者对概念的敬重，如同构成木材的价值要看年轮，概念的发展历程也是同理。基于此，我积淀的读本就有了更实用的教学价值。

2020 年，内容初具规模后，我想让工作室团队的成果更上一个新台阶，就萌生了出版书稿的想法，于是书稿经过细化精修，步入审核、出版环节。到尾声时，出版事宜出现微变，而且此时老人身体出了问题，我又开始了近一年的奔波。即将出版的书稿被搁置，甚至到放弃的边缘。停滞的过程中我也重新思考沉淀，该精选哪些概念构建体系？如何呼应强化新版教材？为各位教师寻找最需解读的视角在哪？ 2022 年的一个新契机，使我出版本书的想法被再次点燃。王伟功老师、刘艳老师和我三人共同坚定奔赴，从 2018 年春天开始，两位就都一直在钻研概念未停步。伟功老师是全市的优秀高中领导，身兼数职，学识广、站位高；刘艳老师是我外国语最优秀的徒弟，兼教研组长和班主任，有创新、行动快。忙碌的我们配合默契，重新构架升级，最终按着规划，王伟功老师完成 7 万字，刘艳老师完成 10 万字，其余文字和统稿工作由我完成，实际多篇文字都是大家共同修改完成的。

我们的心愿和目标就是希望能够汲取到生物学科普书和发展史的一点特质，融会概念理论内涵，将视角拓开和纵深挖掘，进行多元分点的解读，将此书做成助力中学老师教学和大中学生拓展提升的读本，同时渗透师生核心素养的建构。道阻且长，且行且思，历经数次重构又精细打磨，本书终于在 2023 年结稿。转眼相约赴行竟已过数载春秋，书稿如同春燕啄泥般渐渐壮大和厚重起来。现在捧着即将付梓的书稿，能为一线教师的教学和学子的成长尽绵薄之力，我们很是欣然。但能否得偿所愿，还需实践检验。因个人水平和精力有限，最终还未把规划的多个主题尽数写全，不尽人意的遗憾，留到未来待续也未尝不是好事。

无比感谢人民教育出版社副总编辑赵占良老师和谭永平老师，他们在百忙中针对书稿给予了具体入微的专业指导和把舵，让我们有了重新构架的力量；特别感谢深圳大学的冯莉老师一直激励我，全力为我搭桥引路；非常感谢东北师范大学出版社张恰社长，同时感谢汕头大学出版社的编辑们，他们给予我们细致入微的帮助；非常感谢徐静粉编辑诚挚而耐心的推动，把走到中途即将放弃的我重新推上大路；非常感谢刘杨老师为第 1、2、4 板块篇首页的插图。正是我幸运地遇到这些精神人格可敬又专业功底厚重的好友，给我照耀的光芒，让我心存温暖并铭记。

在此，我也要感谢我的女儿。在本书一稿期间，女儿正逢高考，她从本科直到进入香港大学读研，恰好全程伴随着这本书的重构与丰盈，大四的她最终拿到了包括伦敦大学学院和爱丁堡大学在内的 6 所名校的 11 个 offer。女儿的奋斗感染着我，她的默默逆袭赋予了这部书稿特别的意义。

最后，必须致敬科学史中那些痴迷奋斗的智者，与他们对话是一份殊荣。概念也许因此唤醒了我，给我方向引领，给我诱惑启悟，给我灌输能量，感谢那些生生不息的概念。这些概念从生命的丛林里依序次第走出，让人们认知到生命之妙机，让人们看到今天星汉满天、光辉灿烂。

而我们，在星光沐浴下的大地上看到了希望，看清了自我，奔赴了新的旅程，真好!

刘锡凯

2024 年初冬定稿于大庆